Hans-Wolfgang Nickel

ROLLENSPIEL UND INTERAKTIONSPÄDAGOGIK

Schibri-Verlag

Gewidmet den Kolleginnen und Kollegen
der Spiel- und Theaterpädagogik,
ohne die die folgenden Texte so nicht entstanden wären.

Mit Dank auch an die Enkelkinder, die Großnichten und Großneffen,
die uns weiterhin im Spiel halten.

Ein besonderer Dank den Eltern für die Überlassung der Fotos.

SABRINA

Dorfstraße 60
17337 Uckerland/OT Milow
www.schibri.de

Umschlaggestaltung: Nicole Helms
Layout: Martina Goth

Printed in Germany

ISBN 978-3-86863-200-2

Inhalt

VORWORT

Wenn hier Publikationen aus dem Bereich der Spiel- und Theaterpädagogik, bereits mehrfach aufgelegt und seit langem wiederum vergriffen, erneut vorgelegt werden, geschieht das nicht aus antiquarischem Interesse, sondern weil sie zum Standardrepertoire der Spiel- und Theaterpädagogik gehören. Zeitnah ist eine Studienausgabe in Vorbereitung, die die Publikation durch weitere Materialien ergänzt und die Entwicklung bis hin zu Coaching und Supervision weiterführt.

Hans-Wolfgang Nickel

I.

THEORIE UND PRAXIS DES ROLLENSPIELS (1972)

Zur Einführung

Theaterrolle, Rollenhandeln (soziale Rolle), Rollenspiel

Rollen spielt der Schauspieler auf der Bühne des Theaters.
„Ein fragiles Geschöpf war da zu sehen, ganz in sich verschlossen, alle Regungen zu kunstvollen Stilisierungen veräußerlichend: das Spiel der zartgliedrigen Hände, das Drehen des überschlanken Halses, das Wenden des schlangenbelockten Köpfchens – und diese Gesten dann gleich wieder zurücknehmend in die Statuarik eines schönen Kunstwesens. Die sichtbar ausgestellte Ästhetisierung der Figur benutzte Jutta Lampe dabei, um deren Realität darzustellen: als eine künstliche, eine stilisierte. Eine klassische Existenz wird sichtbar, in ihrer makellosen Schönheit, ihrer fraglos souveränen Egozentrik – und in ihrer Sterilität und Verkümmerung. Das Konzentrat dieser Rolle gab die Schauspielerin in jenen Momenten, da sie am Rand der Bühne sitzt, in sich versinkend …“ So beschreibt Volker Canaris in ‚Theater heute‘ (Sonderheft 1972) die Gestaltung einer **Theaterrolle**: die Darstellung der Leonore aus Goethes ‚Tasso‘ durch Jutta Lampe in der Regie von Peter Stein (zunächst Bremer Theater, dann Schaubühne Berlin).

Rolle: das bedeutet hier zunächst den Text eines Autors; seit dem Ende des 16. Jahrhunderts wurde der Anteil des einzelnen Schauspielers an diesem Text „auf einen handlichen Streifen geschrieben, von dem er auf den Proben die eben gebrauchte Stelle sichtbar hielt, das übrige aufrollte“ (Kluge: Etymologisches Wörterbuch). Rolle meint aber mit die szenischen Bemerkungen des Autors, also seine Handlungsanweisungen an den Schauspieler; der Begriff umfasst ferner die Verabredungen, die der Schauspieler auf den Proben mit Regisseur und Kollegen getroffen hat, wobei sie durchaus auch Angaben des Autors verändern konnten. Text und Regieanweisungen des Autors sowie die Verabredungen mit den Mitspielern gestaltet der Schauspieler dann in seiner Rolle.

Die Theaterrolle umfasst also zumindest zweierlei: die (zeitlich zurückliegenden) Absprachen mit den Mitspielern und die aktualisierte Gestaltung dieser Vereinbarungen durch jeden einzelnen Schauspieler. Wenn wir genauer unterscheiden, lässt sich dreierlei aufzählen:

- die Anweisungen des Autors (Text samt szenischen Bemerkungen): sie stammen aus der Vergangenheit und können, etwa bei klassischen Tragödien, vor mehr als zwei Jahrtausenden formuliert sein;
- die Vereinbarungen zwischen Spielern und Regisseur: auch sie sind während der Aufführung schon Vergangenheit, liegen aber zeitlich nur wenig zurück;
- die Gestaltung durch den einzelnen Spieler in der Gegenwart des lebendigen Vollzuges während der Probe oder vor den Augen der Zuschauer.

Mit diesem Begriff der Rolle aber lässt sich auch **das Handeln des Menschen in der Gesellschaft** beschreiben. Auch für das menschliche Zusammenleben gibt es den vielleicht schon jahrhundertealten und überholten Grundentwurf eines ‚Autors', der Gesellschaft (z. B. Schulverfassung und Schulorganisation, wie sie in geschriebenen und ungeschriebenen Gesetzen, Verordnungen, Amtsblättern, Sitten und Gewohnheiten vorliegt); es gibt ausgesprochene und unausgesprochene Verabredungen, wie die betreffenden Spieler diesen Grundtext inszenieren wollen (Absprachen in einer Schulklasse, in einem Kollegium); und es gibt schließlich den einzelnen, der innerhalb der Handlungsanweisungen seine gegenwärtige Rolle gestaltet. Kein Wunder also, wenn die Rollenanalyse zu einem wichtigen Bereich der Soziologie geworden ist und eine Fülle von Publikationen sich mit der Rollentheorie befasst.

„Rollen sind mehr als Schablonen eines soziologischen Denkens, das seine Begriffe jenseits der empirischen Vorgänge konstruieren könnte. Ihr Spezifikum ist gerade ihre vorwissenschaftliche Relevanz. Die Existenz von Menschen ist zugleich individuelles Dasein und gesellschaftliche Zuordnung. Die auf Rollen gegründete Ordnung sozialer Institutionen und Organisationen bezeichnet den Bezugspunkt sowohl ökonomischer und politischer Stabilität wie historisch-gesellschaftlichen Geschehens. Wir haben also ‚immer schon' Rollen, wenn wir in ein arbeitsteiliges Beziehungsgefüge mit anderen Personen gestellt sind. Wir existieren ‚immer schon' in einem Rollenverständnis der Welt und unserer selbst, ehe wir uns davon wiederum distanzieren, um dieses Vorverständnis wissenschaftlich zu reflektieren.

Insofern ist die Rolle nicht nur analytisches Instrument zur ordnenden Erfassung der Welt, sondern sie ist selbst konstitutiv für diese Welt, also Bedingung der Möglichkeit von Gesellschaft als gegliederter Ordnung des Historisch-Dynamischen und zugleich begriffliches Schema zu ihrer Erkenntnis". So Uta Gerhardt in der Vorbetrachtung zu ihrem Buch ‚Rollenanalyse als kritische Soziologie', Berlin: Luchterhand 1971, in dem es um die **soziale Rolle** geht.

Das hier vorliegende Buch aber zielt weder auf die Theaterrolle noch auf das Rollenhandeln in der gesellschaftlichen Wirklichkeit, sondern auf das Rollenspiel.

Rollenspiel ist Probehandeln im Spielraum, ist auf wenigen Verabredungen beruhende spielerische Improvisation zwischen Akteuren, die zugleich als Spieler (also in fiktiven, angenommenen Rollen) wie als Personen (also in realen Bezügen) gegenwärtig sind. Spontan tritt dieses Rollenspiel im Kinderspiel auf.

Schon Zweijährige spielen Familie, Ältere Kindergarten oder Schule. Sie übernehmen die Rollen von Eltern, Tanten, Lehrern. Auch Materialspiele, Spiele mit Spielsachen, führen zum Rollenspiel: der Junge, der mit einer Puppe spielt, inszeniert sich als Arzt oder als Vater; ein Mädchen, das eine Eisenbahn aufbaut, sieht sich als Konstrukteur oder Lokführer oder Reisende. Oft spielen die Kinder mehrere solcher

Rollen simultan oder im Wechsel; häufig ist nicht einmal zu unterscheiden, ob das Kind nun ein Flugzeug ist oder ein Flugzeugführer; ob es das Pferd spielt, das es sich wünscht, oder den Reiter; ob den Hund, vor dem es Angst hat, oder den mutigen Tierbändiger, der diese Bestie zähmt. Je älter das Kind wird, umso verschiedenere Rollen kann es verkraften, zunächst allein, dann mit anderen Spielern zusammen. Das spontane kindliche Rollenspiel entlastet von Ängsten und klärt Probleme, es spielt voraus für die Zukunft, experimentiert und übt; es ist wichtigstes kindliches Lern- und Lebensmittel. Nur wenig allerdings gehen Kinder in ihren Rollenspielen über das hinaus, was sie in ihrer Umgebung sehen und erleben, was die Spielsachen nahe legen, was die Mitspieler fordern. Rollenspiel ist fast immer stabilisierende Nachahmung. Das spontane Rollenspiel ist also wenig geeignet, sich auf eine veränderliche Welt einzuspielen; von sich aus führt es nicht dazu, nach unbekannten Lösungen zu suchen.

Genau hier aber hat der **Spielleiter** seine Chance und seine Aufgabe. Seine Spielvorschläge können didaktisch gezielt sein. Sie können sowohl Vorbereitung sein für die Theaterrolle, das erprobte Spiel auf der Bühne vor Zuschauern, wie für das gesellschaftliche Rollenhandeln in der veränderten Welt von morgen. Sie dürfen sich nicht begnügen mit der einfachen Nachahmung dessen, was überall zu sehen ist, sondern müssen sich verantworten können vor der Realität:

- sie müssen Aufklärung bringen über die physische und psychische Wirklichkeit;
- sie müssen Fähigkeiten vermitteln, die für unsere heutige Welt von Nutzen sind und brauchbar für die Welt von morgen, soweit wir sie erkennen.

Wem dieses Konzept zu utilitaristisch klingt, der möge bedenken, dass nicht zuletzt zu diesen Fähigkeiten auch gehört, Spaß aneinander zu haben.

1. Bedingungen des Rollenspiels

Ein systematischer Aufriss

Rollenspiel ist Improvisation, ist Stegreifspiel.

Nach Pauls Deutschem Wörterbuch ist **Stegreif** die ältere Bezeichnung für den jetzt üblichen Steigbügel. Aus dem Stegreif heißt also eigentlich: ohne erst abgestiegen zu sein, ehe man noch völlig abgestiegen ist; in übertragener Bedeutung: ohne Vorbereitung.

Improvisation kommt von dem lateinischen improvisus: unvorhergesehen. Der Musiker spielt „all' improvviso" (eine Improvisation), wenn er ohne Vorlage aus dem Moment heraus Musik macht, oder „prima vista" (vom Blatt), wenn er sich die Noten nicht vorher anschaut, sondern das Stück gleich beim ersten Ansehen spielt. Der Musiker weiß aber, dass ihm das nur gelingt, wenn er vorher Läufe und Akkorde geübt, wenn er vorher andere Stücke gespielt hat. Genauso sollten Stegreifspieler die Worterklärung nicht allzu wörtlich nehmen. Die szenische Improvisation kann nur gelingen, wenn vorher ihre Elemente verfügbar gemacht werden (das leistet vor allem das Interaktionstraining), wenn sie durch andere, einfachere Improvisationen, durch Übungen, Beobachtungen, Besprechungen, Spiele vorbereitet wurden, wenn notwendige Materialien bereitgestellt sind.
Es zeigt sich, dass Improvisation in Spiel und Theater ein relativer Begriff ist: ohne einige Festlegungen und Verabredungen ist Stegreifspiel nicht möglich. Drei Bedingungen sind grundlegend: Zeit, Raum und Darsteller.

1.1 Zeit

So wie jedes Theater findet das improvisierte Rollenspiel immer in der Zeit statt und wird von dieser Zeit (etwa der Tageszeit, der Jahreszeit, aber auch dem Lauf der Zeiten) beeinflusst.

1.2 Raum

Mehr noch als die Zeit unterliegt der Raum der Planung der Spielgruppe. Er kann Bühne, Park, Zimmer, Klasse heißen; kann vertraut oder unheimlich sein, weiträumig oder eng; er kann diese und jene Grundausstattung haben. Durch seine Art beeinflusst er alle Spiele, die in ihm stattfinden. Außerhalb von Zeit und Raum kann sich Theater nicht stellen; selbst das Hörspiel als die realitätsfernste Form des Theatralischen gibt die Illusion eines Raumes und braucht den Raum, in dem es gehört wird (vergl. Situation, S. 19).

Aber auch einige weitere Festlegungen sind unumgänglich. Sie hängen einmal ab von der Zahl der Mitspieler. Wird sie größer, so müssen auch genauere Verabredungen getroffen werden. Je enger aber das Netz der Bedingungen (Bindungen) wird, um so weniger Möglichkeiten zur Improvisation bleiben. Für den Spielfluss am förderlichsten ist eine mittlere Zahl von Bedingungen; sehr viele und sehr wenige Festlegungen sind nur bei geübten Stegreifspielern möglich; in den (nur theoretisch zu fixierenden) Extrempunkten (keine bzw. vollständige Festlegung) wird Stegreifspiel unmöglich.

Die geprobte Theateraufführung ist nicht dieser Extrempunkt des Nur-Festgelegten: auch sie bewahrt einen Rest von Improvisation. Ihre Grund legende Festlegung aber erhält sie wie das Rollenspiel von der Wahl der Darsteller.

1.3 Darsteller

Zwei Personen befinden sich ohne weitere Absprachen und Vorbereitungen im Spielraum und beginnen zu improvisieren. Vorbestimmt ist die so entstehende Stegreifszene durch die Wahl der Darsteller (Spannung männlich-weiblich, alt-jung, groß-klein, dick-dünn, blond-dunkel; Spannung aus der Kleidung, dem Charakter, dem psychischen oder physischen Zustand).

Schwierig zu improvisieren sind Szenen mit drei bis acht Personen. Hier helfen einige Regeln, deren Berechtigung nach mehreren misslungenen Versuchen von der Spielgruppe unschwer eingesehen wird (bzw. die von der Spielgruppe gefunden und durchgesetzt werden): Gruppen bilden, abwechselnd sprechen, die Führung des Dialoges einander abwechselnd überlassen.

Bei einer Massenszene von mehr als acht Personen zerfällt die Improvisation auch ohne Absprache in nebeneinander agierende Gruppen, die sich in der Schutzschicht des allgemeinen Lärms wahrscheinlich ungehemmter und deutlicher aussprechen; auch die Spielgehemmten treten eher hervor.

Wieder findet die Spielgruppe sehr schnell selbst Regeln für eine künstlerische Durchformung des Spiels: stummes Agieren im Hintergrund, akustisches Hervortreten der einzelnen Gruppen nacheinander.

Auf jeden Fall sollte der Spielleiter bei einer solchen Massenszene anschließend Einzelgruppen herausgreifen (loben, verbessern) und einzeln nachspielen lassen.

- **Kettenszene**: Vorweg bestimmt wird die Reihenfolge der Auftritte von sechs bis acht Mitspielern. Die ersten beiden beginnen eine beliebige Szene; die an-

deren kommen der Reihe nach dazu und definieren beim Auftritt die Rolle, die sie spielen wollen. Aus Dreierszenen soll möglichst bald eine Person ausscheiden, damit vorwiegend Dialoge entstehen. Abgegangene Spieler können nach Lust später noch einmal auftreten.
Nun ist es verhältnismäßig schwer, nur von zwei oder mehreren Darstellern her schon zu einer szenischen Improvisation zu kommen. Leichter wird es, wenn die Spieler eine besondere Stellung zueinander einnehmen. Das gelingt zum Beispiel mit dem alten Kinderspiel des Figurenwerfens.

- **Figuren werfen**: Einer schleudert einen anderen herum und lässt ihn plötzlich los; der andere muss dann ruckhaft zum Stillstand kommen. Ein ähnliches Ergebnis erreicht man durch folgende Spielanweisung: Lauft auf die Bühne (in den Spielraum) und findet schnell eine Stellung zueinander.
  Die Arbeitsanweisung an die Gruppe von 2 bis etwa 6 Spielern ist jeweils die gleiche: erfindet eine Szene, die mit dieser Stellung abschließt. Ähnlich wie beim Rohrschach-Test, in dem die Testpersonen eine sinnlose Klecksographie ausdeuten, fließt auch hier in das Gruppenbild, mehr noch in die Ausdeutung dieses aus vielerlei Zufällen zustande gekommenen Bildes psychisches Material der Spieler ein, das zumeist eine anschließende Besprechung nicht nur nach spieltechnischen Gesichtspunkten verlangt.

1.4 Text

Genau so wie ein Stellungsfragment zur Rekonstruktion der dazugehörigen Szene, also zur spielerischen Ausdeutung anreizt und zu verblüffenden Ergebnissen führen kann, wird auch ein kurzer, möglichst unbestimmter Text zur Keimzelle einer Szene, die vielfach psychisches Material der spielenden Gruppe aufnimmt.

- Schon **ein Satz** reicht. Wir können etwa die Aufgabe stellen: Spielt eine Szene, die mit „Und wenn er das noch einmal macht!“ aufhört; anfängt; diesen Satz im Laufe der Szene bringt.
- Ähnlich werden in Paul Pateras **Elfzeiler** eine Reihe von Sätzen (es müssen nicht elf sein) als auslösender Spielreiz zur Verfügung gestellt[1].

Es kommt dabei darauf an, möglichst unbestimmte Sätze zu formulieren, damit sie als Projektionsebene noch brauchbar sind und die Fantasie nicht von vornherein einengen. Also etwa: „Willst du das wirklich tun/ warum nicht/es könnte immerhin/was du nicht meinst.“ Aus solchen Sätzen lässt sich alles machen. Geben wir

1 Paul Patera arbeitete mit schwedischen Studententheatergruppen; in den 60er,70er Jahren war er mehrfach auch in der Bundesrepublik.

dagegen einen Satz wie „Warum ist die Butter bei Ihnen immer so teuer?“, wird der Gruppe kaum etwas anderes einfallen, als einen Milchladen zu spielen. Es empfiehlt sich sogar, Satzzeichen (die ja schon eine weitere Interpretation des Textes darstellen) und eine Verteilung des Textes auf einzelne „Rollen“ wegzulassen, damit die Gruppe noch mehr Möglichkeiten der Aus-, besser Hineindeutung hat.

Bei solchen Arbeitsanweisungen ist es natürlich nahezu unmöglich, sofort mit einer gemeinsamen Improvisation zu beginnen. Zu den bestehenden Verabredungen, die nicht viel mehr als Auslösungsfunktion haben (wie das Reizwort, das zu einem Stundenthema oder zu einer Geschichte wird), müssen noch weitere Übereinkünfte getroffen werden, damit die Spielaufgabe erfüllt werden kann. Man sollte der Gruppe also vor dem Spiel Zeit zur **Beratung und Vorbereitung** geben.

Vor allem die Spielanweisungen, die nur sehr wenige Festlegungen voraus nehmen, die also der Spielgruppe sehr viel an spielerischer Ausarbeitung überlassen, eignen sich zum **Vergleich** mehrerer Gruppen. Es geht dabei keineswegs darum festzustellen, wer die richtige Lösung gefunden hat; der Charme dieser Spielregeln liegt ja gerade darin, dass sie nahezu alles zulassen. Es geht auch kaum darum, bessere und schlechtere Improvisationen zu unterscheiden: jede bringt irgendetwas, das sie aus den anderen heraus hebt. Es geht zum einen darum, den Blick zu schärfen und zu erkennen, wie Details in anderen Zusammenhängen zu ganz anderen Wirkungen kommen. Es geht aber vor allem darum, an den völlig unterschiedlichen Versionen zu sehen, was Fantasie im Spiel und auf dem Theater vermag.

An der Ausdeutung eines Textfragmentes etwa erkennen selbst Germanisten, was Regie auf dem Theater mit einem Text anfangen kann und anfangen darf: Vergleiche sind also nützliche Emanzipationsübungen; sie relativieren die Erfindungen einer Gruppe; sie dokumentieren die Autonomie der szenischen Erfindung, die Autonomie zum Beispiel vom Dichterwort.

- **Vergleich**: Wir geben also die gleiche Spielaufgabe zur gleichen Zeit an drei oder vier verschiedene Gruppen. Diese Gruppen brauchen nicht gleich groß zu sein; es ist durchaus auch interessant, eine Version für zwei Spieler mit der für acht zu vergleichen. Nach der vereinbarten Zeit finden sich die Gruppen wieder zusammen, führen sich ihre Ergebnisse vor und sprechen darüber.

1.5 Darstellerische Mittel

Besondere mimische, gestische, motorische, sprachliche Mittel können, nach vorheriger Übung oder ohne, zum Thema einer spielerischen Improvisation gemacht werden und eine szenische Erfindung auslösen. Arbeitsanweisung könnte etwa sein:

- Erfindet eine Szene, in der sehr große, expansive **Gesten** gegen sehr kleine, gehemmte gestellt werden.

1.6. Requisiten

Hinzugefügte Requisiten stimulieren und binden (verengen) das Spiel weiter. Oft geprüft sind Kopfbedeckungen verschiedener Art, Stöcke, Werkzeuge (die jeweils Berufe oder Tätigkeiten festlegen und damit Rollen vorgeben). Sie befinden sich etwa in einer großen Kiste, aus der sich die Spieler direkt vor ihrem Auftritt kostümieren.

- Paul Pörtner[2] entwickelte ein Spiel **Drei mal drei**: an einem Garderobenständer hängen neun verschiedene Kopfbedeckungen, drei Spieler wählen jeweils eine aus, das Spiel (mit 504 möglichen Grundkonstellationen) beginnt sofort.

Allerdings ist die Dreierszene als Stegreifspiel schwierig (denken Sie daran, dass auch in der Wirklichkeit drei Achtjährige nur selten und zeitweilig miteinander ‚auskommen', dass drei Erwachsene ein Dreiecksverhältnis bilden, das zumindest zu den Verwicklungen der Boulevardkomödie führt). Es ist einfacher, zunächst Dialoge zu spielen; kommt ein dritter Partner hinzu, so sollte nach möglichst kurzer Übergangszeit einer der anderen ausscheiden, um wiederum eine Dialogszene zu ermöglichen. Wird die Gruppe größer, so entstehen dieselben Möglichkeiten des Zerfalls in Parallelgruppen wie unter „Darsteller" (1.3) beschrieben.

- Der **Stock** ist ein besonders verwandlungsfähiges Requisit. Am besten geben wir zunächst der ganzen Spielgruppe Stöcke aus und machen mit ihr Bewegungsübungen und Bewegungsimprovisationen. Dann wird die Spielaufgabe gestellt, eine Szene unter möglichst vielseitiger Verwendung von Stöcken zu entwerfen. Teilgruppen erarbeiten die Szenen, führen sie einander vor, besprechen sie.

1.7 Situation

Ähnlich einschränkend und stimulierend wie das Requisit wirkt die Bindung durch eine Situation. Sie eignet sich besonders für Massenszenen; immer wieder brauchbar (in jeder Altersstufe) ist die Situation

- **Markt**: Jeder Mitspieler sucht sich eine Rolle nach seinem Vergnügen: Verkäufer welcher Ware auch immer, Käufer welcher Herkunft auch immer. Nach einem längeren Nebeneinander verschiedener Spielgruppen, die sich in kurzer Zeit und zwanglos zusammenfinden, lässt sich die Marktszene durch einen gespielten Diebstahl (oder einen anderen Konflikt) sehr schnell dramatisch zuspitzen und verknoten.

---

2 Paul Pörtner (1925–1984): Drei. Improvisationsetüde (Uraufführung 1962 in Ulm).

Bei Massenszenen ist es günstig, wenn der Spielleiter (der Lehrer) in einer Autoritätsrolle mitspielt. Sie hieße in diesem Fall etwa Marktaufseher oder Bürgermeister oder Polizist: in dieser Eigenschaft könnte der Spielleiter zum Beispiel den vorgefallenen Diebstahl untersuchen und richten oder einem Richter zuführen. Spielt der Lehrer mit, so kann er sich IM Spiel (also ohne den Spielfluss zu hemmen) in das Spiel einschalten und seine Regieanweisungen versteckt geben; unterbricht er als Lehrer, als Spielleiter (und sagt vielleicht genau dasselbe), so stört er.

Es ist allerdings möglich, eine Spielgruppe so einzutrainieren, dass sie ständig zwischen **Produktion und Reflexion**, zwischen Spiel und Regiediskussion hin- und herpendelt; für die geistige Beweglichkeit der Spieler ist das eher förderlich: sie lernen, sich kritisch neben ihre Rolle zu stellen, lernen die reflektierende Distanz, die Überschau über die gesamte Situation, die Rücksicht auf alle Spielpartner. Sie spielen verfremdet und genau beobachtend, wie Brecht das von seinen Darstellern und Zuschauern verlangte.

Mir scheint jedoch, dass diese Arbeitsmethode nur bei Kindern bis zu etwa 10 Jahren problemlos ist; ihre Spielkraft ist so groß, dass sie Unterbrechungen des Spielflusses erträgt. Auch in ihren spontanen Rollenspielen wechseln sie ungeniert zwischen Spiel und Diskussion über das Spiel bzw. simplen Spielanweisungen an ihre Mitspieler hin und her. Ältere Spieler müssen wahrscheinlich erst durch ungebrochenes Spiel sicher gemacht werden, ehe man ihnen mehr und mehr an gleichzeitiger Reflexion zumuten kann. Bis dieser Zustand erreicht ist, dürfte die Trennung der Spiel-(Produktions-)phase von der Reflexions-(Diskussions-)phase förderlich sein.

- Brauchbare **Massenszenen** sind fernerhin Wartesaal, Flughafenhalle, Konzert- oder Theaterpause, Bahnsteig, Wahlversammlung, Wartezimmer usw.
  Diese Themen verlangen, je nach dem Alter der Mitspielenden, ausführliche **Inszenierungs-(Unterrichts-)gespräche**, die mögliche Verhaltensweisen in den vorgeschlagenen Situationen klären und für das Spiel zur Verfügung stellen. Es muss sich dabei nicht notwendig um ein Vorgespräch handeln; es ist durchaus günstig, diese Materialsammlung erst nach einem unbefriedigenden Spielversuch vorzunehmen: die Erfahrung, dass die Spieler mit ihrem eigenen Wissen in der vorgeschlagenen Situation nicht auskamen, wirkt motivierend für eine theoretische Bestandsaufnahme der Möglichkeiten dieser Situation. Das ist jedoch nur dann zu empfehlen, wenn die Spielfreude der Spieler nicht zerstört wird.
  Je weniger die Spieler von dem spielerisch darzustellenden Zusammenhang wissen, umso genauer müssen die Erkundigungen sein. Vielfach empfehlen sich **Exkursionen**, die das Rollenhandeln in der Wirklichkeit explorierend aufnehmen. Exkursion in diesem Sinne ist schon der simple Besuch eines Lebens-

mittelladens im Zusammenhang mit Kaufmannspielen im Spielraum. Hier sind auch Möglichkeiten, den Transfer von im Spielraum erworbenen Fähigkeiten zu überprüfen (Kann das ängstliche Kind nach mehreren Rollenspielen als Käufer und Verkäufer, Bäcker und Kunde nun auch wirklich Brötchen holen?). Beachten muss der Spielleiter, dass solche im Zusammenhang mit der Umwelterkundung stehenden Rollenspiele weder zur simplen Repetition von Wirklichkeit noch zur irrealen Verzeichnung werden.

Werden komplizierte Zusammenhänge in den **Umweltspielen** angegangen, so können sich Rollenspiele zu ausführlichen Fortsetzungsspielen über mehrere Wochen hin entwickeln. Die Erkundungseinheit (etwa Stadt, Fabrik) wird in ständigem Wechsel zwischen spielerischer Erprobung und Sacherkundung (durch Bücher, Exkursionen, Interviews, Vorträge, Bilder usw.) erarbeitet.

Ähnlich lässt sich bei Problemzusammenhängen verfahren (vergl. weiter unten Planspiel und Thema, S. 24, 27)

Rollenspiel kann also Funktionszusammenhänge klären; es kann ein Sachthema einleiten wie dieses Thema zusammenfassend abschließen; es kann durch mehrfache Wiederholung festigen. Rollenspiel verlangt Kenntnisse, zeigt sie auf und übt sie im Gebrauch ein.

In der Schule werden wir für die Festlegung einer Stegreifspielsituation meist die **verbale Information** brauchen; sie mag, wie bei Shakespeares Theater, nur in einer Tafelaufschrift „Markthalle" bestehen. Besser wäre es natürlich, wenn wir zusätzlich die Situation auch durch ein Bühnenbild oder eine **Raumausstattung** sichtbar machen könnten; Schule als ein ständig verändertes, ständig uminszeniertes Lern-Environment ist eine verlockende Vorstellung. Der Lern-Dramaturg, der für Kinder ständig neue Lernsituationen entwirft, in denen sie selbstständig Erfahrungen sammeln können, ist aber leider noch zu aufwändig. Dabei wäre genau hier eine Möglichkeit, von der die soziale Ungerechtigkeit immer wieder stabilisierenden Vorherrschaft der Verbalisierung zu befreien.

Zumindest sollte der Spielleiter seine Möglichkeiten zur Raumgestaltung und Strukturierung von Spiel durch den Raum ausnutzen.

- Eine veränderte **Raumsituation** ergibt sich schon durch einen Lichtwechsel. Veränderter Raum aber führt zu anderen Spielergebnissen. Auch Podeste, Tische, Stühle, Tücher können einen Raum sehr schnell verändern.

Zur Not bleibt immer noch die Hilfe eines **Requisits**, das den Spieler direkt optisch und haptisch-taktil, also über Sehen, Tasten und Greifen anspricht. Für den Spielfluss ist diese direkte Information günstiger; umfangreiche verbale Erläuterungen vor Beginn des Spiels bauen, zumal bei ungeübten Gruppen, allzu leicht Hemmungen auf, die dann nur schwer überwunden werden.

Die bisher genannten Festlegungen (Darsteller-Requisit-Situation) lassen sich kombinieren. Nimmt man den Darsteller aus dem Spiel heraus, verdeckt ihn etwa durch eine Wand, so kommen wir zum Requisiten- oder **Figurenspiel** (Puppenspiel); eine Übergangsform zum ungedeckten Spiel des Darstellers geben **Schattenspiel** und **Maskenspiel**. Diese drei Formen sind vor allem dann anwendbar, wenn Gruppen gehemmt sind, sich ungeschützt dem Spiel und der Beobachtung auszusetzen.

1.8 Rolle

Eine weitere Festlegung des Spiels lässt sich erreichen durch Bestimmung der Rolle (evtl. unter Einbeziehung von Requisit und Kostüm, evtl. nur durch verbale Verständigung, die bei Festlegung der Rolle zusätzlich immer auftritt).

- Folgender **Ablauf** etwa ist günstig bei einem Stegreifspiel:
  - Entschluss: Wir wollen spielen.
  - Sammlung: Welche Rollen gibt es, welche Personen können in einer Spielszene, einem Theaterstück vorkommen?
  - Befragung: Welche Rollen würdest du gern spielen, welche Rollen würdest du nicht gern spielen?
  - Ordnung: Welches sind Märchenfiguren, welches Figuren aus der Wirklichkeit?
  - Abstimmung: Wollen wir eine Märchengeschichte (Fantasiegeschichte) oder eine Geschichte aus der Wirklichkeit spielen?

- Spielversuche nach dem **Bausteinprinzip**: Zwei beliebige Rollen werden miteinander kombiniert und in den Spielraum gestellt. Daraus entwickelt sich immer eine Szene. (Machen Sie selbst die Probe: setzen Sie sich vor ein weißes Blatt und schreiben Sie eine Theaterszene. Fällt Ihnen etwas ein? Wahrscheinlich nicht. Nun nennen Sie zwei beliebige Rollen, schreiben Sie beide Rollen auf ein Blatt; was passiert, wenn die beiden einander begegnen? Es ist ziemlich wahrscheinlich, dass Ihnen jetzt eine Szene einfällt. Vergl. Gorkis Brief an Stanislawski: „Wenn nur fest umrissene Charaktere vorhanden sind – ihre Zusammenstöße sind unvermeidlich.")

Man kann nun von den Figuren ausgehend die Handlung der nächsten Szenen vorher festlegen (eine weitere Bindung durch die Story), man kann die nächste Szene als Fortsetzung anhängen (das wird sich meist zwanglos ergeben), man kann auch wiederum neu einsetzen. Nach einigen Kombinationsversuchen ergibt sich sicherlich eine so reizvolle Konstellation, dass sich daraus ein kleines Stück entwickeln lässt. Das sollte man dann im Nachhinein verbessern, ausbauen, durchfeilen (aus dem Stegreifspiel wird dabei Theaterarbeit).

1.9 Rationale Bestimmungen (Planspiel)

Während das Stegreifspiel im bisher gekennzeichneten Sinn mehr im emotionalen Bereich lebt, wirkt und handelt, geht es beim Planspiel eher um den rationalen Bereich. Vorgegeben wird auch hier die Situation (meist ein Plan bzw. Projekt oder ein Fall), vorgegeben werden die Rollen und die Meinungen und Ziele der jeweiligen Rollenfiguren. Es entwickelt sich also eine spielerische Handlung vorwiegend aus der Ratio, dem rationalen Durchsetzenwollen von Vorstellungen; Mittel zur Durchsetzung sind vor allem Diskussion und Gespräch; die Darsteller können zumeist sitzen (Sitztheater). Das Planspiel gibt also einen verkürzten Ausschnitt aus der Wirklichkeit – wie umgekehrt auch das ‚normale' Theater oder Stegreifspiel um den rationalen Inhalt das Lebens verkürzt.

Wenn also bei der Beratung für einen Schulneubau der eine der interessierten Architekten einen Flirt mit der Tochter des Bürgermeisters beginnt, der nicht folgenlos bleibt, so werden wir als Stegreifspiel eher (durchaus wirklichkeitsnahes oder satirisch zugespitztes) Theater oder Kabarett erleben; wenn die beiden Kontrahenten mit detaillierten Plänen und Berechnungen aufwarten, so wird es sich eher um ein Planspiel handeln.

- **Gericht** ist eines der leicht zu improvisierenden Planspiele: Richter, Zeugen, Staatsanwalt, Verteidiger und ein Angeklagter werden bestimmt; die übrigen sind Schöffen. Die Zeugen verabreden mit dem Staatsanwalt, welches Vergehen sie dem Angeklagten zur Last legen wollen. Nach der Verhandlung stimmen Richter und Schöffen über das Strafmaß ab.

Als ernsthaftes Planspiel verlangt dieses Spiel Sachkenntnis und ausführliche Vorbereitung. Bei einer absurden Anklage und absurden Mitspielern kann es leicht improvisiert werden und bringt dann Unterhaltung (Der Angeklagte hat alle Radieschen im Nachbargarten blau angemalt. Die Wasserwacht erhebt die Anklage).

Zumeist aber braucht Planspiel eine umfangreiche und genaue **sachliche Vorbereitung**, die in der Kritik des Spielverlaufs noch einmal aktiviert wird; im eher emotionalen Bereich des Stegreiftheaters sind wir ohne besondere Vorbereitung zu emotionalem Handeln bereit. Man sollte jedoch zumindest in der anschließenden Kritik des Spiels auch auf Planbarkeit und Verantwortung für diese Form des Handelns hinarbeiten und sie nicht lediglich der Eingebung überlassen. Zu entwickeln ist also durchaus auch die Kunst das emotionalen Planspiels (Gruppendynamik, Gruppentherapie, Spiel als Möglichkeit des Einblicks und der Umformung, Verbesserung von Gruppenprozessen).

1.10 Emotionale Bestimmungen (Das emotionale Planspiel)

Es lässt sich leicht innerhalb eines normalen Planspieles einführen. Wir brauchen lediglich einem oder mehreren Spielern zu ihren Sachinformationen auch noch eine emotionale Rolle zudiktieren.

- So könnte etwa innerhalb eines Planspiels „Sitzung des Haushaltsausschusses" einer der Spieler eine **emotionsbezogene Anweisung** bekommen: „Sie sind müde. Sie wollen schnell nach Hause. Das Thema ist Ihnen gleichgültig." – Oder: „Sie sind dem Vorsitzenden gram. Versuchen Sie, ihn auch in den Augen der anderen herabzusetzen; stören Sie möglichst seine Arbeit." – Oder: „Seien Sie unsachlich, grob, ausfällig."

Solche Rollen sind nicht unrealistisch und tragen nicht nur zur Belebung des Planspiels bei. Die evtl. im Vorhinein eingeweihten oder mit besonderen Beobachtungsaufgaben versehenen Zuschauer (die es beim Planspiel immer geben sollte: zumindest muss das Spiel so aufgezeichnet werden, dass die Spieler im Nachhinein ihr Verhalten kontrollieren können), die Zuschauer also können die Auswirkung einer solchen Regieanweisung verfolgen.

Besonders interessant dabei ist, wie die anderen mit dem Rivalen, Störenfried, Außenseiter fertig werden; wie weit sie sich zu unbeherrschten Reaktionen hinreißen lassen usw. Damit aber gibt das emotionale Planspiel durchaus die Möglichkeit, die Stabilität von Verhaltensweisen unter veränderten Bedingungen zu überprüfen.

- Mehrere solcher Anweisungen können miteinander **kombiniert** werden. A ist z.B. ein Vorsitzender und erhält die Information: „B ist eine hoffnungsvolle, gut ausgebildete Nachwuchskraft. Versuche, ihn besonders zu fördern." B aber erhält die Anweisung: „A mag dich nicht. Er stellt dir eine Falle. Hüte dich vor ihm". Auch solche widersprüchlichen Informationen sind nicht unrealistisch.
- Selbst in der **Vorschule** lässt sich eine einfache Form des emotionalen Planspiels einsetzen. Nur wird man hier eher eine kleine Geschichte als einen Problemfall zum Handlungsträger machen. So kann man einem überaktiven, eher unfreundlich-herrischen Spieler die Anweisung geben: „Du spielst einen lieben, gemütlichen, menschenfreundlichen Rübezahl (oder Schrankenwärter)." – Umgekehrt bekommt ein schüchterner, eher gedämpfter Spieler eine Regieanweisung, die ihn dazu bringen soll, verdeckte Seiten seines Wesens zu entwickeln.

So wie wir bei dem Rollenspiel, das von der Situation (1.7) her entwickelt wird, diese Situation klären müssen und daher unter Umständen eine Exkursion zur Realitätserkundung, zumindest aber ein ausführliches Unterrichtsgespräch durchführen, so müssen wir bei dem emotionalen Planspiel in anderer Weise die Realität klären.

Diese **Emotionsklärung** kann verbal erfolgen; Bilder, Geschichten, Beispiele aus Szenen, Beobachtungen in der Wirklichkeit können helfen. Dabei sollte unterstrichen werden, dass jeder zunächst einmal das Recht auf eigene Emotion hat und nicht zu einer vorgeprägten Verhaltensweise verpflichtet ist („Mütter weinen bei der Verlobung ihrer Töchter"). Man sollte aber auch dazu erziehen, sich über seine eigenen Emotionen und ihre Zweckmäßigkeit klar zu werden. Darüber hinaus muss immer wieder versucht werden, Emotionen für andere deutlich zu machen und sie zu diesem Zweck auch zu verbalisieren. Auch außerhalb eines komplexen Handlungszusammenhanges lässt sich von emotionalen Bestimmungen zum Spiel kommen.

- Erfindet eine Szene zwischen einem Fröhlichen und einem Wütenden und spielt sie. Ebenso lassen sich **Emotionalvariationen** durchführen:
- Spiele die gleiche Szene als Optimist, als Pessimist; depressiv, cholerisch usw.

1.11 Soziale Bestimmungen

Soziale Bestimmungen sind in den ‚Rollen' (S. 22) bereits mit enthalten; wegen ihrer besonderen Wichtigkeit werden sie hier noch einmal aufgeführt. Sie können Szenenansätze ergeben und zu aufschlussreichen **Variationsreihen** führen:

- Erfinde eine Situation und lass darin nacheinander Gastarbeiter, Handlanger, Maurer, Polier, Architekt, Firmeninhaber und Bauherr auftreten.
- Erfinde eine Situation, in der du dich ohne Geld, mit 50 Pfennig, mit 10 Mark, mit einem Tausendmarkschein (vgl. Mark Twain), mit einem Scheckbuch befindest.

1.12 Story (Fabel)

Die Bindung durch Festlegen der Handlungsführung (die Fabel des Stückes) engt die Spielfreiheit noch weiter ein und stimuliert nicht mehr unbedingt. Deshalb ist das Nachspielen von Geschichten selten ein guter Weg zu einem kreativen Stegreifspiel.

Auf keinen Fall sollte man mit dieser weitgehend gebundenen Form beginnen. Auch wenn man in späteren Versuchen die Handlung vorher festlegt, sollte man immer wieder zumindest den Schluss der Geschichte offen lassen.

- Viel besser ist es, wenn in einer **Erzählung** nur die Situation entworfen wird, sie dann aber in dramatisches Spiel übergeführt wird. Diese Methode ist besonders bei jüngeren Spielern (bis zur 4. Klasse etwa) angebracht. Der Lehrer-Spielleiter beginnt die Spielgeschichte. Noch besser, wenn er sie nach Angaben der Schüler improvisiert. Sobald die Situation hinreichend klar und die erste handelnde Person eingeführt ist (dazu reichen einige Sätze), übernimmt der Lehrer diese Person als seine Rolle und zieht dann weitere Schüler ins Spiel.

Da ist also irgendwer auf Wanderschaft und trifft irgendwen. „Hallo, wer bist denn du?“, fragt der Lehrer in der Rolle des Wandernden. Ist der angesprochene Schüler noch scheu oder nicht fähig zu einer großen Szene, so kann man ihn zumindest fragen, wie das Wetter eigentlich ist und wie denn der große Berg da heißt. Beim zweiten oder dritten Mitspieler aber gelingt bestimmt eine spannende Aktion: ein Kauf, ein Tausch, ein Geheimnis oder eine witzige Replik. Auf diese Weise kann der Lehrer die Geschichte nach Belieben steuern, in sehr kurzer Zeit verhältnismäßig viele Kinder beteiligen und ihnen im Dialog die Hilfe geben, die sie nötig haben.

- **Variation:** Haben sich einige Schüler hervorgetan, so kann man sie zu einer Szene miteinander verbinden: „Ach bitte, laufe doch noch einmal zurück zu dem Eichhörnchen (oder dem Polizisten), und frage, ob ... Ich warte hier so lange“.
  Da die Geschichte episch eingeführt wurde, kann sie immer wieder auch epische Zwischenpartien bringen (etwa zur Wiederholung, Berichtigung, erneuten Verknüpfung) und episch schließen.
- Erst wenn in genügender Zahl freie Stegreifspielversuche vorausgegangen sind, sollte man sich an die **Umformung** eines epischen Textes in eine dramatische Form machen.
  Diese Umwandlung erlaubt gegründete Einsichten in das Wesen der literarischen Gattungen; sie erweitert also das dramaturgische Wissen der Spieler, nicht ihr spielerisches Können, das in der Bindung an eine starr vorgegebene Handlung eher verkümmert.
- Eine gute Möglichkeit bietet das weit gehend gebundene Stegreifspiel als **Zwischenstufe** bei der **Einstudierung eines festen Textes** für eine Aufführung. Nach intensiver Kenntnis des Stückes (mehrmaliges Lesen, Vorgespräche) wird es mit eigenen Worten nachgespielt, meist szenenweise bzw. in Ausschnitten. Da das Umformen in eigene Worte immer auch eine Interpretation des Gelesenen ist, kann die Gruppe anschließend am sicht- und hörbaren Beispiel über Interpretationsmöglichkeiten sprechen, sie kann sich also am Beispiel auf eine Interpretation einigen. Individuelle Interpretationen bzw. Missverständnisse werden in der Stegreifversion sichtbar und können berücksichtigt werden; sie werden zumal bei jüngeren Spielern deutlicher als in den Ausdrucksvaleurs bei vorgegebenem Text oder in den literarisch-dramaturgisch interpretierenden (d. h. rein verbalen) Gesprächen über das Stück. Stegreifspiel verkürzt und verdeutlicht also die Probenarbeit an einem feststehenden Text.
- Hat ein feststehender **Text** keinen besonderen literarischen Wert und ist verhältnismäßig einfach, lohnt er also das Auswendiglernen nicht, soll aber aus irgendeinem Grunde doch unbedingt gespielt werden, so kann man von ihm Personen, Situationen, Konflikte, Handlungsführung, evtl. Pointen übernehmen und das Stück mit eigenen Worten aus dem Stegreif spielen; das verlangt weit weniger

Proben als das Inszenieren des ganzen Stückes und wird in kürzerer Zeit wahrscheinlich auch zu einer lebendigeren, aktuelleren Aufführung führen.

Eine rein verbale Improvisationsgrundlage war der **Kanevas**, eine Folge von groben Inhaltsangaben, die von den Spielern der Commedia-dell-arte aus der Improvisation mit quirlender Theatralik erfüllt wurden, wobei die Spieler virtuos auf die Reaktionen des Publikums eingingen. Auch die heutigen Puppenspieler sind vielfach zu solchen Improvisationen fähig.

1.13 Thema[3]

Mit der Handlung ist meist schon das Thema (die Aussage, die Moral) des Stegreifspiels gegeben; man kann es jedoch ausdrücklich noch hinzufügen.

- Ein **Thema** kann aber den Darstellern auch als einzige Bindung ihrer Szene gegeben werden; die Anweisung würde dann etwa lauten: Spielt „Einsamkeit“. Rollen, Requisiten, Situationen, Handlung usw. müssten dann von den Spielern zu diesem Thema erfunden werden; entweder direkt im Spiel oder in einem Vorgespräch, das einige Konkretisierungen festlegt. Günstig ist diese Spielform wiederum im **Vergleich** zwischen mehreren Gruppen.
- Thema oder Leitidee kann aber auch eine besondere **Beziehung** zum Publikum oder zum Mitspieler sein: Spielt eine Szene, die das Publikum überrascht, schockiert, erheitert. Entwerft eine Szene so, dass ein unfreundlich-brummiger Mitspieler aufgehellt wird. Die szenische Erfindung geht hier also von der vorweggenommenen Wirkung bzw. dem Ergebnis der Szene aus.
  Die spielerischen Ergebnisse verlocken zur Überprüfung in der Realität: Reichen die im Spielraum angewandten Mittel, reicht die darstellerische Kraft aus, um in der sozialen Wirklichkeit ein ähnliches Ergebnis zu erzielen?

1.14 Stil

Lässt man unreflektiert improvisieren, so wird sich meist ein naiver Realismus, bei steigender Spiellaune oder bei gehemmten Spielern vielleicht ein grotesker Spielstil einstellen. Nur selten werden andere Stilebenen angespielt.
Häufig treten jedoch **Stilverstöße** auf: Zu gewählte Ausdrücke oder zu burschikose; aktuelles Vokabular in historischen Szenen; märchenhafte Wendungen in realen Situationen usw. Da diese Verstöße nahezu immer Gelächter oder zumindest lächeln-

3 Vergl. Hans-Wolfgang Nickel: Regie: Thema und Konzept, Schibri, 2. Aufl. 2009.

de Aufmerksamkeit erregen, kann man an diesen zufälligen Beispielen Stil bewusst machen und danach als erschwerende Bindung noch in die Spielaufgabe einbauen.

- Mögliche **Stile** sind: absurd, realistisch, märchenhaft, grotesk, tragisch oder pseudoklassisch-parodierend, commedia-dell-arte-haft, pantomimisch, rhythmisch-musikalisch, opernhaft usw.
- Ähnlich lässt sich die **Spannungs- oder Stimmungskurve** einer Szene vorher festlegen: Spielt eine Szene, die immer lauter wird (oder von laut nach leise, von aufgeregt nach ruhig, von lustig über ernst zu lustig, von langsam-lastend zu temperamentvoll-explosiv). Diese stilistisch-formale Festlegung der Szene kann durchaus auch das Spiel erleichtern. Stil ließe sich ja beschreiben als eine Reduktion auf ausgesuchte Verhaltensweisen; ein beschränkter Verhaltenskanon aber ist überschaubar und deshalb leichter zu handhaben als ein ins Unbegrenzte ausgedehnter.
- **Tanzimprovisationen** oder **Spiellieder** tragen durch ihr rhythmisches Grundgerüst auch gehemmte Spieler; wenn auch nur wenig „erlaubt" ist, so ist auch nur wenig zu bedenken.
- **Pantomimische Improvisationen** zeigen ebenfalls, vor allem für Kinder, die stützende Funktion einer Reduktion auf wenige erlaubte Verhaltensweisen. Kinder beherrschen bei weitem noch nicht die Sprache, zumal nicht die Sprache der Erwachsenen. Sie ist also auch noch nicht völlig frei zu spielerischer Behandlung in vorgestellten Situationen. Mit seinem Körper aber ist das Schulkind vertraut, besser (freier, virtuoser) als der auf wenige Bewegungen festgelegte Erwachsene. Dessen restringierten Gebärdenkanon kann das Kind also leicht nachahmen: in der Pantomime. Es wird hier leichter zu reifen Stegreifleistungen kommen als in der umfassenden Improvisation, die verbale Äußerungen mit einbezieht. Überdies macht der Rätselcharakter der Pantomime auch das Zuschauen amüsanter, die pantomimische Improvisationsstunde also lustvoller als die Theaterstunde. Da Pantomime überdies zu verbaler Verständigung über die gesehene Szene geradezu zwingt, ist sie über ihren Wert für die Spielerziehung hinaus besonders für Sprachunterricht und Realitätsklärung förderlich.

Was sich bei der Pantomime vermöge ihres besonderen Stils, des Verzichtes auf die Sprache der Wörter, besonders aufdrängt, ist allgemein konstitutiv für die pädagogische Nutzung des Rollenspiels:

- **die Verbindung von spielerischer Improvisation mit vor- oder nachheriger verbaler Interpretation.**

  Diese Interpretation hat neben den spieltechnisch-ästhetischen Fragen vor allem die Art des **Realitätsbezuges** zu klären. Zumindest im Nachhinein müssen die Spieler wissen, auf welcher Ebene sie gespielt haben:
- in der Realität (direkte Realität, ironische. groteske, absurde Brechung oder Verzerrung von Realität);

- in der Utopie (Science-fiction, Märchen);
- in der inneren, psychischen Realität.
  Brechung, Vermischung, Kontrastierung der Ebenen, Ebenenwechsel dürfen vorkommen; nicht geben sollte es Verwechslungen.
  Bleibt noch zu ergänzen, dass eine restlose Aufklärung sicherlich nicht gelingen wird, und die Besprechung nur so viel an Aufklärung bringen kann, dass der Spielfluss nicht unterbrochen, die Spielfreude nicht zerstört wird.

1.15 Informationsvermittlung durch andere Medien

Die ersten Festlegungen bzw. Anregungen zu einem Rollenspiel können auch durch bildnerische, grafische oder musikalische Informationen erfolgen. Die Spielanweisung hieße dann:

- Entwerft und spielt oder spielt eine Szene, die von diesem **Bild** (diesem **Foto**, diesem Zeitungs- oder Illustriertenbild, diesem Werbespot) ausgeht oder zu ihm hinführt, die zu diesem **Zeichen**, dieser **Musik** passt.
  Je abstrakter oder undeutlicher (vieldeutiger) die Vorlage ist, umso mehr wird psychisches Material der Spielgruppe einfließen; je konkreter das Bild bereits die Szene zeigt, umso mehr wird es die Erfindungsmöglichkeiten beschränken. Dafür aber kann es dann genaue Informationen vermitteln. – Kleists „Zerbrochener Krug“ ist ein klassisches Beispiel für ein Stück, das auf Grund einer Wette zwischen Freunden aus den Anregungen eines Kupferstichs entstand.
- Eine **musikalische Vorlage** kann natürlich leicht zu Tanz oder Ballett führen; es ist jedoch auch eine szenische Umsetzung denkbar, die auf tänzerische Mittel verzichtet und von der Grundstimmung der Musik her eine Szene entwirft oder improvisiert.
- Auch von **Film, Tonband, Fernsehen** kann eine szenische Improvisation ausgehen. Auch in diesem Fall gilt wieder, dass ein „realistisches“ Hörspiel, ein Reportagefilm, eine Dokumentation im Fernsehen sehr genaue Informationen vermitteln; sie sind also vorzüglich für die Sachvermittlung in der Vorbereitung eines Rollenspiels nützlich. Je kürzer und abstrakter sie sind, um so mehr können sie zur Erfindung von Szenen anreizen (Geräuschmontage vom Tonband; ungewöhnliche Einstellungen bei einem Film, der nur Gegenstände zeigt: die dazugehörenden Personen müssen erfunden werden).
- Möglich sind ferner Improvisationen, die durch eine aufeinander folgende **Reihe von grafischen Zeichen** stimuliert werden.
- Die Methode kann entwickelt werden zu einer ausgearbeiteten **Improvisationspartitur**, die aus auch zeitlich genau festgelegten Impulsen verschiedenster Art besteht; diese Impulse sind von der Spielgruppe jeweils in ein szenisches Spiel umzusetzen. Das Happening basiert auf solchen Improvisationspartitu-

ren; auch zu anderen Formen kollektiver Improvisation versucht das moderne Vorführtheater zu kommen.
Je ausführlicher aber die Improvisationspartitur ausgearbeitet wird, je genauer sie den Spielern schon vor der Aufführung bekannt ist, je mehr sie von den Spielern bereits auf Proben durchgearbeitet wurde, je mehr also die freie Improvisation zugunsten von Festlegungen und Verabredungen zurücktritt, um so mehr nähert sich das improvisierte Rollenspiel dem Theater.[4]

1.16 Kombination von Bedingungen

Je größer die Zahl der Bedingungen wird und je genauer sie vorgeschrieben werden, umso schwieriger ist es, die Spontaneität des Spiels zu bewahren. Grundsätzlich allerdings lassen sich alle genannten Bedingungen in jeder nur möglichen Weise miteinander kombinieren. Die Kombination kann vom Spielleiter je nach seinen Intentionen festgelegt werden.

- Kombination z.B. von **Ortsbestimmung und Emotion**: Auf je 10 kleine Zettel schreiben die Spieler je eine Ortsbestimmung, auf 10 andere je eine gut darstellbare Emotion. Dann wird je einer der verdeckten Zettel gezogen; die entstehende Kombination ist die Spielaufgabe: Nervös – auf einem Dampfer. Ratlos – in der Küche usw.

1.17 Variation von Bedingungen

Mehrfach wurde bereits auf die Möglichkeit der Variation von Bedingungen hingewiesen. Durch eine fortlaufende, methodisch sauber geplante Veränderung einer Bedingung bei (relativer!) Konstanz der übrigen Bedingungen entsteht ein **Rollenspielsatz**, der annähernd einem naturwissenschaftlichen Experiment entspricht. So wie dieses physikalische Gesetze nachweist, verweist der Rollenspielsatz auf soziale Gesetzmäßigkeiten; er wirkt sich zudem auf das Verhalten der Spieler aus.

- Besonders aufschlussreich ist die **Variation** von sozialen und emotionalen Bedingungen, von Familien- und Rollenkonstellationen; spezielles Interesse haben historische und stilistische Variationen.

4 Der eigentliche Unterschied zum Rollenspiel ist, wohlgemerkt, die Anwesenheit eines (fremden, eingeladenen, zahlenden) Publikums bzw. die Intention, für ein Publikum zu spielen. In den siebziger Jahren war noch das „Aufführen" von Stegreifspielen der Laienspieler präsent; heute sind es Performance-Formen bis hin zum Happening, die Improvisation und Aufführung kombinieren.

- Variationen der **Situation** bei gleichen Handlungsträgern ergibt die **Fortsetzungsserie**; sie sollte nicht fernsehlike auf der Stelle treten und dumm replizieren, sondern die kognitive, emotionale, soziale Entwicklung der Spielgruppe reflektieren.

Diese Fortsetzungsserien entsprechen durchaus einem Bedürfnis der Spieler nach fortschreitendem Vertrautwerden mit einer besonderen Figur, besonderen Problemzusammenhängen usw.; sie können deshalb Woche für Woche ihren festen Platz im Aufbau der Spielstunde haben. Aus den Fortsetzungsserien und **Serienimprovisationen** entwickeln sich verhältnismäßig zwanglos vorführfähige Spielergebnisse.

Umgekehrt kann die **Arbeit an einer Aufführung** günstig als Fortsetzungsserie geplant werden. Das entspricht in besonderer Weise dem **Projektcharakter** des Rollenspiels und beugt durch die ständige Entwicklung der Handlung ins Ungewisse hinein einer Ermüdung der Spieler vor.

Nota bene

Das folgende Kapitel wurde in die hier vorliegende Neuauflage nicht aufgenommen:

II. Kapitel
Spielanweisungen für Dialog- und Rollenspiele
zusammengestellt von H.W. Nickel, P. Silkinat, R. Wanek
(Die Sammlung wurde von der PH-Studiogruppe Berlin und Studenten des Wahlfachs Schulspiel, insbesondere von P. Silkinat und R. Wanek, angelegt.)

2. Veränderung des Rollenspiels im Psychodrama

Eine Warnung vorweg: Psychodrama ist eine therapeutische Methode, die als eine geschlossene Strategie den Fachmann verlangt (vergl. zu diesen Fragen den Beitrag von Hans-Georg Zapotoczky in dem Sammelband ‚Kindertheater und Interaktionspädagogik', Stuttgart: Klett 1971, herausgegeben von Marion Klewitz und Hans-Wolfgang Nickel)[5].

ABER: Moreno, der das Psychodrama entwickelte, schreibt selbst in seinem Buch ‚Gruppenpsychotherapie und Psychodrama' (Stuttgart: Thieme 1959), dass er 1911 ausging von der Beobachtung von Kindern in Wiener Parkanlagen, die sich in Stegreifspielen von ihren häuslichen Konflikten befreiten. Ursprung des Psychodramas ist also das Kinderspiel, seine Verfahrensformen kommen aus dem Handwerk des Dramatikers und des Regisseurs. Also sollte auch der Spielleiter sie in ihren Möglichkeiten kennen und nach seinen Zielen einsetzen lernen: um einer Theaterszene zu anderer, besserer Wirkung zu verhelfen, um seinen Spielern neue Formen des Ausdrucks zu erschließen, um für sie im Rollenspiel hilfreichere Arten der Begegnung mit der Wirklichkeit zu inszenieren.

- Der **Dialog** (die Zweipersonenszene) ist die einfachste szenische Form. Beim Psychodrama spielt oft ein Therapeut eine der beiden Rollen: er gibt Impulse, soweit das nötig ist, und sieht seine Hauptaufgabe darin, den Spieler (den Protagonisten) ins Spiel zu bringen und ihm im Spiel andere, bessere Verhaltensmöglichkeiten zu erschließen.

Ähnlich kann der Spielleiter gehemmte oder ungeübte Spieler im Dialog entwickeln; er selbst wird eher als einer der Mitspieler bereit sein, den Partner nicht an die Wand zu spielen, sondern ihm Spielchancen zu eröffnen. Wenn der Spielleiter seine Gruppe genauer kennt, kann er diese pädagogische Aufgabe auch einem erfahreneren oder spielfreudigeren Spieler übertragen, der entweder den schwächeren durch seine Einfälle einfach mitreißt oder sogar schon fähig ist, gezielt auf ihn einzugehen.

- Die **Erzählung** wird häufig als Einstieg in ein psychodramatisches Spiel benutzt: sie reaktiviert die Erinnerung des Protagonisten und veröffentlicht sie für den Therapeuten und die Mitspieler. Die Erzählung wird selten zu Ende geführt;

5 Als deutlich auf Therapie bezogenes Verfahren wird vielfach die Bezeichnung „Patient" gebraucht; Moreno schrieb meistens „Protagonist". Nachdem sich psychodramatische Spielformen (die eigentlich Rollenspielformen sind) weithin verbreitet haben, wird eher von „Klienten" gesprochen und geschrieben – ein Zeichen auch für die Kommerzialisierung der Szene (Näheres dazu im Forschungsbericht).

meist wird sie auf dem Höhepunkt abgebrochen und dann im Spiel wieder aufgenommen. Die gestaute Spannung entlädt sich dann in der Aktion.

Werden keine konkreten Begebenheiten erzählt, sondern innere Konflikte, Probleme, Schwierigkeiten abstrakt referiert, so muss die Spielgruppe (der Patient) diesen Konflikt entweder **konkretisieren** (der Spielleiter-Therapeut hilft durch Nachfragen) oder eine zu ihm passende Spielsituation **konstruieren**, auch wenn diese so in der Wirklichkeit niemals stattgefunden hat.

- Bei der **Rollenumkehr** tauschen die beiden Dialogpartner ihre Rolle. Der Protagonist nimmt also seine Gegenrolle ein.

Dabei ergibt sich zum Beispiel, „daß der so schüchterne und jede Konkurrenzsituation meidende junge Mann eine prächtig aggressive, ihren Wortschwall kaum in Zaum haltende Mutter abgab. Nach etwa drei bis fünf Minuten wurde das Spiel unterbrochen und interpretiert. Es erwies sich nun nicht nur, daß der junge Mann die häusliche Situation besser darstellen konnte, als er sie geschildert hatte, sondern daß er zugleich auch sehr befriedigt über seine Leistung war". (H. G. Zapotoczky, S. 82f.)

Natürlich ist diese einmalige Spielerfahrung noch keine Therapie; aber es ist ein erster Schritt zu einer Verhaltensänderung, die bewusst gemacht und stabilisiert werden kann. Ähnlich zielen wir bei der Arbeit in der Spielgruppe durch häufige Rollenumkehr auf eine Erweiterung des Verhaltensrepertoires. Für das Theater im engeren Sinne ergibt sich häufig ein vertieftes Verständnis der eigenen Rolle, wenn man sie einmal aus der Gegenposition erlebt hat und dadurch vielleicht ein ganz neues Bild ihrer Möglichkeiten erlangte. Ähnlich sieht man in gespielten Alltagssituationen, wie der andere die eigene Rolle sieht und ihre Möglichkeiten ausspielt, während man zugleich dem Partner sichtbar macht, wie man selbst dessen Situation aktualisiert. Diese Erweiterung der Erfahrung bringt Möglichkeiten des Vergleichs und damit der Kritik, wie sie durch eine bloße Besprechung nicht eröffnet wird. Häufig ergibt sich bei der Rollenumkehr der Konträreffekt: der Patient ist mit der Darstellung durch einen anderen nicht einverstanden und will deshalb die Szene ‚richtig' vormachen. Hemmungen und Widerstände werden durch diesen Effekt vermindert.

- Auch der **Rollenwechsel** bringt neue Rollenvariationen. Der Protagonist wird zum Zuschauer; sieht sich selbst, seine Rolle, gespielt von einem anderen. Dabei sollte man unterscheiden, ob der neue Rolleninhaber in der gleichen Rolle seine eigenen Auffassungen und Möglichkeiten realisiert, oder ob er (mit seinen eigenen Möglichkeiten) im Spiegelbild die Rollenauffassung des anderen kopiert oder karikiert.

Beides ist möglich. Es kann für den Patienten nützlich sein, zu sehen, wie sich ein anderer in genau der gleichen Situation anders verhält und andere Ergebnisse erreicht; es kann ihm aber auch nützen, wenn er sich selbst von außen, gleichsam im

Spiegelbild erleben kann, gefiltert und verändert allerdings durch einen anderen Spieler. Filmaufnahmen (Videorecorder) könnten das exakte Spiegelbild liefern; die therapeutische Wirkung muss dadurch nicht größer werden, zumal wenn der Therapeut die Spiegelrolle übernimmt und dabei kleinere oder größere gezielte Veränderungen anbringt.

Eine ähnliche Situation ergibt sich, wenn der Spielleiter einzelne Rollensequenzen vorspielt, um seine Auffassungen zu verdeutlichen.

- Das **Double** ist eine weitere, sehr wichtige Veränderung des psychodramatischen Rollenspiels: eine Rolle, meist die des Protagonisten, wird von ihm selbst und zugleich von einem Therapeuten (oder einem Mitspieler) gespielt. Diese Verdopplung des Spielers verstärkt schwache Rollen.

Sie wird schon von Dramatikern häufig angewandt (Rosenkranz und Güldenstern im „Hamlet", Bobtschinskij und Dobtschinskij im „Revisor"); sie kann zwei Wesenszüge in einer Person deutlich voneinander unterscheiden (Faust und Mephisto können als solche Verdopplung einer Person aufgefasst werden); der Therapeut kann als Double des Protagonisten dessen unbewusste Regungen ausspielen. Er kann aber auch allein durch eine verstärkende Wiederholung eine schwache Rolle aufbauen.

So ist das Double ‚Freundschaft' eine alltägliche Uminszenierung einer Wirklichkeit, die für einen allein zu schwierig, zu langweilig, zu leer ist.

Was also Hans allein (noch) nicht schafft, gelingt ihm zusammen mit einem Freund (dabei kann es in der Realität z.B. darum gehen, aus dem Amtszimmer ein Klassenbuch zu holen). Ebenso wird der Spielleiter schwächere Spieler eher als Hänsel und Gretel einsetzen können als in einer Solorolle. Kommt in einer Konfliktszene ein Spieler gegen einen Machtrollenträger (Hausmeister, Lehrer, Vater, Bürgermeister) nicht an, dann schaffen es vielleicht zwei oder viele Gegenspieler (die Delegation).

- Noch weiter verstärken können wir also eine Rolle, wenn sie von einer **Gruppe** übernommen wird (auf dem Theater ist das häufig ‚das Volk').

- Der **Monolog** kann die Spielstunde einleiten (vgl. S. 32: Die Erzählung); aber auch „inmitten der psychodramatischen Aktion als Ausbruch der betreffenden Persönlichkeit wirksam eingesetzt werden; alle Zweifel, Gedanken, Gefühle, Zwiespältigkeiten und inneren Kämpfe werden gleichsam durch den inneren Vulkan der Alleinrede zu Tage gefördert und ausgesprochen ... Der Monolog am Ende einer Behandlungsstunde oder einer Reihe von psychodramatischen Übungen kann meist als ein Therapieerfolg angesprochen werden. Der Betreffende ist eben imstande, seine Situation zu verbalisieren ..." (Zapotoczky, S. 84f.).

Auch der Monolog kann verdoppelt werden: der Therapeut als Double verstärkt den Patienten, er wiederholt dessen Worte, verstärkt sie, verändert sie evtl. auch leicht.

- Der **innere Monolog** kann auch in einer Mehrpersonenszene angewandt werden. Ausgehend von der alten Theatertradition des „Beiseitesprechens“ bekommt, eventuell auf ein verabredetes Zeichen hin, jeder der Spieler die Möglichkeit, in stilisierter Form seine Gedanken, Wünsche, Vorstellungen zu der jeweiligen Szene auszusprechen.

In der Spielgruppe können Mitglieder diese innere Stimme übernehmen. Sie werden dann als Zuschauer stärker beteiligt sein, können Vorschläge für die weitere Gestaltung einbringen, Kontraste setzen. Günstig ist es, diese Unterbrechung des Spiels zu ritualisieren, durch einen verfremdenden Kunstgriff zu markieren (vergl. Brechts Sänger im „Kaukasischen Kreidekreis“: „Hört, was sie dachte, nicht sagte“).

- Auch die **Veränderung von Spielraum und räumlicher Zuordnung** gehört zum Repertoire des Psychodramas. Die Veränderung der räumlich-körperlichen Stellung der Spieler zueinander bewirkt immer auch eine Veränderung des Verhaltens, damit des Psychischen. Nicht umsonst fragt man: Und wie stehst Du zu ihm? – Möbel und Versatzstücke können die räumliche Zuordnung akzentuieren.

Psychotherapeuten (und Spielleiter!) benutzen dabei nicht nur gewöhnliche Raumordnungen (Stehen, Sitzen, Liegen, Normalabstand), sondern ziehen besondere Effekte aus extremen Anordnungen: sehr weiter, sehr naher Abstand; Stehen gegen Liegen; auf dem Tisch stehen, auf einem Thron sitzen gegen auf der Erde hocken usw. Auch der Lehrer sollte seinen Unterricht nicht immer von derselben Stelle her erteilen, Schüler ihn nicht immer nur vom gleichen Platz aus erleben; eine Schulklasse sollte nicht immer in der gleichen Ordnung aufgebaut sein. Der Raum sollte uminszeniert werden, um neue Kommunikationschancen zu eröffnen, ungewöhnlichen Ausdruck zu provozieren.

- **Veränderungen des körperlichen Ausdrucks** werden, zumindest in einigen Möglichkeiten, ebenfalls von einigen Psychodramatikern angewandt: laut und leise sprechen, langsamer und schneller, mit besonderen Körperhaltungen, besonderem Ausdruck.

Der Spielleiter sollte hier in besonderer Weise experimentieren: er kann dabei immer neue Möglichkeiten menschlicher Begegnung herausarbeiten, kann das Ausdrucksrepertoire seiner Spieler erweitern, kann ihnen Einblicke geben in die Mechanismen und Möglichkeiten des sozialen Rollenhandelns. Schließlich ist es nicht unwichtig, im geschützten Spielraum zu erfahren, wer mit welcher Stimme und welcher Haltung wie wirkt.

- Die **Besprechung** (Interpretation und Diskussion) kann jeder einzelnen Spielszene folgen; sie bildet auf jeden Fall den Abschluss einer therapeutischen Sitzung. Die Szenen, vor allem die psychotherapeutisch wichtigen „Schlüsselsze-

> nen" werden diskutiert, „die Darstellung wird interpretiert, die bereits vollzogene Verhaltensänderung einer kritischen Stellungnahme unterzogen, die noch erforderlichen Rollenvariationen erörtert. Auf unser Beispiel bezogen heißt dies, was traut sich der junge Mann bereits zu, wie kann er sich des ihn hemmenden Einflusses der Mutter entziehen, zu welchen Leistungen ist er schon bereit? Auch das Verhalten der Mutter wird besprochen. Das Schwergewicht dieser Teamarbeit wird aber auf der Erörterung der szenischen Darstellung liegen. In dieser nicht-szenischen Teamarbeit, die einem Spiel folgt und/oder dem nächsten vorausgeht, in welcher sowohl der erlangte Erfolg als auch die dabei entscheidenden szenischen Mittel erörtert und die nächsten therapeutischen Schritte überlegt werden, gibt der Patient Zeit und Norm an …" (Zapotoczky, S. 88f.).

Die Besprechung eines **Rollenspiels** durch den **Spielleiter** und die Diskussion innerhalb der Gruppe muss beides überprüfen:

- die Realisierung durch die Spieler (darstellerische Momente und die Auswirkung dieser Momente auf die Entwicklung des Spiels),
- die Beziehung der Aussagen des Spiels auf die Realität.

Dabei ist mit Realität nicht nur die soziale Wirklichkeit außerhalb des Spielraums gemeint, sondern genau so die innere Realität der beteiligten Spieler (die analytisch-diagnostische Funktion des Spiels). Ebenso verlangt nicht nur der realistische sondern auch der frei fabulierte Inhalt (Märchen, Utopie, Sciencefiction) die Realitätsprüfung: zum einen geht es dabei um die Stimmigkeit der Handlung und der Atmosphäre, den Zusammenhang zwischen Grundannahmen und Folgerungen (Innenprüfung); zum anderen um die Untersuchung der Beziehung des fantastischen Inhalts auf das aktuelle Wissen der Spielgruppe von der Realität.

Primär sollte die Besprechung die Spielgruppe bestärken und den Spaß für weitere Arbeit fördern. Die Realitätsprüfung soll aber auch behebbare Mängel feststellen. Sie können zu neuen Spielen mit verändertem Inhalt oder anderen darstellerischen Mitteln führen. Sind die Mängel nicht in einer improvisierten neuen Spielszene zu überspielen, so kann die Besprechung zu Übungsphasen motivieren, die sich mit der genaueren Aufklärung der Realität durch Lektüre, Exkursion, Interview usw. befassen oder zu einem intensiveren Training spielerischer Mittel führen.

Sicherlich kann der Spielleiter nicht erwarten, dass er an einem einzigen Rollenspiel alle möglichen und ihm sichtbaren Probleme abhandeln kann. Er muss also Akzente setzen und seine Spieler allmählich an weitere Gesichtspunkte heranführen. In einer kontinuierlichen Rollenspielarbeit aber darf keiner vernachlässigt oder ausgeschlossen werden.

Nota bene: Wen das Realitätsprinzip im Spiel erschreckt, der möge bedenken, dass nicht zuletzt zur Realität auch die Lust gehört – der Spaß also der Spieler und die Freude der möglichen Zuschauer. Auch die Erfüllung dieser Forderung wird in der Besprechung überprüft.

3. Rollentheorie und Interaktionspädagogik

Ein Kapitel Theorie

Schon in der Einleitung habe ich darauf hingewiesen, dass sich der Begriff der Rolle seit mehr als drei Jahrhunderten auf die Arbeit des Schauspielers bezieht. Zusätzlich wird er seit den dreißiger Jahren des 20. Jahrhunderts von der Soziologie zur Bezeichnung einer Grundkategorie des gesellschaftlichen Zusammenlebens verwandt. In diesem Sinne geht er zurück auf Ralph Linton und seine 1936 erschienene „Study of Man", die den ersten Ansatz zu einer strukturell-funktionalen Theorie der Gesellschaft bringt; auf George H. Mead, in dessen 1934 posthum veröffentlichtem Buch „Mind, Self and Society" der symbolische Interaktionismus entwickelt wird; auf Moreno, dessen 1934 in Amerika erschienenes Werk „Who shall survive?" am deutlichsten vom Stegreiftheater ausgeht. Von diesen Werken her hat sich eine reiche rollentheoretische Literatur entwickelt, die in der Bundesrepublik nach einigen kaum bemerkten Vorläufern erst 1958 mit Ralf Dahrendorfs „Homo sociologicus" aufgenommen wird. „Es läßt sich aber zeigen, daß die Postulate der strukturell-funktionalen Theorie und insbesondere die Theoreme der Rollenlehre eine geistesgeschichtliche Tradition verkörpern, die wesentlich tiefer in das europäische philosophische Denken zurückreicht, als die Herleitung aus der amerikanischen Sozialphilosophie der dreißiger Jahre vermuten ließe. Die Grundgedanken der Rollenlehre wurden in den Arbeiten des Lebensphilosophen Wilhelm Dilthey expliziert. In enger Anlehnung daran entwickelte Georg Simmel seine Lehre von den Kategorien des Sozialen, die als direkter Vorläufer der jüngeren Rollenanalyse angesehen werden kann. Simmels Kategorien des Sozialen – Rolle, Individualität, Struktur – erweisen sich bei näherer Betrachtung als die drei zentralen Begriffe des strukturell-funktionalen Ansatzes. Struktur und Funktion sind zudem die Grundbegriffe sowohl der lebensphilosophischen wie der systemtheoretischen Gesellschaftsanalyse."

Nun geht es mir hier nicht darum, auf diese von Uta Gerhardt wieder herausgearbeitete Vorgeschichte der soziologischen Rollentheorie einzugehen („Rollenanalyse als kritische Soziologie", S. 21 f.). Ich möchte vielmehr die beiden verschiedenen Rollenbegriffe des Theaters und der Soziologie wieder aneinanderrücken. Ich will zeigen,

- dass der Rollenbegriff des Theaters nicht nur als soziologische Metapher brauchbar ist, die in der Naivität des allzu nahe Liegenden hängen bleibt (das befürchtete noch Claessens in seinem Buch „Rolle und Macht");
- dass im Gegenteil die Rolle im Theater schon immer Kennzeichen der soziologisch reflektierten Rolle enthielt und sie in modellhaft verdichteter Form verdeutlichte, sie also ästhetisch, d.h. überhaupt wahrnehmbar machte (das ist im

Grunde nicht erstaunlich bei einer Kunst, die in Inhalt und Form primär das Umgehen von Menschen miteinander zeigt);

- dass die soziologische Rollentheorie die Interaktionspädagogik sinnvoll ergänzt. Die theoretisch festgestellte Aufgabe der Sozialisation, Fähigkeiten zum Rollenhandeln und zur Rollenvariation zu vermitteln, ist zugleich Zielsetzung der Interaktionspädagogik; in deren Vorhaben können die theoretischen Feststellungen praktisch erprobt, in ihren Auswirkungen empirisch überprüft werden.

Ich beginne den Nachweis mit einer vergleichenden Beschreibung, wobei ich mich für die Soziologie vor allem auf Habermas und Krappmann stütze (vergl. im Folgenden, auch für die näheren Literaturangaben: „Beiträge zu einer Interaktions- und Theaterpädagogik", hg. von E. Brandes und H. W. Nickel, Berlin: Pädagogisches Zentrum 1971; „Kindertheater und Interaktionspädagogik", hg. von M. Klewitz und H. W. Nickel, Stuttgart: Klett 1972).

3.1 Theater und Gesellschaft I: Identitäten

Auf der Bühne des Theaters treten Schauspieler in Rollen auf; in der menschlichen Gesellschaft agieren wir als Rollenträger. Das Rollenspiel des Schauspielers wie das Rollenhandeln des „homo sociologicus" vollzieht sich

1. in **Interaktionen**, die auf der Verständlichkeit von Zeichen (der Intersubjektivität von Symbolen) beruhen; vor allem Worte, aber auch Mienen, Gesten, Signale, Dinge usw. werden zwischen den Interaktionspartnern ausgetauscht. Weder der Schauspieler noch der Zeitgenosse agieren also lediglich auf sich selbst bezogen: Theater wie Gesellschaft bestehen aus Aktionen, die sich zwischen (inter) mehreren Partnern abspielen, die eine Verbindung zwischen einem und einem oder mehreren anderen abgeben. Auch Streit, Konflikt, körperliche Auseinandersetzungen sind solche Interaktionen. Keine kann „an sich" verstanden und beurteilt werden; immer ist sie ein Zwischen, das unterwegs ist zu einem anderen. Diese Grund legende Fähigkeit der Interaktion (Watzlawick spricht von der „Unfähigkeit, nicht zu kommunizieren") lernt der Säugling schon sehr früh im Zusammensein mit einer Pflegeperson. In diesen frühesten Kommunikationen entwickelt sich auch der gemeinsame Zeichenvorrat, der die Interaktionen ermöglicht: der Säugling lernt sich auszudrücken, das Kind lernt sprechen. Dabei wird die Sprache mit Hilfe von Wörtern am weitesten ausdifferenziert. Die Körpersprache wird mehr oder weniger vernachlässigt.

Aus der Fülle der möglichen Verhaltensweisen und Zeichen aber wird eine Auswahl getroffen:

2. Rollenspiel und Rollenhandeln beruhen auf **Normen**, die uns in der Form gegenseitiger Erwartungen entgegentreten.
   Ich weiß also oder glaube zu wissen, was mein Interaktionspartner antworten wird; ich habe Regeln gelernt, nach denen ich mich verhalte und erwarte ähnliches auch von den anderen. Ich vertraue darauf, dass sie die vereinbarten Zeichen auch entsprechend verwenden, dass sie die genormten Verhaltensweisen gebrauchen, dass ihre Antworten zu meinen Fragen passen.

Verhält sich ein anderer aber gröblich anders als ich es erwarte und verlange, so gibt es Hilfsmittel:

3. Interaktionen werden durch **Sanktionen** gestützt (direkte und indirekte, grobe und feine), die die Interaktionspartner zur Erhaltung des sozialen Systems bzw. der Theateraufführung geschaffen haben.
   Die Teilnahme an Interaktionen setzt also zunächst Kenntnis von Symbolen, Normen und Sanktionen sowie Beherrschung anerkannter Verhaltensformen und Fähigkeiten zur Anwendung der erlaubten Interaktionen voraus. Diese erlaubten (gewünschten, angeordneten, tolerierten) Interaktionen werden dem Schauspieler während der Proben mit dem Regisseur einstudiert; sie sind zum Teil Erfindungen des Regisseurs oder der Schauspieler, zum Teil Übernahme aus anderen Inszenierungen, zum Teil Vorgaben des Autors oder stammen aus noch weiteren, grundsätzlich feststellbaren Quellen. In ähnlicher Form wird das Verhalten des Kindes im Laufe seiner Sozialisation so in soziale Strukturen eingepasst und aus ihnen aufgebaut, dass das Kind geltenden Normen zu entsprechen vermag und die fundamentalen Erfordernisse des Rollenhandelns beherrscht (bzw. von ihnen beherrscht wird).
   Das Kind lernt also, das „schöne Händchen“ zu geben, „Guten Tag!“ zu sagen, auf den Klingelknopf zu drücken, wenn es jemanden besuchen möchte, bei roter Ampel zu warten. Vielmals erfährt es, dass es mit dieser Verhaltensweise Erfolg hat: das Entgegenstrecken der Hand wird nicht mit Schlägen beantwortet; die Reaktion auf „Guten Tag“ heißt niemals „Das darfst du nicht“; nach dem Klingeln wird die Tür geöffnet; bei grüner Ampel wird man selten angefahren. Das Kind wurde also so inszeniert, dass es in seine Gegenwart passt. Wenn es unvorhergesehene, ärgerliche Reaktionen auslöste, dann lag das daran, dass es noch nicht richtig gelernt hatte. Wenn aber trotz des angemessenen Verhaltens (angemessen von den Vertretern der Gesellschaft: den Eltern, Lehrern, Freunden, Polizisten und anderen Interaktionspartnern), wenn trotz der richtig angewandten Lektion eine unerwartete, ungehörige Antwort formuliert wurde, dann handelte es sich bei dem Interaktionspartner bestimmt um einen Irren, einen Verbrecher, einen Ausländer oder einen Sonderling. Über den Sonderling durf-

te man lachen, über Ausländer sich nachsichtig amüsieren oder sie im Grunde verachten, vor Irren und Verbrechern fürchtete man sich: ihr Verhalten war unerklärlich. Aber dafür wurden sie auch eingesperrt; die Gesellschaft wandte ihre schärfsten Sanktionen an und schützte sich vor unfähigen oder unwilligen Spielverderbern. Aber abgesehen von diesen kleinen Konflikten, die nicht mehr waren als Betriebsunfälle, funktionierte das Leben in der Gesellschaft wie eine gut inszenierte Aufführung, von Inspizienten sorgsam überwacht. So meinte die traditionale Rollentheorie.

Aber:
Das Rollenspiel des Schauspielers ist nicht notwendig Teil eines starren, automatisierten. unveränderlichen Systems. Es ist nicht ein für alle Mal festgelegt. Es wird nicht nur stumpfsinnig reproduziert. Bei einer Theaterform, die den Schauspieler als selbstbestimmtes Wesen ernst nimmt, hat er das Stück mit ausgesucht oder mit geschrieben, sind seine Einfälle mit in die Inszenierung eingegangen, sind Normen und Interaktionen also zum Teil sein Werk, zum anderen Teil von ihm akzeptiert; gerade deshalb ist er fähig, sein Rollenspiel je nach der Situation (etwa je nach den Reaktionen des jeweils neuen Publikums in jeder Aufführung) flexibel und spontan zu verändern und auf Veränderungen seiner Mitspieler einzugehen. Der gute Regisseur als Schauspieler-Erzieher wird sich geradezu dadurch auszeichnen, dass er seinen Schauspielern die Kraft zur Erfindung wie die Fähigkeit zur Veränderung mit vermittelt.

Genau so ist auch das Rollenhandeln in der Gesellschaft nicht notwendig Teil eines starren, automatisierten, unveränderlichen Systems; eher wird das Gegenteil deutlich, wenn wir die Feststellungen der revidierten Rollentheorie heranziehen und die oben begonnene Beschreibung identischer Strukturen von Rollenspiel und täglichem Rollenhandeln fortführen:

4. Tatsächliches Verhalten der Interaktionspartner und die von ihnen verbalisierten Normen decken sich nicht völlig; die **Rollenkonformität** bei jedem von ihnen ist mehr oder weniger groß.
   Diese Diskrepanz zwischen Schein und Sein, diese Unterschiede im Verhalten verschiedener Personen in der gleichen Situation erkennt schon das Kind. Das Vorhandensein von mehreren Verhaltensmustern (so wie Vati, so wie Mutti) aber gibt ihm die Chance, nach seinem eigenen Bedürfnis auszusuchen. Darüber hinaus aber ist das, was man dem Kind von seiner Rolle sagt, genau wie das, was der Regisseur dem Schauspieler erklärt, durchaus nicht eindeutig und schlechthin zwingend.

5. Nur selten ist die **Rollendefinition** so streng und präzise, dass sie nicht persönliche Interpretationen zulässt; oft sind diese sogar unumgänglich.

Rollenerwartungen sind also mehr oder weniger rigide, lassen mehr oder weniger Spontaneität zu; niemals können sie Spontaneität ganz ausschließen. Sobald aber auch nur einem der Interaktionspartner ein gewisses Maß an Spontaneität eingeräumt wird, müssen alle seine Partner ebenfalls flexibel auf ihn reagieren; sobald einer der Schauspieler auf der Bühne improvisiert, müssen seine Mitspieler, auf ihn eingehend, ebenfalls improvisieren.
Das Rollensystem der Gesellschaft ist also nicht hermetisch abgedichtet, es ist nicht restlos geschlossen, sondern besitzt offene, undefinierte Stellen. Diesem äußeren Spielraum entsprechen innere.

6. Nur selten ist die **Rollenverinnerlichung** bei dem einzelnen so zwanghaft, dass sie flexible, autonome, selbst reflektierte Handlungen verbietet.
Nur selten wird sich ein Schauspieler so durch die Anweisungen des Regisseurs und die Verabredungen auf der Probe gebunden fühlen, dass er Improvisationen seines Mitspielers nicht mehr aufnehmen kann. Wichtig für seine Freiheit zur Improvisation aber ist die Art, wie er seine Rolle gelernt hat. Wurde sie ihm als ein unbedingtes Muss eingebläut, wurde sie mit schweren Sanktionen besetzt, so wird er kaum von ihr lassen können. Die Art des Lernprozesses bestimmt die Art der eigenen Verhaltenskontrolle, damit die mögliche Distanz zur eigenen Rolle. Zwanghafte Verinnerlichung, damit pedantische Selbstkontrolle engt die Distanz ein und führt im Extremfall zum Zusammenfallen von Ich und Rollenvorschrift: zum Automaten, zum „Funktionär". Er ist als Schauspieler wie im täglichen Rollenhandeln unbrauchbar.

7. Schließlich ist auch die **Bedürfnisbefriedigung** der Interaktionspartner bei den Interaktionen nicht reziprok.
Schauspieler haben eine mehr oder weniger große, attraktive, glänzende Rolle; soziale Rollensysteme stellen mehr oder weniger einträgliche Rollen bereit; Rollenerwartungen sind mehr oder weniger repressiv; Chancen zur Rollenzuteilung, d.h. zur Bestimmung der Interaktionspartner, sind mehr oder rninder mächtig. Sobald aber die Interaktionspartner anfangen zu vergleichen, wird ihre Unzufriedenheit mit dem Rollensystem zur potentiellen Kraft der Veränderung: der Schauspieler entwirft einen neuen Spielplan oder eine veränderte Regie; der unzufriedene Zeitgenosse eine neue Gesellschaftsordnung.

Diese eher soziologische Beschreibung der Interaktion zwischen Rollenpartnern müsste nun noch von der Psychologie her (also gleichsam um die sozial verinnerlichte Dimension) erweitert werden. Was in der Gesellschaft bzw. auf dem Theater zu beobachten ist und in der Interaktionsanalyse auf den Begriff gebracht wird, findet sich ja noch einmal als mehr oder weniger diffuse Erfahrung, als Ergebnis eines sozialen Lernprozesses bei jedem einzelnen/in jedem einzelnen. Wichtig sind

nicht nur die (relativ offenen, einsehbaren, beobachtbaren) Interaktionen zwischen Ich und Ich (zwischen ego und alter ego); sie sind begleitet, durchwoben, motiviert, gestört durch frühere, „vergessene“ Erfahrungen, durch „verdeckte Transaktionen“ (wenn wir nach Freud formulieren: durch die Reaktionskombinationen zwischen jeweils Über-Ich, Ich und Es). Der interaktionistische Ansatz müsste also im Hinblick auf die Bedürfnisbefriedigung zumindest Motivationen einbeziehen. Sobald sich nämlich nur einer der Partner aus unerfüllten (unerfüllbaren?) Forderungen und Wunschvorstellungen heraus einer gewohnten Interaktion verweigert oder sie verändert, verändert er zugleich die Befriedigungschancen der anderen. Natürlich ließe sich eine solche Provokation eines sozialen Konfliktes ablehnen, als theorieschädigend verfemen oder schlicht bestrafen; angemessener erscheint es jedoch, nach der Möglichkeit eines Ausgleichs zwischen geltenden Normen und neuen, vielleicht nur wieder erinnerten Bedürfnissen zu suchen.
In diesen Punkten vor allem gehen neuere Soziologen[6] über die ältere Rollentheorie hinaus.

3.1.1 Grundqualifikationen für Rollenhandeln und Rollenspiel

Die soziologische Rollentheorie, die die Dynamik zwischen den Bedürfnissen des einzelnen und der gesellschaftlichen Norm begrifflich zu fassen versucht, geht dabei von den Ansprüchen des autonomen Ich im gesellschaftlichen Handlungsfeld aus und fragt, welche Grundqualifikationen dieses Ich besitzen muss, um den vorhandenen Verhaltensspielraum für seine Bedürfnisbefriedigung nutzen zu können. Sie wechselt also gleichsam die Perspektive; sie fragt nicht mehr von der Gesellschaft her und untersucht, wie Gesellschaft funktionieren kann; sie stellt sich auf den Standpunkt des einzelnen und fragt, wie er sein Recht in der Gesellschaft erhält. Wiederum zeigt sich, dass die notwendigen elementaren Befähigungen zu einer solchen ich-autonomen Behauptung des einzelnen sowohl im Rollenspiel wie im sozialen Rollenhandeln auftreten:

1.–3. **Kenntnis** von **Zeichen, Normen und Sanktionen**; **Fähigkeit** zum Aussenden von **Zeichen**, Beachten von **Normen**, Ertragen bzw. Vermeiden von **Sanktionen**.
Der Schauspieler muss also den Text seiner Rolle kennen, um in einem Theaterstück mitspielen zu können; er muss diesen Text aber auch zur richtigen Zeit und in den richtigen Abschnitten sprechen. Nicht also wie Thisbe im

6 Bitte beachten: der Text stammt von 1972; die „neueren“ Soziologen sind also inzwischen schon „ältere“ Soziologen.

Sommernachtstraum: „Ihr sagt euern ganzen Part auf einmal her, Stichwörter und den ganzen Plunder." In einem solchen Fall gibt es Sanktionen: man muss noch einmal proben oder wird beim nächsten Stück nicht mehr besetzt. Für eine stabile, fest-gestellte Welt, in der sich niemals etwas ändert, wären diese Kenntnisse und Fähigkeiten ausreichend. In ihr käme man aus mit technischen **Kompetenzen**; man hätte lediglich darauf zu achten, sie möglichst effektiv und reibungslos zu vermitteln. Die Geltung des Gelernten würde nicht überprüft; autonome Entscheidungen kommen nicht vor. Eine nach diesen Grundsätzen eingeprobte Theateraufführung ließe sich denken: sie wäre darauf hingeprobt, sich Abend für Abend in exakter Gleichförmigkeit zu wiederholen. Leider stört bei dieser Idealvorstellung zunächst das Publikum: es ist ja nicht Abend für Abend gleich; es kommt mit anderen Stimmungen, anderen Erwartungen; es versteht schneller oder schwerer, bemerkt eher die komischen oder eher die tragischen Züge des Stückes. Es hustet immer an einer anderen Stelle. Natürlich kann der Schauspieler versuchen, seine eingelernte Rolle trotzdem exakt zu reproduzieren. Das Ergebnis ist „tödliches Theater": Langeweile, Beziehungslosigkeit, Fortfall der Interaktion zwischen Bühne und Publikum. Der zweite störende Faktor ist der Schauspieler selbst: auch er ist keine Maschine, die mit gleich bleibender Genauigkeit arbeitet. Aus immer anderen Erfahrungen und Erlebnissen, in immer anderer körperlicher und psychischer Verfassung kommt er in seine Rolle. Im Ensemble potenzieren sich diese Faktoren der Veränderung. Ein Theaterstil, der diese Grundtatsache einkalkuliert, wird seine Schauspieler darauf vorbereiten, die Lebendigkeit der immer neuen Begegnung mit dem Publikum zu suchen, wird also die Improvisationsfähigkeit des Schauspielers erhalten und steigern.
Genau so darf auch die Schule nicht in Gefahr geraten, in ihrem geschützten Modelldasein ein reibungsloses Rollengefüge aufzubauen, in dem es nur von außen bestimmte Ordnung ohne **Autonomie** des einzelnen, nur technische Effizienz ohne Konflikt, nur Kanalisierung von Lernprozessen gibt. Denn das „gewöhnt den von Lehrziel zu Lehrziel voranhüpfenden Lerner an das Reagieren in vorentschiedenen Situationen und an die Freude bei der Anerkennung durch die manipulierende Instanz" (Wolfgang Schulz). Das aber reicht für die Bewältigung der Wirklichkeit nicht aus. Zum einen nämlich ist diese Wirklichkeit nicht restlos durchmanipuliert und durchmanipulierbar; zum anderen macht es mehr Spaß, selbst über sich zu bestimmen. Wenn es aber richtig ist, „daß diese Gesellschaft kein bloßes Repetitionsphänomen ist, ... dann fällt der Pädagogik als Praxis wie als Theorie die Aufgabe zu, in der heranwachsenden Generation das Potential gesellschaftlicher Veränderung hervorzubringen." So Klaus Mollenhauer 1964 in seinem Aufsatz „Pädagogik und Rationalität", der später in den Band „Erziehung und Emanzipation" übernommen wurde.

Nur für eine beschränkte Realitätserfahrung stellt sich die Wirklichkeit als eine starre, durchorganisierte Form dar. Rollenhandeln in der unverkürzten Wirklichkeit setzt also voraus:

4. Kenntnis der unterschiedlichen **Rollenkonformität**; Toleranz der Rollenabweichung.
   Schon das Kind stellt Widersprüche zwischen Norm und Verhalten fest (auf dem Verkehrszeichen steht 50; Papis Tacho zeigt 70) ; zumindest verbal drängt es dabei auf strenge Normerfüllung. Seine Unlust bei Normüberschreitungen ist dabei umso stärker, je weniger der betreffende Normenlernprozess zurückliegt. Sehr schnell aber wird ihm beigebracht, dass Regeln durchaus nicht von jedem mit aller Strenge erfüllt werden müssen. Quod licet Jovi, non licet bovi; was Papi darf, darf das Söhnlein noch lange nicht; was sich der Star herausnimmt, wird sich ein Statist nicht erlauben.
   Für das Kind wird hier erneut das Problem der **Macht** sichtbar; sie ist in der modellhaft verkürzten Wirklichkeit des Theaters leichter zu durchschauen, der Vorgang der Normensetzung und Normenveränderung ist leichter zu verfolgen. Jedenfalls erweist sich die Norm als befragbar; die Fähigkeit zur **Rollendistanz** wird sichtbar. Wenn das Kind sieht, wie die anderen ihre Rolle bei gleichen Rollenvorschriften jeweils anders aktualisieren, so kann es sich auch selbst von dem verbindlichen Zwang der Rollenvorschrift lösen. Wenn Norm und Wirklichkeit als nicht identisch erfahren werden, wenn mehr oder minder große Abweichungen unsanktioniert sich darstellen können, dann gibt es statt der einen vorgeschriebenen Wirklichkeit jetzt immer mehrere Möglichkeiten. Die Welt wurde potenziert.
   Dazu kommt, dass auch die Rollenvorschrift nicht lückenlos ist und es auch niemals sein kann. Diese **Rollenambiguität** könnte als erschreckend erlebt werden (eine der Reaktionsweisen des Neurotikers); ganz im Gegensatz dazu braucht der einzelne die Fähigkeit, die stets noch offenen Rollendefinitionen als seine Chance zu nutzen, um die Definitionen in seinem Sinne zu beenden, das Drehbuch nach seinen Wünschen zu Ende zu schreiben. Also:

5. Kenntnis der Offenheit von Rollendefinition und **Ambiguitätstoleranz**; Nutzung der Offenheit zu kontrollierter, spontaner oder überlegter **Selbstdarstellung**.
   Der einzelne muss also ein angemessenes Gleichgewicht finden zwischen Rollenübernahme nach Vorschrift oder Usus (was bequem ist) und Rollenentwurf nach eigenem Ermessen (was spannend ist) in kontrollierter Selbstrepräsentation. Er darf sich nicht jammernd an eine übergeordnete Instanz wenden: Bitte sag mir doch genau, was ich tun soll! Auch in seinem eigenen Inneren darf es eine solche Über-Ich-Instanz nicht geben; auch gegenüber den eigenen Erfah-

rungen muss Autonomie erreicht werden, wenn diese Erfahrungen nicht zwanghaft immer wiederholt werden sollen. Deshalb:

6. **Flexibilität** in der Anwendung der verinnerlichten Normen (Brecht formulierte: In jeder neuen Lage neu nachdenken).
   Der Schauspieler auf der Bühne muss also entscheiden, wie weit er vor einem bestimmten Publikum so spielt wie gewohnt (das würde die Rollenübernahme nach Vorschrift des Regisseurs bedeuten, also das Reproduzieren der auf den Proben festgelegten Inszenierung), wie weit er, in direktem Bezug auf Besonderheiten des zuschauenden Publikums (des Raumes, der Tagesereignisse, seiner eigenen physischen oder psychischen Verfassung usw.!) nach eigenem Ermessen eine Rollenvariation entwirft. Sie müsste kontrolliert sein; sie sollte z.B. den Erfordernissen des Stückes, das gespielt wird, entsprechen; allerdings lassen sich auch Situationen denken, in denen die Rücksicht auf das Stück nicht mehr zählt. Von den üblichen Formen des Vorführtheaters ist es vor allem das Kabarett, das im Hinblick auf die Forderung nach Aktualität vom Schauspieler die größten Fähigkeiten zum selbst gesetzten Rollenentwurf, zur Improvisation, verlangt. Trotz der Freiräume in Rollenspiel und Rollenhandeln wird es nicht möglich sein, jede Rolle zu einem großen Erfolg zu führen, aus jeder volle Befriedigung zu ziehen. Immer wieder hat ein anderer eine bessere Rolle bekommen; nur selten ist in einer Interaktion die Bedürfnisbefriedigung beider Teilnehmer gleich. Diese Ungerechtigkeit aushalten zu können, braucht es

7. **Frustrationstoleranz**, d.h. die Fähigkeit, bewusst Rollenambivalenzen zu ertragen.
   Beim Schauspieler wäre das etwa die Bereitschaft, zugunsten des Ensembles, des Spielplans, der Aussage usw., um also das Theaterspiel bzw. die Interaktion weiter aufrechterhalten zu können, auch Nebenrollen zu akzeptieren und die eigenen Bedürfnisse nach der großen Rolle bis zum nächsten Stück zurückzustellen. – Ähnlich bei Ehepaaren: er geht mit ihr kegeln, dafür begleitet sie ihn beim nächsten Einkaufsbummel. In Theater und Freizeit ist der ständige Rollenwechsel möglich; in der sozialen Wirklichkeit von Beruf und Herrschaft finden wir zumeist lange dauernde Rollenzuteilungen: das Stück wird immer wieder in derselben Besetzung gespielt; die Stars sorgen dafür, dass es auf dem Spielplan bleibt. Dann kommt es soweit, dass man die einmal gegebenen Rollen für unabänderlich hält, für natürlich und unveränderbar. Frustrationstoleranz wird zu einem Trostpflaster oder, in metaphysischer Wendung, grundlegend für das Diesseits. Erst im Tod werden die Rollen abgeschminkt; der Rollenwechsel wird ins Jenseits verlegt (genauer noch: das Jenseits bringt die Auslöschung der Rollenhaftigkeil des irdischen Daseins). So etwa in Quevedos Höllengesichten aus dem 17. Jahrhundert:

Vergiss nicht, dass das Leben Schauspiel ist
und diese ganze Welt die große Bühne
und sich im Augenblick die Szenen wandeln
und alle wir dabei als Spieler handeln.
Vergiss auch nicht, dass Gott das ganze Spiel
und seinen weit gedehnten Gegenstand
in Akte ordnete und selbst erfand.
Die Texte und die Rollen auszuteilen,
wie lang, wie hoch sich unsere Handlung spannt,
liegt in des Einz'gen Dramaturgen Hand.

Aus dieser Sicht ist jede Rolle gleichwertig; das eigentliche Dasein beginnt erst nach dem Spiel des Lebens. Über die Qualität dieses jenseitigen Daseins entscheidet die Qualität der Rollenerfüllung im Diesseits. So bei dem Barockdichter Titz:

Ich seh, wie in der Welt wir armen Menschen pflegen
Bald dies, bald jenes Kleid, itzt an –, itzt abzulegen.
Ich schätze den für klug und gebe dem den Preis
Der die Person hier recht und wohl zu spielen weiß.

Unsere Vorstellung heute wäre demgegenüber, den Rollenwechsel auch in der sozialen Wirklichkeit zu verstärken, aus der Lebensrolle die wechselnde „Rolle auf Zeit" (Claessens) zu machen.

3.1.2 Möglichkeiten zur Veränderung (I): Empathie und Rollendistanz

Die Grundqualifikation des einzelnen, seine Kenntnisse und Fähigkeiten, wie wir sie im Zusammenhang mit der Rollenstruktur der Gesellschaft herausgearbeitet haben, reichen aus, um dem einzelnen ein angemessenes Überleben in der vorhandenen Gesellschaft zu garantieren. Als Kernbegriff lässt sich die **Rollendistanz** herausstellen: sie bindet nicht an eine ein für allemal gegebene Vorstellung, sondern gibt die Freiheit, sich in den vorhandenen Freiräumen möglichst nach eigenem Belieben einzurichten. Auch ohne es besonders zu wollen, verändert sich bei dieser Handlungsweise des einzelnen auch die Gesellschaft insgesamt, wird sich bei solchen Schauspielern eine Aufführung von der anderen unterscheiden; die Veränderung resultiert aus den vielen kleinen Rollenverschiebungen jedes einzelnen. Aber diese Veränderung ist punktuell, langsam, ungezielt; sie ist individuell, gleichsam ein Nebenprodukt. Wir erschrecken erst, wenn sich der Abfall aus unserem eigenen Verhalten unangenehm bemerkbar macht …

Wir suchen also nach der kalkulierten **Veränderung** bestehender Gesellschaftssysteme, um die Ich-Autonomie jedes einzelnen besser fördern zu können. Formulieren wir die Bedingungen dieser Verbesserung, so wird wiederum die Verbindung von Rollenspiel und rollentheoretischem Ansatz deutlich. Zugleich zeigt sich, dass die von den Theoretikern gezogenen Folgerungen im Hinblick auf die Erfordernisse einer Sozialisation mit dem Ziel der Ich-Autonomie von dem Ansatz der Interaktionspädagogik nicht mehr zu trennen sind. Das wird schon deutlich, wenn wir zunächst beschreiben, wie sich die Verbesserung von gesellschaftlichen Systemen in der Terminologie der Rollentheorie ausnehmen würde. Eine solche Verbesserung verlangt in Bezug auf die Rollenkonformität (s.S. 40, Punkt 4):

4. Angleichung der verbalisierten Normen an das tatsächliche Verhalten.
   Damit würde die **Unehrlichkeit** des Systems verringert, die Symbole würden verständlicher, die Differenzen zwischen Symbolen und Realität, zwischen Normen und Realität würden eingeschränkt. Sein, Bewusstsein und kodifizierte Ordnungen würden aneinander rücken.
   Dabei müssen sich durchaus nicht immer die Normen, etwa Gesetze und Verordnungen, nach dem tatsächlichen Verhalten ausrichten; die politische Wirklichkeit der Bundesrepublik zum Beispiel sollte sich viel mehr nach dem Grundgesetz, die Wirklichkeit der Schule viel mehr nach den schönen Worten der Bildungspläne richten, richten können.

Eine gezielte Verbesserung des Systems ergibt sich ferner dann, wenn wir:

5. die Interpretationsmöglichkeiten von Rollen nicht nur selbst aktiv ausnutzen, sondern auch anderen kalkuliert freigeben: das würde die **Rigidität** des Systems verringern;

6. die **Flexibilität** der Rollenträger allgemein und gezielt verstärken: nur der flexible Interaktionspartner toleriert auch meine eigene Flexibilität. Neurotische, streng konditionierte, automatisch reagierende Partner zwingen auch mich in die **Schablone**.

Wir sollten also auch

7. die Bedürfnisbefriedigung aller Interaktionspartner beachten und damit die **Repressivität** der Erwartungen verringern.
   Die komplementären Erwartungen werden also nicht nur auf die partielle Interaktion und auf äußerlich direkt ablesbares Verhalten gerichtet, sondern auf die ganze Person des Partners: die komplementären Erwartungen werden also ausgeweitet. Nicht nur die direkten Interaktionsmerkmale sind zu beachten, sondern auch die weit reichenden Folgen: nicht nur das ärgerliche Gesicht des Untergebenen, den

ich heute und morgen schlecht behandle, sondern auch die Krankheit, die ihn zwei Jahre später zum Arzt führt; oder, um einmal ein Beispiel für eine „Interaktion" mit Sachen zu geben: nicht nur der Augenblicksgenuss beim Rauchen einer Zigarette, sondern auch die Gesundheitsminderung bei dem Raucher und seinen Mitmenschen. Allgemeiner gesprochen: auch bei der Interaktion mit der Umwelt nicht in der unmittelbaren Gegenwart verbleiben, sondern die Zukunft vorausbedenken.

Alle diese Interaktionsleistungen verlangen als Grund legende Fähigkeit die **Distanzierung von der eigenen Rolle**; erst durch eine solche Abtrennung wird sie für mich verfügbar, kann sie zum Mittel werden, das das Ich in autonomer Verantwortung einsetzt; erst die Distanz von der Rolle ermöglicht Emanzipation.

Zugleich aber sind Interaktionen immer nur in Verbindung mit anderen zu realisieren. Was beim Umgang mit Dingen verhältnismäßig einfach und letztlich berechenbar erscheint (ich muss die Reaktionen des Werkstoffs Holz kennen, um einen Schrank bauen zu können), ist beim Umgang mit Menschen verhältnismäßig kompliziert, selbst wenn ich alle Machtmittel einsetze, um andere kurzerhand zu den von mir gewünschten Interaktionen zu zwingen.

Will ich aber anderen die von mir erstrebte Freiheit in der Rollengestaltung auch geben, so brauchen wir als allgemeine (d. h. auf viele oder alle Interaktionspartner bezogene) Fähigkeit die **Empathie**, die wir normalerweise nur als Sympathie wenigen gegenüber realisieren: wenn wir jemanden gern haben und dadurch so gut verstehen, dass wir seine Erwartungen vorweg spüren, innerlich vorwegnehmen und im Rollenhandeln mit bedenken, erfüllen.

Empathie verlangt eine gewisse Sicherheit, das Gefühl, die eigene Rolle lustvoll aufrechterhalten zu können; ein Gefühl also des Überflusses, des Nichtnotleidens. Dann brauche ich mich nicht blind für den anderen zu machen, kann ihn in seinen Erwartungen sehen und ihm zu seinem Recht verhelfen. Meist ergibt sich dabei die Erfahrung, dass sich solches Verhalten lohnt, dass dadurch Interaktionen begehrt und erfolgreich werden und zu weiteren **Kooperationen** führen. Zugrunde liegt eine Leistung des Wahrnehmens, der Sensibilität, die mit Intelligenz, Sprachstrukturierung, kognitiver Differenzierung und emotionaler Stabilität positiv, mit Stereotypen, Intoleranz, Vorurteilsbildung negativ korreliert.

Empathie würde auch davor bewahren, andere kurzum in Rollen hineinzupressen, die sie nicht übernehmen wollen, die dem Rollenverteiler aber aus irgendeinem Grund als nötig oder nützlich erscheinen. Auf dem Theater wird Empathie an drei Stellen des theatralischen Produktionsprozesses nötig: die Erkenntnis der anderen lässt bei der Auswahl des Stückes so vorgehen, dass Rollenerwartungen, Rollenwünsche der Ensemblemitglieder erfüllt werden können; sie bedenkt bei der Auswahl der Gänge und Gesten, dass die Mitspieler zu günstigen Positionen kommen; sie spürt während der Aufführung Möglichkeiten, den Partner vor dem jeweiligen Publikum in Szene zu setzen.

Insgesamt geht es immer wieder darum, vorweggenommene Regelungen durch spontane zu ersetzen; sich nicht an die gewohnte Ordnung (die Bedürfnisse von gestern) zu halten, sondern an die Bedürfnisse von heute; zu improvisieren: nicht auswendig zu lernen; rnit dem Publikum zu spielen: nicht einem passiven Beifallspender von oben herab etwas vorzusetzen.

Sicherlich darf das Theater mit der Fiktion des Überzeitlichen arbeiten; es darf versuchen, einen Idealzustand zu fixieren und zu erhalten: ‚das große Werk in der großen Inszenierung eines meisterhaften Regisseurs mit überragenden Darstellern'. Aber auch das professionelle, klassische Theater muss wissen, dass es Lebendigkeit nur aus der Improvisation erhält, aus den kleinen Abweichungen von der Norm, die genau dem aktuellen Zustand des anwesenden Publikums entsprechen. Für das Schul-, Amateur- und Kindertheater kann dieses Kunstideal des Festlegens und Bewahrens nur Ausnahme sein; dass die Gesellschaft einen Zustand idealer Vollkommenheit schon erreicht habe, wird kaum jemand behaupten.

3.1.3 Möglichkeiten zur Veränderung (II): Systemdistanz und Solidarität

Zugestandenermaßen reicht die Macht des einzelnen zur Verwandlung eines Rollengefüges nicht weit. Empathie und Rollendistanz sind „private“ (auf griechisch: idiotische) Fähigkeiten eines einzelnen Ich. Soll die angestrebte Veränderung eines Systems Erfolg versprechen, so kann sie nur in Absprachen vieler gelingen. Auch in der kleinen Gruppe des Theaterensembles lässt sich eine konkrete Inszenierung, lassen sich Spielstil und Spielplan, Gruppengefüge und Bezug zum Publikum durch die Anstrengung eines einzelnen nur mit Schwierigkeiten verändern, selbst wenn dieser einzelne eine Hauptrolle in dem Stück bzw. eine herausgehobene Position in der Gruppenhierarchie bekleidet. Überdies läuft der einzelne immer Gefahr, bei seinen Umgestaltungen über die Wünsche und Bedürfnisse seiner Mitspieler hinwegzusehen.

Eine Inszenierung lässt sich also erst dann wirklich und dauerhaft, flexibel und belastungsfähig verändern, wenn der erreichte Stand problematisiert und diskutiert wird, die Vorschläge aller eingebracht werden, der aktuelle Stand der Gruppe geklärt wird, damit die Veränderungen von möglichst allen gemeinsam verantwortet und unternommen werden.

Das gilt umso mehr für die Umwandlung umfassenderer Systeme. Notwendig gerät also die Gruppe ins Blickfeld.

Wir kommen damit zu einer dritten Perspektive auf die Probleme des Rollenhandelns in der Gesellschaft: nicht mehr ist die Frage nach den Gesetzmäßigkeiten des Systems (das wurde abgehandelt unter dem Titel ‚Theater und Gesellschaft'); nicht mehr die Frage nach den Grundqualifikationen (S. 42) des einzelnen, um sich in diesem System behaupten zu können: jetzt fragen wir nach der Gruppe oder den Gruppen, die innerhalb dieser Systeme agieren. Dabei ergibt sich:

Die Distanz, die der einzelne gegenüber seiner Rolle einzunehmen fähig sein muss, braucht auch die Gesellschaft insgesamt, braucht der einzelne auch gegenüber dem gesamten Rollengefüge: als **Systemdistanz** muss sie die Gesellschaft befähigen, das Rollensystem als Ganzes immer wieder zu befragen, zu relativieren, zu verändern.

Auf dem Theater heißt dies: jedes Detail einer Inszenierung hat nur in Bezug auf die Aufführung als Ganzes Sinn, diese Aufführung nur in Bezug auf das Publikum und die Ziele der Gruppe. Es ließen sich aber andere Beziehungen denken, damit eine andere Inszenierung, damit andere Details. Kein Detail ist an sich gegeben.

Genau so in der Gesellschaft: sicherlich ist der Richter nötig, um den Verbrecher zu verurteilen, die Kripo, um ihn einzufangen. Es wäre aber auch ein System denkbar, das den von der Rechtsnorm abweichenden als Patienten bezeichnet und in ein Interaktionsgefüge mit Ärzten und Fürsorgern stellt.

Schließlich in der Schule: Spiel ist hier zumeist auf schmale Freiräume zurückgedrängt: Schulspieler sollten diese Freiräume ausnutzen. Sie sollten aber zugleich wissen, dass eine Schule möglich ist, in der Kinder sich spielerisch experimentierend ausleben können; sie sollten sich einsetzen, eine solche Schule zur Wirklichkeit zu machen.

Wir müssen es also fertig bringen, in mindestens zwei Systementwürfen zugleich zu leben: in der realexistenten Welt, die wir nicht zauberhaft verlassen können, und in der Utopie eines möglichen Gesellschaftssystems, das wir erreichen wollen. Das aber können wir nur, wenn wir die vielen anderen mit einbeziehen, wenn wir sie schon am Entwurf unserer Pläne beteiligen.

Diese Beteiligung der anderen verlangt eine bisher noch nicht explizierte Qualität der Gruppe: So wie die Empathie dem einzelnen die vorweggenommene Einbeziehung des anderen Interaktionspartners ermöglicht, so braucht die Gesellschaft als Ganzes **Solidarität** als vorweggenommene Einbeziehung ihrer selbst. Man mag die auf die Menschheit, besser noch auf den Kosmos insgesamt bezogene Solidarität als vage 0-Mensch-Fantasie abqualifizieren, sie als schwärmerisch-allgemeine Menschheitsumarmung („diesen Kuss der ganzen Welt!") abtun, die so unbestimmt ist, dass sie folgenlos bleiben muss; ich glaube, dass diese unbegrenzte Einstellung letztlich nüchternem Kalkül entspringt. Solange Solidarität nicht dazu kommt, umfassend zu sein, wird sie ihr Ziel nicht erreichen.

Ebenso unbestreitbar aber ist, dass wir uns zunächst mit **partieller Solidarität** begnügen müssen. Nun zeigt aber schon ein flüchtiger Blick auf die soziale Wirklichkeit, dass bestimmte Gruppen, Individuen, Schichten, Völker unter besonders krassen Ungerechtigkeiten leiden. Ihnen hätte die partielle Solidarität also zuvor zu gelten. Ihr Defizit erstreckt sich in verschiedener Stärke auf ganz verschiedene, im schlimmsten Fall alle Lebensbereiche, auch auf die Bereiche Theater und Rollenspiel. Wenn es aber stimmt, dass das Theater in modellhaft verkürzter Form das Rollensystem der sozialen Wirklichkeit vorführt, dass im Rollenspiel Fähigkeiten der Wirklichkeitsbewältigung vortrainiert werden können, dann muss zugleich gesehen werden, dass nicht für alle Gruppen ein gleichmäßiger Zugang zu Theater und Rollenspiel besteht, dass also gerade diejenigen, die am wenigsten befriedigende Sozialrollen aufgezwungen oder zugeteilt erhielten, den schmalsten Zugang zu Spiel und Theater haben. Ihr Defizit ist nicht zuletzt ein Spieldefizit; das aber führt wiederum dazu, dass sie die geringen Chancen ihrer Position nicht einmal optimal nutzen können.

Noch eine zweite Schwierigkeit: nach unseren bisherigen psychologischen Erfahrungen ist partielle Solidarität notwendig mit partiellen Feindbeziehungen verbunden. Wie weit sich dieser Antagonismus durch eine permanente Evolution oder durch eine schließlich beendbare Kette von Revolutionen beseitigen lässt, ist eine politische Frage, die sich von der Wissenschaft bisher nicht für alle einsichtig beantworten lässt. Mir scheinen alle erreichbaren Daten für die Evolution zu sprechen. Mir scheint ferner unzweifelhaft nachweisbar, dass sich in den entwickelten Industrieländern Revolutionen im Sinne von gewaltsamen Umkehrungen verbieten: ihre Erfolgschance ist zu gering, ihr Preis zu hoch.

Immerhin können wir nach dem Rollenkonzept zumindest abstrakt-theoretisch beschreiben, was sich von einer **Veränderung des Rollensystems** erhoffen lässt: Ziel ist ein neues Rollensystem, das solidarisch für alle die Ich-Autonomie (Ich-Stabilität) eines jeden Interaktionspartners fördert. Das aber bedeutet im einzelnen:

1. Über das Erkennen, Verstehen und Beachten von Symbolen hinaus sollen alte Interaktionsmuster umstrukturiert und neue geschaffen werden mit besseren, treffenderen, realitätsgerechteren Symbolen; über flexibles Rollenhandeln hinausgehend sollen **neuartige Rollen und Interaktionsmuster** erfunden werden.
2. Über das Erkennen, Verstehen und Beachten von Normen hinaus könnten **offenere Normen**, permissivere Verhaltenserwartungen entwickelt werden.
3. Über die Kenntnis und Vermeidung unliebsamer Sanktionen hinaus müsste der Abbau von Sanktionen gelingen (genauer: der Abbau von gewaltsamen und unrevidierbaren Sanktionen) und die Beschränkung auf interaktionszugehörige und **interaktionsfördernde Sanktionen**.

Erst im Zusammenhang von Fähigkeiten und Kenntnissen (Kompetenzen) mit autonomer Verantwortung (Emanzipation) kann in Distanz zu Rolle und System das in der Gruppe agierende Individuum (Solidarität) diese grundsätzliche Verbesserung für sich und andere erreichen.

Die Kraft des unvorbereiteten einzelnen aber reicht für die dringend notwendige Veränderung kaum aus. Er findet sich eingepasst in bestehende Rollensysteme, ehe er gelernt hat, Rollen zu erfinden, und die Kraft hat, sich in ihnen zu behaupten; ja er entwickelt als Schutz geradezu die Ideologie des „Schon-immer-so-gewesen“ und „Kann-gar-nicht-anders-sein“. Da aber unsere Gesellschaft auf Veränderung angewiesen ist, schuldet sie sich und dem einzelnen als Teil seiner Grund legenden Sozialisation die Befähigung zur Veränderung von Rollensystemen. Diesem Lernprozess sieht sich die Interaktionspädagogik verpflichtet. Ihr erscheint der Spielraum Theater als das geeignete Trainings- und Experimentierfeld, um Fähigkeiten für den einzelnen zu entwickeln und Modelle für die Gesellschaft zu erproben. Diese Annahme einer besonderen Wirksamkeit des Theaters soll zunächst durch ein Herausarbeiten der Unterschiede zwischen Bühne und Gesellschaft einsichtig gemacht werden.

3.2 Theater und Gesellschaft II: Unterschiede

Theater zeigt gegenüber der Wirklichkeit die Kennzeichen des Spiels und der Kunst. Einige der Kennzeichen beziehen sich eher auf den kreativ-handelnd an dem Prozess teilnehmenden Spieler (Autor, Regisseur); andere eher auf die kommunikativ, nicht nur passiv teilnehmenden Zuschauer.

Theater ist **begrenzt**, es ist überschaubar in Zeit, Raum und Handlung.
Es läuft also nicht kontinuierlich weiter wie die Wirklichkeit, die vom Menschen nur künstlich segmentiert wird, wo Anfang und Ende eines Vorgangs weder zeitlich noch räumlich noch vom Vorgang her nur selten klar auszumachen sind.

Theater erreicht die Begrenzung, weil es gegenüber der Wirklichkeit **abstrahiert**: es verzichtet auf vieles, beschränkt sich auf weniges.
Es zeigt zum Beispiel nicht wirklich, wie ein Haus gebaut, eine Hose genäht wird; es ersetzt die materielle Realität durch Versatzstücke, erläutert auch die Gesetze der materialen Realität nicht oder kaum, sondern beschränkt sich auf die Darstellung von Beziehungen zwischen Menschen.

Durch diese Beschränkung aber wird Theater **konzentriert auf die Darstellung von Interaktionen** und bringt deshalb auch den Zuschauer zur Konzentration.
Aus der diffusen Teilnahme am Vielerlei des täglichen Lebens wird die fokussierte Aufmerksamkeit des Schauspiels, damit häufig ein gesteigertes Lebensgefühl gegenüber gesteigertem Leben.

Beschränkung und Begrenzung, damit Konzentration und Intensivierung machen Theater **ästhetisch**, das heißt, wenn wir die griechische Bezeichnung beim Wort nehmen, wahrnehmbar, deutlich. Theater zeigt vor allem die Menschen mit einer besonderen Genauigkeit.

Es unterstützt diese Genauigkeit mit künstlichen oder künstlerischen Mitteln: einem besonderen Raum, besonderem Licht, besonderer Sprache. Sie sind jeweils von Spezialisten hergestellt (Bühnenbildnern, Beleuchtern usw.). Zu diesen Spezialisten gehören auch der mit besonderen Zeigekünsten versehene, vom Regisseur unterstützte Schauspieler und der Autor, der wichtige Mittel schon in der Text-Grundlage der Aufführung anwendet. So ermöglicht etwa der Monolog dem Zuschauer bei mehreren Interaktionspartnern Einblick in das, was sie „wirklich" denken; in der Realität können wir ähnlich gründliche Aufschlüsse, wenn es gut geht, höchstens von uns selbst erfahren. Theater interpretiert also die Vorgänge genauer und einsichtiger; es steigert vielfach Züge der Wirklichkeit zu größerer Intensität. Das schließt natürlich ein, dass die Wirklichkeit auch verzeichnet werden kann, dass Interpretationen falsch sein können. Aber:

Theater bleibt **folgenlos**: es abstrahiert von der Wirklichkeit, verändert die Realität nicht; die Schauspieler simulieren.

Schauspieler spielen den Umgang mit Materialien, soweit er überhaupt stattfindet und auf der Bühne nötig ist (es gibt Ausnahmen: Sekt in einer Verlobungsszene wird selten simuliert). Schauspieler spielen aber auch das Umgehen miteinander nur vor; sie verhalten sich nicht als Rollenträger, sondern als ob sie eine Rolle hätten. (Hier sind die Unterschiede allerdings nicht immer ganz rein zu halten. Immerhin: der Mörder auf der Bühne bringt niemanden um.) In der Fiktion des So-tun-als-ob aber sind auch die Normen des Verhaltens schnell zu verändern und im Experiment zu überprüfen. Deshalb kann das Theater als Zukunftswerkstatt in utopischer Funktion arbeiten: was in der schwer beweglichen Wirklichkeit hier und heute noch nicht realisiert werden kann, stellt die Bühne im Vorgriff dar und untersucht es auf seine Auswirkungen.

Auch für den **Zuschauer** hat die Folgenlosigkeit des Theaters Vorteile: er kann distanzierter, uneigennütziger betrachten.

Er ist also nicht gleich in die Wirklichkeit verstrickt und braucht seine Aufmerksamkeit nicht mit Gegenübertragungen zu blockieren. Weil er selbst nicht direkt physisch betroffen ist, kann er sich viel eher auch mit Unbekanntem, sogar mit Gegenpositionen befassen und sich psychisch betreffen lassen.

Sobald es nun darum geht, Interaktionen zu lernen, lassen sich alle aufgezählten Unterschiede zwischen Theater und Wirklichkeit als **didaktische Vorzüge** ausnutzen: statt der unklaren, diffusen, die Dingwelt mit umfassenden Wirklichkeit das einsichtige Modell menschlicher Beziehungen.

Ein Nachteil allerdings: der Zuschauer erlebt dieses Modell nicht handelnd, nur **betrachtend**. Aus der Lernpsychologie aber wissen wir, dass die Beobachtung eines lebendigen Modells in ihrer Lernwirkung zwar einem Vortrag, einem Buch, einem Bild oder einem Film überlegen ist, dass sie aber in ihrer Wirkung an das Lernen im Vollzug nicht herankommt.

Nun ist es aber in den meisten Fällen zu schwierig oder zu gefährlich, Interaktionen direkt in der Wirklichkeit zu üben: sie zwingt uns zwar dauernd zu Interaktionen, lässt uns aber kaum Zeit (Distanz!); sie verbietet zumeist das Experiment, sie droht mit Folgen, ist uneinsichtig, unbegrenzt, man kann sie nicht anhalten, man kann sie nicht wiederholen und verbessern.

Das **Rollenspiel als Vermittlungsinstanz** aber bringt beides: die Distanzierung von der Realität und zugleich die handelnde Beteiligung. Ein solches Spiel „kann am Aufbau eines einwandfrei funktionierenden Sozialgefüges unmittelbar beteiligt sein, indem es im virtuellen Raum und in virtueller Zeit gleichsam die sozial einwandfreie Kommunikation einübt. So kann das Spiel ein wichtiges Medium der Erziehung werden“. (W. Heistermann in seiner Rektoratsrede)

Im Rollenspiel übernimmt der Darsteller durchgängig zugleich die Funktionen von Regisseur (er setzt sich selbst in Szene, wie es momentweise auch in den Improvisationen während der Probe zu einer Aufführung geschieht) und Autor (er erfindet selbst seinen Text). Der Darsteller hebt also für sich die Arbeitsteiligkeit und damit die Fremdbestimmung auf. Allerdings kann dieser Darsteller-Regisseur-Autor das Spiel seines Partners nicht mehr direkt beeinflussen (der Autor bestimmt den Text für beide, der Regisseur macht für beide einen Regievorschlag); im Stegreifspiel bleibt nur die Interaktion als Mittel zur Beeinflussung des Gegenspielers; Interaktion aber öffnet mich zugleich der Beeinflussung durch den anderen. Dann aber ist es wiederum eine Leistung der Empathie, die aus den Strebungen beider Spieler resultierende Improvisation für beide zu einer lustvollen Erfahrung zu machen.

Empathie aber setzt die Beachtung des Mitspielers voraus; der gute Stegreifspieler ist also nicht zuletzt ein vorzüglicher Zuschauer. Man könnte geradezu von einem ständigen Rollenwechsel Spieler-Zuschauer sprechen; genauer handelt es sich um ständig wechselnde Akzentuierung von zwei Verhaltensweisen, die beide nötig sind und beide mehr oder weniger kontinuierlich stattfinden.

3.2.1 Rollenspiel und Interaktionstraining

Rollenspiel als Probehandeln, als spielerische Improvisation erweist sich also mit der Verbindung von Distanz und Tätigkeit als ein brauchbares Erziehungsmittel.

Einen Nachteil des Rollenspiels haben wir allerdings schon in der Einleitung dargestellt: Als spontanes Spiel der Kinder ist es **primär nachahmend**.

Kindliches Rollenspiel führt nur zur Veränderung, wenn die Spieler von sich aus verschiedene Nachahmungen miteinander vergleichen und dann kritisch auswählen. Sicher geschieht das auch in den spontanen Ansätzen der Kinder immer wieder; ich bin sogar überzeugt, dass emanzipatorische Wirkungen mit dem Rollenspiel schon an sich gegeben sind. Sie können unterdrückt werden: Rollendrill ist ein vorzügliches Mittel der Anpassung; sie können aber auch entwickelt und verstärkt werden. Das wäre primär die Aufgabe des in didaktischer Verantwortung planenden Spielleiters.

Eine zweite Einschränkung muss noch gemacht werden. Es ist **kompliziert**, eine Rolle zu spielen. Die richtigen Worte sind zu finden – mit entsprechenden Gesten, Mienen und Bewegungen; auf den Partner muss man achten; die Bezüge zur Realität bzw. zu dem gewählten Stil der Szene sind zu bedenken.

Selbst wenn man darauf verzichtet, naturalistisch einen anderen zu spielen, also dessen Erfahrungen, Erlebnisse, Einsichten, seine Herkunft, seine Sprache, sein Alter, seine Wünsche, aber auch sein Aussehen, seine Bewegungen, seine Gesten usw. im Spiel mit zu reflektieren; selbst wenn wir auch noch auf grobe Typisierungen verzichten und als wir selbst in die Situation des Rollenspiels einsteigen:

immer noch sind die Anforderungen hoch, vieles muss zugleich und in kürzester Zeit beachtet werden. Man hat keine Gelegenheit, sich erst einmal zum Nachdenken zurückzuziehen. Der Partner hat in seiner Rolle eine Frage gestellt, einen Satz gesagt; jetzt bin ich dran und muss reagieren, interagieren.

Kein Wunder, dass man in dieser **Stress-Situation** zu den Schablonen greift, die aus der Alltagserfahrung zur Hand sind. Die Haftwirkung der gelernten, der sozialen Rolle ist zu groß; es kommt nicht zum freien Spiel. Oder, um es mit Morenos Worten zu sagen: „Rollen-Spielen kann als ein experimenteller Vorgang betrachtet werden, als eine Methode, ein angemesseneres Ausüben von Rollen zu lernen. ... Im Gegensatz zum Rollen-Spielen ist das Rollen-übernehmen eine bereits im Verhalten einer Person eingefrorene Haltung. Rollen-Spielen ist eine Handlung, ein spontanes Spielen; Rollen-Ubernahme ist ein fertiges Produkt, eine Rollen-Konserve."

Mit einer Wiederholung von **Rollen-Konserven** aber ist die Chance zum Lernen und zur Veränderung vertan. Wir verhalten uns im Rollenspiel wiederum so, wie wir uns in der Wirklichkeit verhalten. Anstatt also die ungenierte Experimentierfreude des Rollenspiels von der Bühne und vom Spiel in die Wirklichkeit zu übertragen, bringen wir das reduzierte, abgestandene Rollenrepertoire der Wirklichkeit, bringen wir die „Rollen-Konserve" in unser Rollen-„Spiel".

Denn man sollte sich nicht täuschen: wenn wir auch die Wirklichkeit eher als ein Stegreifspiel mit vielen Pannen denn als eine fertig geprobte Aufführung bezeichnen würden, der Anteil an spontaner Erfindung, an spielerischer Improvisation, an Freiheit des Ausdrucks ist nicht groß. Wir leben immer wieder mit fertigen Versatzstücken, mit Floskeln, die eigentlich nichts mehr besagen („Neinsowas",

„Wassienichtsagen“, „Dasistdochnichtmöglich“), mit genormten Gefühlen, reduzierten Gesten, mit einem Repertoire aus dem Versandhauskatalog, mit modischer Einrichtung aus vorfabrizierten Teilen: Fertighausbauweise – wir leben so, wie es Ionesco in seinen Stücken montiert hat.

Es greift also zu kurz, die spontane Befreiung ohne weiteres aus dem Rollenspiel zu erwarten. Um frei spielen, um erfinden, um experimentieren und lernen zu können, brauchen wir ein frisches, unverbrauchtes Alphabet. Um uns dieses Alphabet zu erspielen, brauchen wir eine spielerische Form, die die Anforderungen reduziert, die also nicht so viel auf einmal von uns verlangt wie das Rollenspiel.

Deshalb trennen wir im **Interaktionstraining** die Fähigkeiten, die zu einer Interaktion gehören, (zumindest künstlich und übungshalber) voneinander und machen sie in dieser abstrahierten Form trainierbar. Statt eines umfassenden Rollenspiels gibt es physische und psychische Übungen zur Spannung und Entspannung, zur Sensibilisierung und zum Ausdruckstraining (akustisch, motorisch, sprachlich usw.), zu Partner- und Gruppenkontakt, zu Kommunikation und Kooperation. Rollenspiele ließen sich dann als umfassende Übungen zur Kommunikation und Kooperation verstehen. Der Spielleiter sollte also nicht versäumen, die Grund legenden Fähigkeiten der Interaktion neben und vor dem Rollenspiel in eigenen Übungen und Spielen zu trainieren.

4. Rollenspiel als interaktionspädagogisches Verfahren

Soziologische und sozialpolitische Begründungen für die Wichtigkeit des Rollenspiels sind in dem vorliegenden Band ausführlich gegeben (vergl. vor allem Kapitel 3: Rollentheorie und Interaktionspädagogik). Ebenso eingehend müssten **psychologische**, sozialpsychologische und vor allem entwicklungspsychologische Aussagen dargestellt werden.[7] Sie sollen jedoch hier nur kurz angerissen werden:

Kinder greifen von sich aus zu dem Instrument des Spiels und des Rollenspiels (intrinsische Motivation); sie spielen gern und ausdauernd und erfahren dabei sich und die Umwelt (Lust, Neugier, Aktivierung) bzw. holen sich die Umwelt auf ein erträgliches Maß zurück (Wunscherfüllung). Spiel als Mittel, die Wirklichkeit im Als-ob verhältnismäßig leicht zu verändern, kann deshalb der ich-zentrierten Struktur des Kindes und seiner Lust entsprechend gestaltet werden, ohne die Realität völlig außer acht zu lassen; es vermag also Lust- und Realitätsprinzip zu verbinden und wird damit zum Hauptträger der Sublimierung: die Triebe können sich im Spiel ausdrücken; die Veränderbarkeit der Spiele erlaubt dem kreativen, d. h. spielfähigen Kind den Ausdruck fast jeder Erlebnissituation; das Kind kann also im Spiel seine Realitätserfahrungen abbilden und sich dabei vom passiven Objekt des Geschehens und Leidtragenden zum aktiv gestaltenden Geschehenssubjekt verwandeln (Freud).

Mit der fortschreitenden Entwicklung des spielenden Kindes verändert und entfaltet sich das kindliche Spiel: von der Autosphäre (mit der Erkundung des eigenen Körpers) über die Mikrosphäre (Erkundung der Dingwelt und von Erwachsenen, die sich als Spieldinge zur Verfügung stellen) bis zur Makrosphäre (Erkundung anderer Menschen, auf die man Rücksicht nehmen muss) (Erikson). Dabei steht Spiel im engen Zusammenhang mit der Intelligenzentwicklung und fördert diese Entwicklung: die Übungs- oder Funktionsspiele im Zusammenhang mit der

7 Dabei wäre zum einen zu fragen nach der heutigen Geltung der entwicklungspsychologischen Grundlagen der Spielaltertheorie von Edmund Johannes Lutz, die 1968 von Paul Amtmann noch einmal aufgegriffen wurde (Das Schulspiel. Zielsetzung und Verwirklichung); zum anderen müsste untersucht werden, wie weit die besonderen Sozialisationsbedingungen des Arbeiterkindes ein besonderes „proletarisches Rollenspiel“ (Volkhard Paris) oder ein besonderes „angeleitetes Rollenspiel mit Arbeiterkindern“ (Jörg Richard) erfordern. – Beide Fragen würde ich eher mit nein beantworten. –
Vergl. zu den psychologischen Bedingungen des Rollenspiels auch S. 53 ff. und die Zusammenfassungen von Oerter (Moderne Entwicklungspsychologie), Chateau (Das Spiel des Kindes), Rubinstein (Grundlagen der Allgemeinen Psychologie). Den Ansatz zu einem Entwicklungsquerschnitt des storygebundenen Rollenspiels liefert Nickel: Stegreifspielversuche mit „Hans im Glück“ (junge gemeinde, 6/7, 1968).

sensumotorischen Intelligenz, die Fiktions- oder Symbolspiele (also auch die Rollenspiele) mit dem anschaulich-symbolischen Denken, die Regelspiele mit dem logisch-konkreten Denken (Piaget).

Wenngleich alle diese zum Teil kontroversen Aussagen noch von einer genuinen Spielforschung aus kontrolliert, verifiziert und vereinheitlicht werden müssten, so kann der Spielleiter schon jetzt vorläufig von ihnen ausgehen, wenn er Rollenspiel bewusst in seiner Spielgruppe oder Schulklasse einsetzen will.

4.1 Anforderungen an den Spielleiter

Bewusster Einsatz von Rollenspiel: das bedeutet didaktische Planung und pädagogische Zielsetzung. Die Reflexion des Spielleiters beginnt also mit den Fragen nach Art und Verfassung seiner Spielgruppe (**Bedingungsfeldanalyse**) und nach den Zielen seiner Spielarbeit (**Zielvorstellung**). Als Arbeitsmaterial braucht der Spielleiter eine umfassende Kenntnis des Mittels, mit dem er arbeitet. Er muss also eine Fülle von Spielen kennen, er muss sie je nach Ziel und Situation variieren und neue Spiele erfinden können. Er muss sich dabei darüber im klaren sein, dass ihm mit dem Rollenspiel keine **Methode** an die Hand gegeben wird, also keine zweckrationale Handlungsform, die auf technische Rationalität abzielt und ihre Effekte ohne Rücksicht auf den Bearbeitungsgegenstand optimal erreicht, sondern das auf Kommunikation beruhende Handeln des **Verfahrens**, das alle Beteiligten, in diesem Fall also die Spieler, mit in die Entscheidung einbezieht und an der Legitimierung beteiligt, also auf kommunikative Rationalität abzielt (so nach der Begriffsbestimmung von Habermas: „Technik und Wissenschaft als Ideologie“).

Das bedeutet für die konkrete Arbeit die Beteiligung der Spielgruppe an der Aufstellung der Ziele und an der Kontrolle über die Auswirkungen; es bedeutet die selbstverständliche Einbeziehung von Reflexions- und Verbalisierungsphasen in die Spielarbeit (vergl. S. 20, 35f.)

Dieses Abstandnehmen vom Einpassen in Methoden, dieses Aufbauen von Mitwirkungsfähigkeit an Verfahren stellt zudem schon ein erstes, mit dem Verfahren selbst verknüpftes, Grund legendes Ziel der Interaktionspädagogik dar.

4.2 Ziele der Rollenspielarbeit

1. Hinführung zu autonomer **Selbst- und Gruppenbestimmung**, Erfahrung von Grenzen und Ursachen der Bestimmbarkeit.

2. **Selbsterfahrung** inmitten der anderen und **Erfahrung des Spielpartners** und **der Spielgruppe**.
   Spiel tritt auf in analytischer Funktion und wird darin zunächst für den Spielleiter wichtig. Er erfährt sein Bedingungsfeld im handelnden Umgehen miteinander, sollte aber seine Erfahrungen der Spielgruppe durch andere Daten ergänzen (soziologische Bestandsaufnahmen durch Fragebogen, Interview usw.). An dieser Erkundung wird die Spielgruppe kontinuierlich stärker beteiligt. Sie lernt dabei zum einen Spiele zu analysieren, zum anderen Methoden der Realitätserkundung und der Datenverknüpfung. Vermittelt werden die primären Erfahrungen für die Gruppe durch das Spiel; zu erkennen sind die realen Beziehungen der Spieler untereinander; sie sollen sich erfahren in realen und fiktiven Situationen. Die Fragen für jeden lauten also: Wer bin ich innerhalb der anderen? Wer sind die anderen im Verhältnis zu mir? Wer sind wir? Wie bin ich mit den anderen in einer fiktiven Situation? Eindrucksvolle Ergebnisse erbringt das Durchspielen eines Rollenspielsatzes:
   - **Variation** einer Szene von arm zu reich, von jung zu alt, durch verschiedene Berufe, verschiedene Verwandtschaftsverhältnisse.

   Rollenspiele dieser Art aber führen immer zugleich zur Erfahrung von sozialen Bezügen und zur Erkundung von Umwelt; Ziel der Rollenspielarbeit ist also

3. Vermittlung von **Grundqualifikationen des sozialen Handelns**: Sie erfolgt einmal durch Vermittlung von Kenntnissen und Sachinformationen, also durch Aufklärung über die Realität und ihre Funktionszusammenhänge (Umweltspiel, z.B. Post, Fabrik); sie erfolgt weiter durch handelndes Erfahren von sozialen Beziehungen, insbesondere von Konflikten und Auseinandersetzungen (Human-interest-Spiel, social studies).
   In diesem Zusammenhang können wir auf Moreno verweisen; nach ihm ist Rollenspiel ein Verfahren „der Rollenforschung und der Rollenänderung; es ist ein Spielen einer gewählten Rolle unter gewählten Umständen und dient zur Untersuchung, Erforschung, Entwicklung oder Ausbildung der Rollenänderungsfähigkeit." Ihm gegenüber steht das soziale Rollenhandeln als „das Verwickeltsein in eine Rolle im zwingenden Gewebe des wirklichen Lebens, als Mutter, Vater, Polizist u.s.w. Diese Rollen sind Kulturkonserven und haben oder scheinen zumindest eine fertige Form zu haben" (Grundlagen der Soziometrie, S. 448). Gerade diese „fertige Form" aber gilt es, durch das Rollenspiel wieder aufzuweichen und veränderbar zu machen, etwa um Konflikte auf andere Weise lö-

sen zu können. Treten Konflikte innerhalb der Spielgruppe auf, so ermöglicht Rollenspiel den Wechsel von der realen auf die fiktive Ebene des Als-ob; es distanziert damit von dem Konflikt und macht ihn durch die Distanz behandelbar. Es geht also um die Fähigkeit zur sinnvollen Bewältigung von Interaktionen, im Besonderen um Problemlösungsstrategien und Verfahren der Konfliktbewältigung. Dabei ist die Verfügung über eine realitätsgerechte Sprache besonders wichtig; wir nennen sie deshalb als besonderes Ziel des Rollenspiels, obwohl sie im sozialen Handeln bereits mit inbegriffen ist.

4. **Sprachförderung**: Sie findet im Rollenspiel selbst statt wie in der Vor- und Nachbereitung durch Gespräche und verbale Auseinandersetzungen. Besonders wichtig ist dabei, dass Sprache im Rollenspiel immer in einem konkreten Kontext auftritt.[8]

5. Immer mit gegeben ist bei Rollenspielen die Inhaltsdimension, damit auch die **Sachinformation**.
   Im Spiel des kleinen Kindes sind Rollenspiel und Dingerkundung noch nicht voneinander zu trennen; das Kind spielt Lokführer und Lokomotive und schiebt Bauklötze und ordnet Farben und erfühlt Material und erkennt Kräfte zur gleichen Zeit. Schüler unterscheiden genauer und differenzieren: zum einen interessiert sie an Rollenspiel und Theater die Reduktion auf Interaktion und Emotion; zum anderen wird aus dem Sandspiel des Kindes das naturwissenschaftliche Experiment. Vielleicht spielen die Schüler dabei noch „Forscher"; umgekehrt aber bleibt in jedem Rollenspiel ein Inhalt erhalten, der gelernt oder wiederholt wird.
   Schließlich braucht die Spielgruppe zum Erreichen dieser Ziele eine Grund legende Fähigkeit, die nicht ein für allemal gegeben ist, sondern entwicklungsfähig ist und Entwicklung durch die Spielarbeit nötig hat; wir meinen

6. **Erweiterung der Rollenspielfähigkeit** (Spielverhalten, Rollenspieltechnik), zugleich Erweiterung der **Fähigkeit zum Rollenhandeln**.
   Damit ist einmal gemeint die Entwicklung der Darstellungsfähigkeit im Hinblick auf Zuschauer; in diesem Sinne ist Rollenspiel eine Vorstufe für **Theater** bzw. eine Zwischenstufe bei der Einstudierung eines Textes.
   - Spiele **eine Szene** des Stückes **aus dem Stegreif**. Spielt eine Situation, einen Konflikt aus dem Stück aus dem Stegreif. Improvisiert eine Vari-

8 An dieser Stelle müssten die Erfahrungen der Soziolinguistik aufgearbeitet und die Diskussionen um die kompensatorische Spracherziehung aufgegriffen werden; dabei wäre ein neuerdings beliebt gewordener, allzu simpler Rekurs auf das Allheilmittel Rollenspiel abzuwehren.

ation zu der Lösung des Stückes; spielt mit veränderter Besetzung aus dem Stegreif.

Alle diese Zwischenübungen befreien von der Übermacht des fremden Textes, sie lockern also und können zu neuen szenischen oder auch inhaltlichen Lösungen führen, die näher an der Spielgruppe selbst liegen; sie sind nützlich zur Emanzipation von der Autorität des Autorentextes.

Rollenspielfähigkeit meint weiter die Verfügung über viele Spiele, über die Möglichkeiten der Veränderung von Szenen, meint die Verfügung über Ausdruck und Einsatz des eigenen Körpers samt der eigenen Sprache; es bedeutet die Entwicklung jedes Spielers zu einem **potentiellen Spielleiter**.

Zugleich ist gemeint die Erweiterung der **Fähigkeit zum Rollenhandeln**, damit die Überführung des Spielverhaltens in die Realität. Für den Spielleiter gibt dieser **Transfer** eine gute Möglichkeit zur Überprüfung der Wirksamkeit seiner Arbeit, die evtl. zu einer Veränderung der Spielaufgaben führt. Nach Erfahrungen der Verhaltenstherapie ist „die Generalisation unter anderem abhängig von der Ähnlichkeit der Reize und Reaktionen. Aus diesem Grund ist der Verhaltenstherapeut um möglichst große Lebensnähe und Echtheit der Reizsituation in der Therapie bemüht“ (S. 16). „Im allgemeinen sind bloße Anleitungen zur Selbstbeeinflussung ziemlich wirkungslos, solange diese nur vage sind und keine unmittelbar auf das Verhalten bezogene Instruktion enthalten. Verhaltensanleitungen haben nur Erfolg, wenn zumindest folgende Grundregeln beachtet werden: möglichst exakte und objektive Registrierung des Verhaltens vor und während der Therapie; die Definition von kurzfristigen und langfristigen Zielen in Verhaltenseinheiten; die externe oder selbstapplizierte Bekräftigung der definierten Verhaltenseinheiten; Einbau der Verhaltenskontrolle in das tägliche Routineverhalten“ (Petra Halder: Verhaltenstherapie, 1973, S. 91 f.).

- Nach einem Postspiel sollten Kinder Briefmarken **kaufen** gehen; nach einem Hausmeisterspiel eine kitzlige Mission bei ihrem Schulhausmeister unternehmen; nach einem Schimpfspiel mit anschließender Beruhigung des Aufgeregten einen Wütenden in der Wirklichkeit zu besänftigen versuchen.

4.3 Phasen der Rollenspielarbeit

Ohne Kenntnis der konkreten Spielgruppe lassen sich die Phasen der Spielarbeit nur sehr grob skizzieren. Die besonderen Bedingtheiten einer Spielgruppe sind also immer genauestens einzubeziehen. Außerdem kann keine der Phasen für sich abgeschlossen und abgehakt werden, um dann reinlich zur nächsten Phase übergehen zu können: immer bleiben gegenseitige Beeinflussungen wirksam, sind Rück- und Vorgriffe nötig.

Ausgangspunkt ist in jedem Fall die vorhandene Spielfähigkeit und sind die vorhandenen Interessen. Auch von Rudimenten und Kümmerformen lässt sich ausgehen. Nötig ist dann:

1. **Entwicklung von Spielfähigkeit und Rollenspieltechnik**
   Häufig damit verbunden ist eine verhaltenstherapeutische Aufgabe. Ist der Spielfluss erst einmal hergestellt und in Grenzen belastbar, so folgt

2. **Übergang zu analytisch-explorierenden Spielen**
   Sie sind zunächst für den Spielleiter wichtig, weil er mit ihrer Hilfe die Spielgruppe besser kennen lernt. In diesen Prozess der gegenseitigen Aufklärung muss aber die Spielgruppe möglichst bald und möglichst intensiv einbezogen werden. Nach dem Bewusstwerden von Verhaltensweisen geht es um die Erforschung der Ursachen von Verhaltensweisen, zugleich kann mit der gezielten Ausbildung von veränderten Verhaltensweisen im Rollenspiel begonnen werden.

3. **Direkter Einsatz von Rollenspielen für Verhaltensprobleme**
   Jetzt wird nicht mehr von einem Außenreiz ausgegangen (wie in den „Bedingungen des Rollenspiels" beschrieben), sondern Spielleiter und Spielgruppe suchen zu den festgestellten Verhaltensdefiziten oder den erstrebten Verhaltensformen passende Rollenspiele.
   Diese drei bisher genannten Phasen der Rollenspielarbeit brauchen den Spielpädagogen. Die Rollenspieltechnik lässt sich jedoch auch benutzen als Unterrichtsmittel:

4. **Benutzung der vorhandenen Rollenspielfähigkeit für Lerninhalte**
   Hier kann der Fachlehrer (etwa für Deutsch, Geschichte, Gegenwartskunde) die vom Spielpädagogen erarbeiteten Formen für die Sachvermittlung benutzen; er schaut dabei vor allem auf die sachliche Richtigkeit und erst in zweiter Linie, wenn überhaupt, auf die weitere Verbesserung der Spielfähigkeit. – Wieder in den Aufgabenbereich des Spielleiters fallen die Probleme des Transfers:

5. **Erprobung der Ergebnisse in der Wirklichkeit**
   Es kann sich dabei um die Zwischenwirklichkeit einer Theateraufführung handeln, in der überprüft wird, wie die Arbeit beim Publikum ankommt und wie diese sich auf das Publikum auswirkt; es kann sich um die Überprüfung von Verhaltensweisen handeln, die im Spielraum ausprobiert und vortrainiert wurden. Happenings, Aktionen, geplante öffentliche Improvisationen können als Übergänge fungieren, die sich zum einen relativ gut vorausplanen lassen, und bei denen sich die angezielten Verhaltensweisen einigermaßen gut beobachten lassen (Tonband, Foto, Film, besondere Beobachter, Gedächtnisprotokolle).

Gute Gelegenheit zum Transfertraining geben auch in ritualisierter Form ablaufende öffentliche Veranstaltungen wie Ausstellungseröffnung, Podiumsdiskussion, Vollversammlung, Party, Schulfeier, Rummel, Schützenfest usw. usw. Sie stehen gleichsam zwischen „Spielraum“ und „Ernstfall“.
Wie die Phasen im Einzelnen aussehen können, ist noch mehr als der Gesamtaufbau von der jeweiligen Spielgruppe abhängig. Ihr Zustand bestimmt die Rollenspielarbeit. Oft ist eine ausführliche **Vorphase** notwendig, in der Angstabbau und gegenseitige Gewöhnung erreicht werden sollten. In Berliner Kinderläden wurde die Erfahrung gemacht, dass durch mehrere Monate hindurch primär Tobe- und Raufspiele gemacht werden müssen, ehe man sehr vorsichtig mit gezielter und geformter Arbeit ansetzen kann. In der Schule entspricht dieser Vorphase die Fortführung des den Kindern vertrauten Unterrichtsstiles; Elemente der Rollenspielarbeit können bei schwierigen Klassen nur sehr diskret und punktuell eingefügt werden, bis die Spielfähigkeit der Kinder wieder hergestellt ist. In einem allgemeinen Aufriss soll hier zunächst noch einmal die Entwicklung der Spielfähigkeit in der 1. Phase ausführlicher dargestellt werden.

4.4 Vermittlung der Technik des Rollenspiels

Spiel und Reflexion, Handeln und Zuschauen, Spielfluss und Spielstop sind die beiden Grund legenden Ausdrucksweisen des Rollenspielers: er muss also mit anderen spielen können (Ideen haben, ihnen Ausdruck geben können: **Spielfluss**) und er muss den anderen und sich selbst dabei beobachten und die Beobachtung in der nachfolgenden Analyse reflektieren. können (**Spielstopp**).

Jüngeren Kindern muss der Spielleiter die für sie neue Fähigkeit zu Betrachtung und Analyse vermitteln; bei älteren Kindern und Erwachsenen muss er häufig zunächst den Spielfluss wieder herstellen.

Dabei geht der Spielleiter vom Entlasteten zur Belastung: er macht Mut und lobt, er nimmt die Angst vor dem Ausdruck, er bestätigt in einfachen, d.h. gewohnten und zugleich reizvollen Situationen. Er lässt zunächst ohne besondere Aufmerksamkeitsspannung spielen (Simultanspiele), er führt die Spieler erst langsam und angstfrei in das volle „Rampenlicht“ verschärfter Beobachtung und Analyse. Er schafft einfache Situationen, in der von den Spielern nur Weniges und Einfaches verlangt wird; er steigert von einfachen Interaktionsspielen über Dialogspiele zu eigentlichen Rollenspielen.
Wichtigstes Indiz des Spielleiters ist dabei der Ausdruck der Spieler beim Spiel; solange sie lustvoll gespannt sind, arbeitet er richtig. Häufig aber ist diese lustvolle Spannung erst über eine Phase grober, ungezielter, unkontrollierter motorischer Aktivität herstellbar.

Erst wenn der Spielfluss belastbar geworden ist, kann der Spielleiter mehr und mehr an kritischer Beobachtung, Analyse und Reflexion einfügen; zugleich kann er die Gruppe immer gezielter auf ihre eigentlichen Probleme und Defizite hinleiten. Dabei setzt er die verschiedenen Arten des Rollenspiels nicht scharf und sachlogisch (etwa in der Art eines Kurses!) gegeneinander ab; er setzt sie flexibel ein je nach dem Problem, das ansteht. So kann durchaus ein Planspiel mit einem Psychodrama fortgesetzt werden. Zwischen den Spielphasen aber können immer wieder Übungen eingefügt werden: sie sollen den Spielfluss wieder anheizen; sie präzisieren und erweitern einzelne Fähigkeiten (z.B. das gestische Vermögen und das Gestenvokabular), sie üben die Diskussionsfähigkeit der Gruppe durch rhetorische Schulung; sie sind Momente des Ausruhens und Entspannens.

Dabei werden die angewandten Mittel und Spielvorschläge des Spielleiters (Monolog, Echo, Wiederholung, Verdopplung usw.) mehr und mehr verfügbar auch für die Spielgruppe; sie hat eine Verfahrensweise erlernt, mit der sie ihre eigenen Probleme und Schwierigkeiten angehen kann.

4.5 Stilisierungen/Verfremdungen des Rollenspiels (Spielleitung I)

Nahezu alle aufgeführten Rollenspiele lassen sich stilisieren oder verfremden und dadurch verändern.

- Viele sind z.B. als **Pantomime** möglich, viele können im Kauderwelsch (patagonisch, ghibberisch, d.h. in einer erfundenen Sprache) oder mit Geräuschdialogen gespielt werden.
- Spiele deine Rolle **auf allen Vieren** (z.B. Liebespaar, Geschäftsleute).
- Erfinde neue **Begrüßungsrituale**. Spiele mit ihnen alltägliche Rollen.
- Nimm eine stark **mechanisierte Bewegung** an und wiederhole sie ständig (Maschinenteil). Spiele, ohne diese Bewegung abzustellen, alltägliche Rollen (Begrüßung, Flirt, Kaffeekochen).
- Spiele eine Szene in einem besonderen **Theaterstil**. Anlass hierzu könnten beispielsweise die beiden berühmten Sätze des unsterblichen Herr-Graf-Dialoges sein: „Herr Graf, die Pferde sind gesattelt!“ „Ja? Dann reiten wir“. Nacheinander sind sie als Oper, Krimi, Tragödie, Musical, Schwank, Dokumentarstück, Happening, Irrenhaustheater usw. vorzuführen.
- **Zeitlupe**: Eine ansonsten ganz normale Szene wird mit extremer Langsamkeit, mit großen Pausen, mit Zeitverschiebungen (schnell-langsam) gespielt.
- Auf ein verabredetes Zeichen hin können Szenen „**einfrieren**“: sie müssen dann schlagartig zur Ruhe kommen und ohne weitere Veränderung festgehalten werden. Diese **Stilisierung zum Lebenden Bild** (die etwa vom chinesischen Theater gern angewandt wird) lässt besondere Konstellationen, besonderen Ausdruck

usw. besonders deutlich hervortreten und macht ihn beobacht-, besprech- und veränderbar. In der Ruhestellung können zum Beispiel Rollenwechsel vorgenommen, Erläuterungen gegeben, **innere Monologe** gehalten werden. Besondere Anweisungen können den Stil der Szene verändern; diese Brüche können sehr häufig und schnell hintereinander vorgenommen werden: sie trainieren dann Flexibilität und machen die Änderungen plastisch und beobachtbar.

- Es kann auch vereinbart werden, auf ein besonderes Zeichen hin ständig den letzten Satz, das letzte Wort, die letzte Replik, die letzten Bewegungen zu **wiederholen** wie eine defekte Schallplatte. Das für den Stopp vereinbarte Signal kann vom Spielleiter, von Spielern und Beobachtern angewandt werden. Die Fähigkeit, lebende Bilder festzuhalten, wird wichtig für die Darstellung von Parallelszenen.
- **Parallelszenen**: Zwei Gruppen von Spielern, im einfachsten Fall jeweils zwei Dialogpartner, spielen gleichzeitig je eine Szene. Sie sollen aber niemals gleichzeitig sprechen. Die Übung (nur für fortgeschrittene Spieler!) zwingt zu starker Konzentration; es soll erreicht werden, die Spannung in jeder der beiden Szenen auch über die Sprechpause hinweg zu erhalten.
- Verkauf mit vorgeschriebenem **Rollenwechsel**: Vier Spieler stehen um einen Tisch herum, auf jeder Tischseite ist die betreffende Rolle mit Kreide notiert: ein Verkäufer, ein Käufer, ein Begleiter, der zuredet, einer, der vom Kauf abrät. Die vier Spieler bewegen sich während ihres Dialoges langsam und stetig im Uhrzeigersinn um den Tisch herum; sobald sie an einer Ecke vorbeigekommen sind, wechseln sie ihre Rollen: aus dem unentschlossenen Käufer wird der begeisterte Begleiter, aus dem Miesmacher der Verkäufer usw.
  Das Spiel trainiert Rollenflexibilität und regt zu Gesprächen über Positionswechsel an. Ein zusätzlicher Spieler auf dem Tisch kann als Ware fungieren. Auch können andere Situationen mit vorgeschriebenem Rollenwechsel gespielt werden; der Rollenwechsel kann auf Kommando erfolgen.

Stilisierungen und Verfremdungen leiten gewöhnlich die Aufmerksamkeit der Spielgruppe auf besondere Details des Spiels hin und lenken die Aufmerksamkeit von anderen Details ab. Sie gehören deshalb zu den wichtigen Mitteln des Spielleiters, wenn er im angeleiteten Rollenspiel besondere Probleme, Verhaltensweisen, Inhalte usw. mit seiner Spielgruppe erarbeiten will.

4.6 Spielleitung II: Anleitung während des Spiels

Wenn ein Spielleiter ernsthaft mit dem Verfahren des Rollenspiels arbeitet, so wählt er nicht nur aus einer umfassenden Kenntnis der Spieler und ihrer Umwelt (Bedingungsfeld) und der möglichen Spiele das richtige Spiel zur richtigen Zeit aus. Er plant also nicht nur den Ablauf der Spiele, sagt die Spielregel an, beobachtet die

Spieler, spricht schließlich mit ihnen die Szene durch: darüber hinaus greift er mit verschiedenen Mitteln noch während des Ablaufs in die Szenen ein. Er unterbricht also an einer günstigen Stelle und verändert die Situation oder er setzt als Spieler innerhalb einer Rolle einen entscheidenden Impuls, der die Szene verändert. Er lässt Rückblenden, Parallelszenen, Folgeszenen spielen; er verändert die Besetzung. Möglichkeiten der Veränderung sind an vielen Stellen dieses Bandes gegeben (vergl. Kap. 4.5: Stilisierungen und Verfremdungen, Kap. 2: Veränderung des Rollenspiels im Psychodrama (S. 64, 32).
Durch diese Veränderungen kann der Spielleiter zum einen sehr schnell die ganze Spielgruppe beschäftigen, zum anderen kann er von einem beliebigen Ausgangspunkt her gut zu den Fragen, Problemen und Situationen führen, die er für die Spielgruppe für nötig hält.

II.

ÜBER VERSCHIEDENE TYPEN DES ROLLENSPIELS –

Eine Zusammenfassung (1974)*

* erschienen in: Die Grundschule 1974, 10 und 11.

Rollenspiel als komplexes Phänomen

Rollenspiel ist ein mehrdeutiges Phänomen. Es besteht aus einer Fülle von einander bedingenden Komponenten, die zumindest doppelt auftreten[9]:

real in der empirisch nachprüfbaren Körperlichkeit,

fiktiv in der (mehr oder weniger) gemeinsamen Definition der Spieler.

So befinden sich etwa die Rollenspieler bei ihrem Spiel in einem wirklichen Raum; sie definieren ihn jedoch als eine besondere Szene.

Ähnlich sind die Spieler zum einen reale Personen, sie agieren jedoch in fiktiven Rollen. Sie tragen reale Kleidung, die der Spieldefinition gemäß besondere Kostüme sein können; sie haben reale Gegenstände in der Hand und behandeln sie als Requisiten mit einer besonderen Bedeutung. Und genauso sind die gesprochenen Worte, sind Story, Thema, Situation, Inhalt, Konflikte, Beziehungen, sind die darstellerischen Mittel und die rationalen, emotionalen, sozialen Bestimmungen der gespielten Szene[10] zum einen in der Realität der Spieler vorhanden, zum anderen in der Verabredung der Spieler als fiktiv gesetzt.

Pädagogische Möglichkeiten des Rollenspiels

Trotz seiner komplizierten Erscheinungsform ist das Rollenspiel (allgemeiner gesprochen: sind Spiel und Theater) in mehrfacher Hinsicht einfacher und leichter zu handhaben als die Wirklichkeit, die im Rollenspiel sowohl vorhanden ist wie gespiegelt (gespielt) wird. Spiel und Theater sind deshalb vorzüglich geeignet als pädagogisches Medium. Rufen wir kurz ins Gedächtnis, welche Kennzeichen für diese Nutzung wichtig sind:

„Spiel und Theater sind ein *naiv-alltägliches Medium*; immer schon kann der Spieler sich bewegen, kann sprechen, gehen, stehen, sich ausdrücken und von anderen etwas erfahren. Schon der dreijährige Tobias sagt: ‚Ich bin ein Riese‘, oder: ‚Ich bin die Elisabeth‘ und schlüpft in die Schuhe seiner großen Schwester.

Spiel und Theater sind ein verlockendes, stark motivierendes, weil *mit dem Spieler selbst verbundenes Medium*; durch seine Bewegung, seine Vitalität wird es gebildet; nicht fremd und distanziert liegt es vor ihm wie ein Buch oder ein Bild; er selbst stellt es oder sich in ihm dar.

9 Zumindest doppelt deshalb, weil die einzelnen Komponenten von jedem der Spieler anders angesehen und erlebt werden; gerade in der Vereinheitlichung oder Kontrastierung der verschiedenen Sichtweisen der Spieler besteht ja die wichtige Rollenspielarbeit.

10 Genauer erläutert sind die einzelnen Bedingungen (Komponenten) des Rollenspiels, S. 15ff.

Spiel und Theater sind ein *komplexes Medium*; immer geht es um den gesamtkörperlichen Ausdruck, auch wenn etwa in der Pantomime Körperhaltung und Gestik, im Hörspiel der sprecherische Ausdruck akzentuiert und fokussiert werden. Spiel und Theater sind *kein abstraktes Medium*; sie sind immer mit Inhalten und/oder Gegenständen verbunden.
Spiel und Theater bilden *nicht die komplette Wirklichkeit* ab; sie wird reduziert in der spielerischen Fiktion des Als-ob, sie wird dargestellt, wobei die Spieler selbst immer zugleich in ihrer Realität vorhanden sind.

Spiel und Theater sind also ein begrenzendes, *abstrahierendes Medium*, das auf die Darstellung von Interaktionen und Emotionen konzentriert.

Spiel und Theater sind damit ein *ästhetisches Medium*, das in modellhaft verkürzter Form verdeutlicht und erklärt und die kompliziertere Wirklichkeit durchschaubar macht.

Spiel und Theater schließlich sind folgenlos oder werden als folgenlos definiert: was im Spiel geschieht, geschieht aus Spaß, zum Schein.

Alle diese Eigenarten des Mediums aber können zu pädagogischen Vorteilen gemacht werden."[11]

Das spontane Rollenspiel

Schon das kleine Kind entdeckt, dass die Als-ob-Befriedigung im Spiel eine ähnliche Auswirkung hat und also einen ähnlichen Wert besitzt wie die reale Befriedigung; es entdeckt, dass im Spiel manches leichter ist als in der Wirklichkeit; es entdeckt das spontane, das heißt das nicht von einem Spielleiter angeleitete Rollenspiel. Die spielenden Kinder selbst leiten sich in diesem Rollenspiel an; ohne Hemmung wechseln sie zwischen Spiel und Regieanweisungen. Diese Regieanweisungen enthalten keimhaft das reflektierende Element des Rollenspiels; in ihnen verständigen sich die Spieler über ihre Definition der Situation, in ihnen arbeiten sie ihre Vereinbarungen aus, in ihnen verbalisieren sie ihre Realitätserfahrungen.

Dabei sind Kinder nur an der Qualität des Spielens (etwa seiner Intensität) orientiert; sie reflektieren nicht auf die Entwicklungsmöglichkeit jedes einzelnen Spielers im Spiel und interessieren sich nicht für die Analyse der Differenzen zwischen ihrem Spiel und der Realität.

Genau hier aber setzt ein Spielleiter ein, wenn er mit dem Verfahren Rollenspiel arbeitet.

11 Spiel mit Kindern – Theater mit Kindern, Hrsg. von Ruth und Hans-Wolfgang Nickel, Thienemanns, Stuttgart 1974.

Das didaktisch angeleitete Rollenspiel

Beides, sowohl die Realität als auch die Fiktion, ist den Spielern nicht lückenlos gegeben; die Spieler müssen also

- für sich die gemeinsam vereinbarten oder durch den Spielleiter vorgegebenen *Definitionen ausarbeiten*,
- den Mitspielern diese ausgearbeiteten Definitionen *im Spiel mitteilen*,
- die *Definitionen der Mitspieler aus deren Mitteilungen erschließen.*

Dabei beziehen sich die Definitionen (wir könnten auch Verabredungen sagen, Interpretationen, Informationen) auf alle Komponenten des Rollenspiels: auf die Spielsituation wie auf die Realsituationen, auf die Rollen wie auf die Personen der Spieler, auf die realen wie auf die fiktiven Beziehungen. Jeder Spieler interpretiert also

- sich selbst,
- seine Rolle,
- sein Bild vom Partner,
- seine Vorstellung von dessen Rolle,
- die Situation, in der sie stehen (ihre Beziehungen),
- die Situation, die sie spielen.

Diese Interpretation agiert der Spieler aus: mehr oder weniger deutlich, mehr oder weniger nachvollziehbar. Auf jeden Fall aber beschreibt er sie nicht knapp mit wenigen Worten (wie in einer theoretischen Besprechung, einem gruppendynamischen Gespräch), sondern er gibt sie vollkörperlich mit einer Fülle von Informationen gestischer, mimischer, bewegungs- und haltungsmäßiger, auch sprachlicher Art.

Das Rollenspiel der offenen Kommunikation

In einem vollkommenen Rollenspiel würden sich alle Spieler voll und ohne Missverständnisse ausdrücken können, würden sie alle Impulse voll aufnehmen, würde jeder den Spielraum seiner Rolle voll erproben, würden alle Spieler die Situation einheitlich und zugleich realitätskonform beurteilen. Über die reale, wirkliche Begebenheit hinaus aber würden im Rollenspiel die Missverständnisse und Spannungen der Wirklichkeit nicht nur exakt reproduziert, sie würden also nicht einfach unbewusst ertragen, flössen nicht als bloße Kopie mit ein, sondern sie würden bewusst gestaltet. Das aber heißt:

- Spannungen der Realität werden auf ihre Ursachen zurückgeführt,
- Möglichkeiten ihrer Beseitigung werden, wo nicht realisiert, so doch mitgespielt.

Ein ideales Rollenspiel würde also über die Wirklichkeit hinaus auch die Erklärung der Wirklichkeit enthalten samt dem Aufweis von Möglichkeiten der Realitätsverbesserung; es würde, wenn man so sagen will, die Welt als eine veränderbare zeigen[12]. *Rollenspiel findet also zugleich als Kommunikation und als Metakommunikation*, als Kommunikation über die Kommunikation statt. Wie diese zweite Ebene zu realisieren ist, gehört zur Ästhetik des Rollenspiels, zum künstlerischen Handwerk des Spielleiters und der Spielgruppe[13].

Das Rollenspiel der eingeschränkten Kommunikation

Das normale Rollenspiel wird sich in allen aufgeführten Punkten mehr oder weniger von dem idealen Rollenspiel unterscheiden. Aufgabe des Spielleiters, später auch die der Spielgruppe, ist es,

- die Diskrepanzen zu bemerken,
- die Ursachen der Diskrepanzen zu analysieren,
- weitere Rollenspiele (oder andere Verfahrungsweisen) zu entwerfen, um die Diskrepanzen aufzuarbeiten.

Die Art der Diskrepanz bestimmt also die Verfahrensweise des Spielleiters; von der Art der Diskrepanz her lässt sich auch der Typ des Rollenspiels bestimmen. Dabei muss noch einmal betont werden, dass die einzelnen Typen einander nicht ausschließen; Typen sind nur jeweilige Akzentuierungen, die zufällig oder bewusst herbeigeführt werden.

Konsequenzen für die Methodik des angeleiteten Rollenspiels

Sicherlich ist es richtig, dass der Spieler in jeder Art von Rollenspiel sich selbst und seine Ansicht darstellt. Je genauer aber der Spielleiter die Spielaufgabe festlegt, um so weniger bleibt dem Spieler an Interpretationsmöglichkeit, um so we-

12 Machen wir zumindest an einem Beispiel deutlich, wie ein Dialog eines vollkommenen Rollenspiels aussehen würde, wenn alle Spieler im Sinne einer offenen Kommunikation zu einem vollen Ausdruck ihrer Rolle kommen:
Spieler 1: Ich mache jetzt etwas, aber das macht mir keinen Spaß; ich mache das nur, weil ich weiß, dass …
Spieler 2: Ich weiß, dass du das machst, obwohl es dir keinen Spaß macht; ich weiß also, dass du es nur tust, weil … Ich ordne es deshalb an, weil … Ich könnte auch auf meine Anordnung verzichten, wenn …
Es ist vielleicht nicht unnötig anzumerken, dass diese Informationen durchaus nicht verbal erfolgen müssen.

13 Verwiesen sei an dieser Stelle nur kurz auf die dem Rollenspiel nachfolgende oder eine Szene unterbrechende verbale Reflexion, auf den inneren Monolog, auf Szenenvariationen.

niger ist aber auch seine persönliche Interpretation für den Spielleiter und für die anderen Spieler zu bemerken.

Deshalb müssen zumindest die ersten Spielaufgaben in einer neuen Gruppe von großer Offenheit sein (analytisch-explorierende Spiele; z.B.: Spielt eine Szene, in der viele Stühle vorkommen); immer wieder muss der Spielleiter seine Erkenntnisse mit Hilfe solcher offenen Aufgaben überprüfen. Tut er das nicht, so wird er bald nur noch seine eigenen Vorurteile bestätigen und/oder seiner Gruppe die Spielfreude nehmen. Je genauer aber die Kenntnisse des Spielleiters von der Gruppe geworden sind, umso genauer kann er seine Spielvorschläge auf sie hin entwerfen, kann er konkrete Spielaufgaben sehr genau und detailliert stellen. Nur in Ausnahmefällen aber sollte er dem Spieler die eigene Interpretationsmöglichkeit völlig beschneiden; nur ausnahmsweise darf das Rollenspiel zum Regietheater werden.

Mit anderen Worten: Rollenspiel sollte den Charakter der Improvisation (des Unvorhersehbaren!) behalten; bei allem, was geprobt ist, ist weniger das Ergebnis interessant als der Akt der Ausarbeitung, weniger das Festgelegte als die Festlegung, weniger die Reproduktion des Modells als die Abweichung von ihm. Alles, was der Spielleiter festlegt, kennzeichnet ihn, nicht die Gruppe. Alles, was auf seine Anweisung erfolgt, wird außerhalb des Spielraums wenig Bestand haben.

Typ 1: Rollenspiel als Spieltraining

(Diskrepanzen zwischen der Spielaufgabe und dem Spielvermögen des Spielers)

Rollenspiel setzt immer eine Fülle von Fähigkeiten voraus; es übt sie zugleich oder es sucht bei einem oder mehreren Spielern besondere Fähigkeiten zu erreichen oder abzustellen. Der Spielleiter beobachtet also in einer offenen Aufgabe: Wie stellt der Spieler sich dar? Welche Ausdrucksmöglichkeiten stehen ihm zur Verfügung? Welche benutzt er nicht? Fehlen sie grundsätzlich? – Ähnlich genau wird seine Wahrnehmungsfähigkeit beobachtet: Wie nimmt er die Impulse seiner Mitspieler auf? Überhört er Hinweise, übersieht er eine Person, missachtet er grundsätzlich männliche, jüngere, schüchterne Mitspieler?

Schon an diesen Fragen wird deutlich, dass Fähigkeiten nicht losgelöst werden können von der Person des Spielers und von dem realen und fiktiven Interaktionszusammenhang, in dem er steht. Rollenspieltraining in diesem Sinn bedeutet also immer auch einen Eingriff in die Person und reicht deshalb bis zum Psychodrama; ergänzt wird das Training durch Interaktionsspiele und –übungen, die die grundlegenden Interaktionsfähigkeiten erproben und entwickeln sollen.

Durch den Interaktionszusammenhang aber sind die Fähigkeiten mit besonderen Spielsituationen verbunden, die die Fähigkeiten provozieren und verstärken oder abschwächen können. Durch diese Verbindung bleibt Rollenspiel immer konkret auf Situationen und Spielpartner verwiesen. Es ist von daher besonders geeignet,

Fähigkeiten des Verhaltens (Interaktionsfähigkeiten) zu entwickeln (stark auf das Sprechen bezogen etwa bei Kochan).

- Ein Spieler spricht langsam, stockend, bequem. – Er soll einen Angeklagten spielen, der möglichst schnell möglichst gute Ausreden findet und jede Art von Vorwürfen elegant widerlegt.
- Ein Spieler spricht besonders leise – aus Schüchternheit, Nachlässigkeit, Gewohnheit. – Er soll eine Szene spielen in einer Werkshalle, auf einem Rummel, in einer Diskothek; über eine große Entfernung. Die Vorstellung und das Beispiel der Mitspieler helfen und motivieren, Fähigkeiten des Lautsprechens zu entwickeln.
- Die Spieler können nur wenig Englisch. Sie improvisieren eine Szene auf einem englischen Bahnhof. Wieder motiviert und hilft die Vorstellung. Der Lehrer als englischer Bahnhofsvorstand kann in seiner Rolle korrigieren und stützen.
- Die Spieler gebrauchen kaum Gesten. Sie sollen eine Szene spielen neben einem Wasserfall; in einem fremden Land, dessen Sprache sie nicht sprechen.
- Ein Spieler lässt sich leicht ducken und aus der Fassung bringen. – Er soll einen verwegenen Räuberhauptmann spielen oder zusammen mit einem couragierten Freund ein Streitgespräch führen gegen eine Autoritätsperson: immer wenn er zurückzieht, soll der Freund ihm soufflieren.

Grundsätzliches Spielziel dieses Rollenspieltrainings sollte sein, die Spieler vom bloßen Agieren und Reagieren zum Interagieren zu bringen, d. h. zum gemeinsamen Entwickeln der Situation unter möglichst voller Einbeziehung aller Spieler. Sie sollten jedoch auch die Fähigkeit erhalten, ihre Vorstellungen gegen Widerstand adäquat durchzusetzen; adäquat, das heißt, ohne den interaktionsunwilligen Spielpartner völlig auszuschalten. Auf einen Schelmen anderthalbe – mit der Möglichkeit zur Rückkehr zu gleichberechtigten Interaktionen.

Das setzt auch ein Training in den grundlegenden Fähigkeiten des Rollenspiels voraus, die in der Anfangsphase mit einer Spielgruppe erarbeitet werden müssen: die Verbindung von Spielfluss mit Reflexionsfähigkeit, von Spontaneität mit Beobachtung.

- Eine Spielgruppe, deren Spielfluss bereits hergestellt ist, wird während einer Szene mehrfach durch Klopfzeichen unterbrochen. Jeweils einer der Spieler hält dann einen „inneren Monolog“, der auf sich oder auf Mitspieler bezogen ist. Dann geht die Szene weiter, als wäre nichts geschehen.

Typ 2: Rollenspiel als Planspiel und Umweltspiel

(Diskrepanzen zwischen der Spielsituation und der Situationserfahrung)

Kennt der Spieler die Spielsituation aus der Wirklichkeit nur ungenau oder gar nicht, so wird sein Spiel problematisch: er kann auf die Situation nicht eingehen, weil er sie nicht wiedererkennt.[14] Auch „mogeln" kann er nicht; handelndes Umgehen in einer Situation deckt z. B. die kognitiven Defizite wesentlich schneller auf als verbales Besprechen. Der nicht informierte Spieler wird also ratlos; er wird handlungsunfähig – oder er verschiebt die geforderte Handlung zu Ersatzhandlungen, weil er am Handeln interessiert ist. Dieser Wunsch zum Agieren motiviert aber zugleich, sich mit der Situation nun lernend zu beschäftigen und die Defizite aufzuholen. Nach vertieftem Lernen kann erneut und besser gespielt werden.

Das Planspiel, auch das improvisierte Planspiel und das Umweltspiel kontrollieren, wie weit Realitätserfahrung vorliegt, und befähigen den Schüler in Verbindung mit Büchern, Modellen, Exkursionen usw. zum handelnden Umgehen mit der Wirklichkeit. Dabei stehen wiederum die Interaktionszusammenhänge im Vordergrund[15]. Die Sicht auf die Realität kann nicht von einem diktiert werden (etwa vom Spielleiter!): sie wird relativiert durch die Mitspieler, den Spielleiter, die Beobachter. Zusammenspiel geschieht nur dann, wenn sich alle Spieler über die Realität verständigen[16].

Wir betrachten zunächst den sprachlichen Aspekt dieser Verständigung. Spiel konkretisiert; handelndes Umgehen in einer Situation bringt über die Sprache hinaus eine Fülle von weiteren Ausdrucksmedien ein. Spiel schaut also hinter die Worte: es entdeckt Differenzen, die sich hinter einem allgemein akzeptierten Wort verbergen, und Gleichheiten, die mit verschiedenen Worten auftreten. Es drängt zur Benennung, was im Spiel erlebt oder erfahren wurde, aber bisher noch wortlos war.

Die enge Verbindung von Spiel und Sprache (die in der Reflexionsphase verstärkt wird) ist wichtig für Personen, die über Sprache noch nicht genügend verfügen und die, ausgehend von der situationsgebundenen Sprache, ihre Defizite abbauen und zu immer genauerem, realitätsangemessenerem Sprechen kommen: von der Wirklichkeit über die leichte Abstraktion der Spielsituation bis zur weitergehenden Abstraktion der sprachlichen Reflexion; jeder dieser Schritte bedeutet einen Verlust an Konkretion, aber einen Gewinn an Zeit und Energie; die Verfügung über die „Spielform" Sprache ist also ein unumgängliches Desiderat.

Spiel aber führt nicht nur zum Aufdecken von sprachlichen Diskrepanzen in der Bezeichnung von Realität, sondern auch zur Feststellung von Diskrepanzen der Realitätserfahrung. Damit ist der Sachaspekt in der Verständigung über Realität angesprochen. Wie ist es denn nun wirklich, fragen die Spieler; wie verhält sich ein

14 Es könnte auch sein, dass er in seiner Unkenntnis überraschende Aspekte der Situation erschließt

15 Falls wir nicht auch das (naturwissenschaftliche) Experiment als ein Spiel bezeichnen wollen! Bei genauer Betrachtung haben Fächer wie Werken, Chemie, Biologie durchaus „Spielcharakter", wo nicht Rollenspiel-Charakter.

16 Es sei denn, sie thematisieren ihren Konflikt; dann wird aus dem Umweltspiel ein Soziodrama. Wenigstens an dieser Stelle sei auf das „Umschlagen" eines Rollenspiels aus einem in einen anderen Typ hingewiesen: an sich müsste das durchweg geschehen und genauer herausgearbeitet werden. Die Arbeit eines Spielleiters besteht ja unter anderem darin, ein solches Umschlagen zu provozieren.

Schaffner, ein Obsthändler? Wie verhält sich dein Vater? Die Spieler erhalten und geben konkrete Informationen über sich selbst, über die anderen, über Situationen und Verhaltensweisen.

Nun brauchen sich die Realitätsdiskrepanzen durchaus nicht nur auf kognitive Differenzen zu beschränken – genauso wichtig ist die Arbeit im emotional-affektiven Bereich. Hier ist zudem die Vergegenwärtigung durch Spiel noch zwingender geboten.

- Studenten spielen eine Lehrerkonferenz mit einem realistischen Fall. Zusätzlich sind emotionale Bestimmungen (durchaus realistischer Art!) eingebaut: ein junger Lehrer will dem fiesen Chef möglichst widersprechen; der Chef begegnet gerade diesem Lehrer mit besonderem Wohlwollen. Erprobt wird im Rollenspiel, wie, wann und wodurch die beiden ihre Vorurteile durchschauen.
- Kinder spielen nicht einfach Briefmarkenverkaufen, sondern einen Postbeamten unter dem Ansturm von 6 nörgelnden, nervösen, unfreundlichen, eiligen, rechthaberischen Kunden. – Sie spielen nicht einfach Obstladen, sondern eine Rollenvariation: Der freundliche und der brummige Obsthändler.
- Auch das spontane Spiel der Kinder enthält immer wieder solche Umwelterkundungs- und Planspiele; man denke nur an ‚Kaufmannsladen', Verkehrsspiele, Schulespiele; auch Vater-Mutter-Kind ließe sich hier einordnen.

Von vielen Spielleitern werden Rollenspiele dieser Art als die eigentlichen oder sogar einzig vertretbaren Rollenspiele angesehen; dazu tritt zumeist eine Reduktion ihrer Aufmerksamkeit auf den kognitiven Gehalt des Rollenspiels: es schrumpft zum Lernmittel; es wird, um mit *Justus Möser* zu formulieren, zu einem „Karren, der Ideen zu Markte fährt". Sicherlich ist Rollenspiel in diesem Sinne effektiv; aber zum einen hieße es seine Reichweite verkennen, wenn man es nur in diesem Sinne sieht; zum anderen besteht die Gefahr, durch die Beschränkung lediglich an einer kognitiven Fassade zu bauen und zu echtem Verhaltenslernen gar nicht vorzudringen.

Typ 3: Das antizipierende (futurologische) Rollenspiel

(Diskrepanzen zwischen Situationserfahrung und Auswirkungsbewusstsein)

Zu einer Situation gehört auch die Entwicklung dieser Situation in die Zukunft hinein. So wie nämlich Spiel Erfahrungen konkretisiert und in ihrer Erlebnisfülle wieder herstellt, so kann es auch die Zukunft nicht nur gedanklich antizipieren, sondern auch in ihrer konkreten Fülle andeuten.

- Das Vater-Mutter-Kind-Spiel von noch nicht zeugungs- und gebärfähigen Kindern kann als solch antizipierendes Rollenspiel verstanden werden; das Autospiel mit Hilfe eines Stuhles oder mit dem Auto-scooter auf dem Rummel.

- In der Schule spielen Kinder die Folgen einer zerbrochenen Fensterscheibe und untersuchen die Auswirkungen verschiedener Verhaltensweisen. In diesen Zusammenhang gehören die Spielvorschläge von *Shaftel/Shaftel*.
- Studenten spielen eine Szene „Mutter mit vier Kindern“: sie konkretisieren zwar gewusste, aber nicht körperlich-emotional gefühlte Erfahrungen.
- Immer häufiger werden jüngsthin von Behörden und Institutionen neue Gesetze und neue Organisationsformen im Spiel auf ihre Auswirkungen überprüft und nach den Spielerfahrungen revidiert – so wie ein neues Flugzeug zunächst im Windkanal getestet wird.

Das antizipierende Rollenspiel, die zwar nur annähernde, aber dafür leichte Darstellung von in der Realität noch nicht Realisierbarem kann also sowohl subjektiv, d.h. nur dem Spieler Unbekanntes, wie objektiv, d.h. einer Gesellschaft insgesamt Unbekanntes erproben und entdecken. Je ernsthafter wir daran gehen, unsere eigene Zukunft, soweit möglich, bewusst zu planen, umso wichtiger wird das antizipierende Rollenspiel werden.

Typ 4: Das gruppendynamische Rollenspiel

(Diskrepanzen in der Gruppenwahrnehmung)

Bisher haben wir Rollenspieltypen herausgearbeitet, die sich auf Fähigkeiten und Situationen beziehen, den Spieler jedoch als unbeteiligt sehen. Der Spieler stand gleichsam objektiv „vor“ der Situation, auch „vor“ seinen Fähigkeiten.
In den folgenden Rollenspieltypen wird der Spieler selbst, werden seine Verknüpfungen mit der Realität, wird sein Eingebundensein in Interaktionen in den Mittelpunkt der Aufmerksamkeit gestellt.

Rollenspiel liefert ja nicht einfach eine objektive Widerspiegelung der Realität; jede Gruppe spielt eine generalisierte, interpretierte, bewertete Sicht von Wirklichkeit, und sie spielt mit interpretierten und bewerteten Vorstellungen der Spieler und der Mitspieler. Die Bewertungen aber können strittig sein – und auch dieser Streit wird im Rollenspiel ausgetragen und lässt sich mit besonderen Formen thematisieren.

Eine dieser Formen ist das gruppendynamische Rollenspiel. Es erprobt die Beziehungen zwischen den Spielern im Hier und Jetzt. Es arbeitet Fremd- und Selbstbild schärfer heraus, vergleicht die verschiedenen Fremdbilder miteinander und versucht, die Spieler zu gesteigerter Fremd- und Selbsterkenntnis zu bringen.

- „Anti-Rolle“: Die Gruppe entwirft Rollen, die möglichst wenig zu den einzelnen Spielern passen, und entwickelt daraus eine Szene.
- Die Gruppe verteilt untereinander die Funktionen innerhalb einer Regierung, in einer Schiffsbesatzung.

- „Ich bin ein Baum." Einer der Spieler beginnt; die anderen definieren ihre Rollen in bezug auf diesen Baum.

Typ 5: Rollenspiel als Psychodrama

(Diskrepanzen in der Situationserkenntnis – innerpsychische Konflikte)

Zeigt sich das Eingehen eines Spielers auf die Situation oder den Partner als problematisch und scheiden kognitive Diskrepanzen und fehlende Fähigkeiten als Ursachen aus, so kann die Störung in einer psychischen Besetzung des Spielers liegen, die sich als Realitätsflucht oder als Realitätsverschleierung äußert. Der Spieler A spielt dann nicht mit B, sondern mit seiner deutlich davon unterschiedenen Vorstellung von B; er spielt nicht in der gegenwärtigen Wirklichkeit, sondern mit den Erfahrungen und unverarbeiteten Resten seiner eigenen Vergangenheit. Dann aber ist er, etwa mit den Mitteln des Psychodramas, erst für die gegenwärtige Wirklichkeit zu öffnen.

Psychodrama ist eine differenziert ausgearbeitete Verfahrensweise zur Therapie psychisch gestörter Patienten. Sie behandelt psychische Komplexe mit den Methoden des Rollenspiels, wobei Psychotherapeut und evtl. Gruppe Hilfsfunktionen für den Patienten (den Protagonisten) übernehmen. Als eine geschlossene Strategie verlangt diese Verfahrensweise den psychotherapeutisch geschulten Fachmann. Jedes Rollenspiel aber enthält zugleich psychodramatische Züge, die in einzelnen Spielen durchaus in den Vordergrund treten können. Dann aber muss der Spielleiter darauf eingehen. Er muss einem Spieler die Gelegenheit geben, zunächst seine innere Welt (die Erfahrungen von gestern) darzustellen und aufzuarbeiten, um frei zu werden für die Erfahrungen von heute.

- *Moreno*, der das Psychodrama entwickelte, spricht von einer „Selbstdarstellungmethode: das Subjekt spielt in seinen eigenen Rollen und stellt die Gestalten seiner eigenen privaten Welt dar. Das Psychodrama ist in diesem Falle eine Form individueller Psychotherapie. Das Subjekt ist sein eigenes Hilfsich; der andere kann vom Arzt dargestellt werden"[17].

Ausgangspunkt für *Moreno* war 1911 die Beobachtung von Kindern in Wiener Parkanlagen; ihr Verfahren, sich in Stegreifspielen von ihren häuslichen Konflikten zu befreien, verband *Moreno* mit dem Handwerk des Dramatikers, des Regisseurs und des Therapeuten[18].

17 *Moreno*, Grundlagen der Soziometrie, 1954: 448
18 Vergl. *Moreno*, Gruppenpsychotherapie und Psychodrama 1959

Typ 6: Rollenspiel als Soziodrama

(Diskrepanzen in der Situationsbewertung – Intragruppenkonflikte[19])

Kommt es zu einem Konflikt innerhalb einer Gruppe (Intragruppenkonflikt) über die Beurteilung einer Situation oder über die Art einer Entscheidung (häufig ist beides miteinander verbunden), so kann der soziale Konflikt innerhalb der Gruppe durch die Gruppe mit Hilfe von Methoden des Rollenspiels bearbeitet werden. Die entsprechende Form wird als Soziodrama bezeichnet.

„Beim Soziodrama kommen die betroffenen Gruppen zusammen, um ihre Probleme gemeinsam zu behandeln, z.B. die Einwanderung von Ostflüchtlingen in ein westdeutsches Dorf oder im Untergrund bestehende politische Probleme. Anstatt dieses Problem theoretisch zu behandeln oder einfach gehen zu lassen, machen sich die Teilnehmer daran, mittels dramatischen ‚Durchlebens' eine Lösung ihrer eigenen Lage herbeizuführen."[20] *H. Hoppe* hat neuerdings diese Form unter dem Namen „Kooperatives Theater" aufgenommen.

Wichtig ist, dass im Spiel viele konkrete Informationen vermittelt werden, dass Entscheidungen aus einem dichteren Informationsstand erfolgen, der emotionale, affektive, körperliche Aussagen umschließt.

Typ 7: Rollenspiel als Politodrama

(Diskrepanzen in der Situationsbewertung – Intergruppenkonflikte)

Wenig glücklich erscheint mir die Bezeichnung Politodrama für die Behandlung von sozialen (politischen) Konflikten zwischen zwei Gruppen durch eine Gruppe in Abwesenheit der anderen Gruppe mit Hilfe eines Rollenspieltrainings.
Diese Definition umfasst so verschiedenartige Praktiken wie

- das Agitations- und Verkaufstraining von Vertretern, Jehovas Zeugen, politischen Gruppen;

19 Intragruppenkonflikt und Intergruppenkonflikt sind terminologisch nicht (immer) klar zu unterscheiden. Treffen wie in dem Moreno-Beispiel Flüchtlinge aus Ostdeutschland auf die einheimischen westdeutschen Dorfbewohner, Gruppen also, die noch kaum Kontakt miteinander hatten, so geht es erkennbar um Probleme ZWISCHEN zwei Gruppen – also um Intergruppenkonflikte. Haben jedoch die Frauen und die Männer einer seit langem bestehenden, homogenen Siedlung unterschiedliche Meinungen, so gibt es INNERHALB einer Gruppe Differenzen, also einen Intragruppenkonflikt. Sobald wir jedoch die Geschlechterdifferenz als gruppenkonstitutiv ansehen, müsste auch hier von einem Intergruppenkonflikt gesprochen werden. Entscheidend ist also, ob wir eher Teilgruppen einer Gesamtgruppe sehen (Intragruppenkonflikt) oder deutlich zwei unterschiedliche Gruppen erkennen (Intergruppenkonflikt). Unabhängig von dieser terminologischen Differenzierung wäre ein Rollenspiel zwischen diesen Gruppen (innerhalb dieser Gruppe) ein soziodramatisches Rollenspiel.

20 Moreno, Grundlagen der Soziometrie, 1954: XXVIII.

- das Trainieren schwarzer Bürgerrechtler vor ihrer Begegnung mit Weißen (vgl. *Theodor Ebert*);
- Schüler, die im Klassenzimmer ihre Zusammenstöße mit alten Leuten spielen;
- Staatsmänner, die sich durch ein Spieltraining auf Pressekonferenzen vorbereiten;
- Studenten, die in einer PH-Übung die Konflikte mit ihren Eltern durchspielen.

Wenn der Spielleiter hier nicht die Gegengruppe repräsentiert und deren Erfahrungen, Wünsche, Problemsichten usw. möglichst „objektiv", adäquat einbringt, besteht immer die Gefahr, dass die spielende Gruppe sich in ihren Vorurteilen, ihren partiellen Wahrheiten nur bestärkt und dass überdies die spielerischen Fortschritte in Abwesenheit der eigentlichen Interaktionspartner entwickelt werden, so dass sie dann bei der Erprobung in der Realität auf einen unvorbereiteten und daher entwicklungsunfähigen oder verbesserungsunwilligen Partner stoßen. Dann aber hat zwar die Spielgruppe gelernt, sich immer besser zu verstehen und besser aufeinander einzugehen – für die Übertragung in die Alltagssituation aber ist noch kaum etwas gewonnen, es sei denn, die Gruppe hatte es von vornherein gar nicht auf die Erkundung von Interaktionen abgesehen, sondern sich lediglich für Auseinandersetzungen wappnen und einen unvorbereiteten Gegner überrumpeln wollen. Bei einem Politodrama herrscht also allzu leicht der rücksichtslose Übungseffekt vor, dem das Korrektiv des gegenseitigen Rollenwechsels fehlen muss; dann aber werden nicht handelnd Informationen ausgetauscht, sondern Vorurteile bestärkt.

Typ 8: Rollenspiel als mediales Rollenspiel

(Diskrepanzen in der Interaktion Spieler-Zuschauer)

Das angeleitete Rollenspiel braucht immer auch den Beobachter. Wird die Interaktion Spieler-Beobachter zum Untersuchungspunkt des Rollenspiels, werden die Kommunikationsgesetze der dramatischen Massenmedien (vom Theater über Film und Radio bis zum Fernsehen) thematisiert, so gelangen wir mit dem medialen Rollenspiel in die Nähe des Theaters: die Wirkung von Szenen wird erfahrbar gemacht, Darstellungsstile werden untersucht, mehrfache Wiederholungen vor wechselndem Publikum werden wichtig.

III.

SPIEL-, THEATER-, INTERAKTIONSPÄDAGOGIK*

Versuch einer praxisbezogenen Systematik der Spielformen (1976)

* Hilfen für Spielleiter, Heft 16, Hg. von der LAG für Spiel- und Amateurtheater in Nordrhein-Westfalen, Recklinghausen 1976.

Zur Einführung

Spielpädagogik – Theaterpädagogik – Interaktionspädagogik

Bewusst erscheinen hier gleichrangig drei Begriffe; nach meinem Verständnis bezeichnen sie nur verschiedene Ansätze und Akzentuierungen eines und desselben Arbeitsbereiches.

Wenn nämlich der Interaktionspädagoge wirklich soziales Lernen ermöglichen will, dann darf er sich nicht auf Vorträge, Bücher und Arbeitsbögen beschränken, dann muss er das, was er vermitteln möchte, in handelndem Vollzug erproben lassen; er kann also auf Spiel und Theater nicht verzichten.

Wenn der Theaterpädagoge mehr möchte als Laienstars und Abonnenten heranziehen, wenn er weiteres vorbereitet als den Beruf eines Nur-Schauspielers oder eines Regie-Löwen, wenn er seinen eigenen Bezugspunkt, das Theater, ernst nimmt, dann muss er die Interaktionen zwischen Bühne und Zuschauerraum klären, die Interaktionen unter den Spielern, die da miteinander spielen, die Interaktionen schließlich, die das Stück abbildet. Wenn er nicht mit Drill und Vorschrift, mit Gagenzwang und Konventionalstrafe arbeiten will, dann muss er die Fähigkeiten zum Theater spielerisch erproben. Und er muss sich darüber klar sein, dass jedes Proben und Spielen einer Rolle Auswirkungen auf den Spieler hat (zumal, wenn er noch nicht erwachsen ist) und auf das Publikum: dass es sich bei Theater also immer um einen erziehungswirksamen Vorgang handelt.

Schließlich der Spielpädagoge. Wie könnte er spielen, ohne das Lebenselement des Spiels, die Interaktionen zwischen den Spielern, in seine Reflexion einzubeziehen? Wie könnte er pädagogisch wirken, ohne das Mit- und Gegeneinander der Spieler im Spiel, eben ihre Interaktionen, zu beachten? Und warum sollte er einen ganzen Bereich reizvollster Spiele ausschließen: das Nachspielen fremder Rollen, das Einspielen in fremde Situationen, das untersuchende Abbilden von Handlungen anderer Menschen, das Darstellen vorbereiteter Szenen vor kritischen Betrachtern?

Deshalb also die Dreiheit: Spiel – Theater – Interaktionspädagogik.[21] Erst in der gegenseitigen Ergänzung verdeutlichen die Begriffe, was hier gemeint ist.

---

21 Genauer könnte man sagen: Interaktionspädagogik durch Spiel und Theater. Daneben gibt es eine Reihe weiterer Bezeichnungen und Fachtermini für den hier gemeinten Bereich: Schulspiel, Kindertheater, Darstellendes Spiel, Amateurtheater, Kommunikationspädagogik, pädagogisches Theater, angewandtes Theater, Theater und Medien, Medienpädagogik, Freizeitpädagogik, Kreativitätspädagogik, Spiel in der Jugend, musisch-kulturelle Bildung. Diese Bezeichnungen benennen Mittel (Spiel, Theater, Darstellung, Medien), Zielgruppen (Kinder mit der gr. Wurzel Paid = Kind, Jugend, Amateure, d. h. aus Neigung, nicht berufsmäßig tätig), Orte bzw. Institutionen (Schule, Jugendheim, Freizeit) Ziele (Interaktion, Kommunikation, Kultur, Kreativität, Bildung, auch Spiel, Theater) und die Tätigkeit des Spielleiters (agogein, gr. = führen. Die beiden Verben ‚leiten' und

5. Interaktion I: Spieler (Gegenwart)

5.1 Interaktion als „privates Spiel"

Beispiel 1: „Zwei Jungen spielen mit dem Ball. Der eine ruft dem anderen zu: ‚Hier, fang!‘, und wirft ihm den Ball zu. Der streckt seine Arme vor, öffnet die Hände, fängt den Ball und geht, um die Wucht des Wurfes ein wenig abzumildern, einen Schritt zurück und drückt den Ball an seinen Oberkörper."

Aus welchen Teilen besteht dieses Geschehen? Zunächst ist ein wechselseitiges Reiz-Reaktions-Verhältnis vorhanden. Auf das ‚Hier, fang!' (Reiz) des einen Jungen stellt sich der andere ein; er konzentriert sich auf die künftigen Verhaltensweisen des Ballwerfers und bereitet sich darauf vor, den Ball zu fangen (Reaktion). Diese Reaktion ist für den ersten wieder ein Reiz, auf den er reagiert (indem er den Ball in die Richtung des Fängers wirft). Diese Reaktion stellt für den Fänger wieder einen Reiz dar, der mit einer Reaktion beantwortet wird. Der Fänger stellt sich auf die Flugbahn des Balles und die Wucht des Wurfes ein, er öffnet die Hände und kann den Ball fangen, er geht einen Schritt zurück und drückt den Ball an seinen Oberkörper, um die Wucht des Wurfes abzumildern. Der Werfer reagiert auf das Fangen, indem er sich bereithält, um seinerseits den Ball zu fangen. Damit ist die Reiz-Reaktions-Sequenz beendet und wird durch eine neue Sequenz fortgesetzt (etwa indem der Fänger nun den Ball wirft). Dieses wechselseitige Reiz-Reaktions-Schema, dieses gegenseitige Sich-aufeinander-Einstellen, dieses sich wechselseitig bedingende Verhalten, indem die Aktivität des einen der Aktivität des anderen folgt bzw. von ihr angeregt wird, nennen wir Interaktion.

Damit Interaktion überhaupt stattfinden kann, muss den Interaktionspartnern der gemeinte Sinn einer Handlung verständlich sein. Der Fänger muss wissen, dass ein ‚Hier, fang!‘ im Zusammenhang des Ballspielens bedeutet, dass er einen bestimmten Ball, den sein Interaktionspartner werfen will, mit den Händen fangen soll. Diese sprachliche Mitteilung wird gestützt, erläutert durch die nicht sprachlichen Anteile (z.B. das Anfassen des Balles mit der geöffneten rechten Hand, das Ausholen des Armes, der Gesichtsausdruck, der Konzentration und Kraftanstrengung verrät usw.). Der Werfer muss wissen, dass Mimik und Gestik seines Mitspielers dessen Bereitschaft mitteilen, den Ball auch wirklich zu fangen. Mit anderen Worten: Es werden Zeichen (Sprachsymbole, ‚Körpersprache‘) verwendet, wahrgenommen und interpretiert!"

‚führen‘ dürfen jedoch keineswegs als Drill, Einpauken, Reglementierung, Herrschaft, Entmündigung, Gehorsam usw. verstanden werden; das würde in scharfem Gegensatz zu den oben genannten Zielen stehen).

Soweit Jürgen Fritz in seiner sehr lesenswerten Zusammenstellung „Interaktionspädagogik. Methoden und Modelle“ (Juventa, München 1975, S. 9). Fritz interpretiert die kommunikativen Aspekte seines Ballspiels noch ausführlicher; ich möchte den Gesichtspunkt der **Interaktion** schärfer herausarbeiten.

Zunächst möchte ich die Trennung des Vorgangs in Reiz (Hier fang!) und Reaktion (Vorbereitung des Fangens) wieder aufheben. Denn: war nicht vor dem Reiz der sprachlichen Aufforderung schon ein Reiz des „passiven“ Empfängers: ein verlangender Blick, ein unwillkürliches Heben der Arme? Demnach hätte der „aktive“ Sender auf den Reiz reagiert! Oder hatte er noch vorher signalisiert: Ich suche einen Mitspieler! Ich möchte werfen mit dem Ball!?

Sagen wir es allgemein: ehe es zu einem offensichtlichen Reiz oder zu einer feststellbaren Reaktion kommt, hat schon eine Fülle von Interaktionen stattgefunden; Informationen wurden ausgetauscht; die Situation wurde abgetastet und im Wechselspiel bestimmt; wer dabei als Sender den Reiz aussandte, wer als Empfänger reagierte, lässt sich nicht mehr ausmachen; streng genommen ist also die Scheidung in Reiz und Reaktion falsch: beide haben, mehr oder weniger gemeinsam interagierend, d. h. gemeinsam bestimmend, eine Situation geschaffen und sich in ein wechselseitiges, sich gegenseitig bedingendes Verhalten gebracht.

Noch deutlicher wird dieses gemeinsame Bestimmen der Situation durch einen Interaktionsprozess, wenn nicht eine Sequenz aus einem schon in Gang befindlichen Ballspiel zweier befreundeter Jungen angenommen wird, sondern wenn zwei Unbekannte sich erst noch auf die Art ihrer Tätigkeit einigen müssen, sie sich also gegenseitig als Mitspieler erkennen, akzeptieren, definieren müssen.

Dabei lässt sich zugleich ablesen, wie Materialien (hier der Ball) und Macht (wem gehört der Ball?) die Interaktion beeinflussen.

Selbst bei dem von Fritz mit Bedacht gewählten einfachen Beispiel lassen sich also die gegenseitigen Mitteilungen (das Zuwerfen des Balles) nicht mehr eindeutig als Reiz und Reaktion voneinander trennen; umso weniger gelingt das bei komplizierteren Verhältnissen und zarteren Mitteilungen auf einer Reihe von gleichzeitig nebeneinander benutzten Kommunikationssträngen.

Kleine Zwischenbemerkung: Beim Streit zwischen zwei Personen (oder zwei Nationen!) kann jeder überprüfen, dass es unmöglich auszumachen ist, wer eigentlich „angefangen“ hat. Natürlich der andere! So meint jeder der beiden Streithähne. Jeder sieht eine bestimmte Handlung des anderen als „auslösend“, als „eigentliche Ursache“ an, als die „Gemeinheit“, auf die er reagieren musste. Betrüblich ist nur, dass jeder von beiden eine andere Handlung meint. Watzlawick hat diese häufig auftretende Verschiedenheit als „unterschiedliche Interpunktion von Ereignisfolgen“ bezeichnet. Ein Schritt zur Beilegung oder zumindest zum Verstehen von Konflikten ist es schon, wenn diese Ereignisfolge als Interaktion angesehen wird, wenn die beiden Streitpartner sich also darin einig sind, dass sie auch ihren Streit gemeinsam geschaffen haben. Damit kein Missverständnis aufkommt: ich behaupte nicht, dass beide immer gleich berechtigt, mit gleicher Macht oder gleicher Wirksamkeit an der Interaktion beteiligt sind. Wohl aber behaupte ich, dass es keine Interaktion zwischen Menschen gibt, die von einem der Beteiligten voll (hundertprozentig), vom anderen überhaupt nicht (also mit 0 %) in Gang gesetzt und bestimmt wird. Selbst ein Säugling ist nicht nur ein „Reagierender"; schon die Geburt stellt einen Interaktionsvorgang, einen Akt intensiver Kooperation zwischen Mutter und Kind dar. Darauf hat René Spitz in seinen Arbeiten wiederholt hingewiesen.

Zurück zu unserem Beispiel: Auch beim Ballwerfen sollten wir von Interaktion sprechen; wir sollten eingedenk sein, dass es sich um einen kreativen Akt handelt, bei dem zwei Personen gemeinsam etwas schaffen. Diesen Aspekt unterstreichen Karl-Hermann Schäfer und Klaus Schaller in „Kritische Erziehungswissenschaft und kommunikative Didaktik". Auch sie gehen davon aus, dass „man nur noch von Teilnehmern an dieser Aktion sprechen kann, nicht mehr nur von source and destination, von Sender und Empfänger. In der kommunikativen Inter-Aktion wird nicht lediglich schon vorher Vorhandenes übermittelt, sondern in ihr wird etwas hervorgebracht, gebildet, was vorher nicht da war. Diesem Kommunikationsverständnis kommt C. Cherry recht nahe, der von Kommunikation redet, wenn durch den Gebrauch von Sprache soziale Einheiten gebildet werden.

Demnach wird man auch umgekehrt gesellschaftliche und somit pädagogische Praxis dann nicht als kommunikativen Prozess beschreiben können, wenn sie nur auf die Vermittlung, d. h. auf die Perpetuierung des augenblicklichen Zustandes bedacht ist. Erst wenn in ihr vor allem Neues hervorgebracht, gebildet wird – Menschen, Dinge, Verhältnisse –, ist in ihrem Titel das Wort Kommunikation anwendbar. Diese „kreative" Qualität pädagogischer Praxis erlaubt es, deren Theorie – die Bildungstheorie – in Kategorien der Kommunikationsforschung abzuhandeln. – Damit ist weiterhin gesagt, dass der Prozess der Kommunikation nicht auf die verbale Ebene eingeschränkt ist. Hervorbringung ist in Wort und Gedanke nicht zu Ende, sondern wird erst in der Tat offenkundig." (Schaller, in: Schäfer/Schaller 1971, S. 11)

Halten wir fest:

- Interaktion ist notwendiger Bestandteil menschlichen Zusammenlebens.
- Der Begriff „Interaktion" ist ein Ausdruck für das „Zusammen" des menschlichen Zusammenlebens; er bezeichnet, in der Definition von Lersch, „ein Feldgeschehen zwischen zwei und mehr Personen, das darin besteht, daß jeder auf den anderen eine Wirkung ausübt, was zugleich bedeutet, daß jeder auch vom anderen eine Wirkung erfährt".
- Nicht die Personen A und B stehen einander in einer Interaktion gegenüber, sondern A-beeinflusst-von-B und B-beeinflusst-von-A.

- Interaktionspartner befinden sich nicht in einer voll definierten Situation, sondern sie bilden die Situation unter anderem durch ihre Interaktion und sie haben zusammen eine gewisse Freiheit der Situationsbildung.

5.2 Die Wichtigkeit von Interaktionen

Wenn wir die gesamtgesellschaftlichen Aufgaben (oder die individuellen) ganz grob umreißen, dann müssten wir sprechen

1. von der Sicherung des Überlebens
2. von der Gestaltung eines menschlichen Lebens für alle.

Bei genauerer Betrachtung dieser Aufgaben stoßen wir immer wieder „auf den Menschen und das Umgehenkönnen mit Menschen: das Verhalten gegenüber Sachen geschieht in unserer technisch-arbeitsteiligen Welt fast immer kooperativ, benutzt also Interaktionen; Wünsche und Ansprüche der anderen sind im Umgang mit ihnen zu erkennen, die eigenen Wünsche und Ansprüche sind im Umgang mit anderen zu formulieren und, soweit möglich, zu erfüllen."[22]

Menschen verhalten sich also not-wendig, technisch, mit Hilfe von Kooperation zu **Sachen**; sie messen den berechenbaren Eigensinn der Sachen durch Experimente (Methode). Sie verhalten sich lust-voll mit Hilfe von Interaktionen zu Menschen; sie erfahren den Eigensinn der anderen in der Interaktion (Verfahren).

„Technisches" Verhalten Menschen gegenüber tritt sicherlich immer wieder auf; leicht lässt sich aber zeigen, dass damit gerade nicht ein „menschliches" Leben erreichbar ist, auch wenn kurzsichtiges Effektivitätsdenken anderes behaupten möchte. Es gilt also:

- Sicherung und Gestaltung menschlichen Lebens beruhen auf Interaktionen.

Diese Bemerkungen sollen nicht als Abwertung der **Arbeit** verstanden werden; sie sollen aber auch einer Unterwerfung von Spiel und Interaktion unter den Begriff Arbeit vorbeugen. Gegen einige marxistische Ansätze, die die Selbstreflexion des Bewusstseins auf die Grund legenden Formen gesellschaftlicher Arbeit zurückführen und die Synthesis des Naturwesens Mensch mit der objektiv ihn umgebenden Natur in der historischen Selbstzeugung durch Arbeit sehen, wird hier kommunikatives Handeln (Interaktion) als Selbstkonstitution des Menschen neben Arbeit verstanden; es ist nicht Auseinandersetzung mit und Aneignung der Natur, sondern Handeln

22 H. W. Nickel, Bemerkungen zum Curriculum Spiel, in: Ausbildungsakademie Kindertheater und Kinderforum 1973: Spiel und Theater, Berlin: Akademie der Künste 1973.

des Menschen mit sich selbst und seinen geschaffenen, aber historisch änderbaren Verhältnissen (vergl. Habermas). Beide, Arbeit und Kommunikation (Interaktion), vermitteln sich in ökonomischen, sozialen, personalen und kulturellen Prozessen, in denen der Mensch seine gesellschaftliche Selbstverwirklichung als Emanzipation verhindert oder anstrebt: sie haben also miteinander zu tun." Soweit Baacke, der dann Portmann zitiert. Nach ihm ist unsere kulturelle Lebensform „durch und durch der für die Evolution wirksame wesentliche Faktor. Das heißt zunächst, daß in der besonderen Evolution des Menschen nicht in erster Linie die Übertragung von erblichen Mutationen der Keimanlage die wichtigen Veränderungen bewirkt, sondern daß die geschichtliche Tradition durch unsere erlernten Kommunikationsweisen die Weitergabe von Neuerschafftem leistet. Die Genetiker selber sprechen von ‚sozialer Vererbung' und beteuern, daß deren Wirksamkeit den Gang der natürlichen, der Vererbung von Keimveränderung bei weitem übertrifft. Soziale Vererbung ist das Instrument einer beschleunigten Evolution von unerhörtem Ausmaß. Durch die Intensivierung der Kontakte, der Publizistik, der Schulung, der Wirtschaft wird die Zeitspanne zwischen tief eingreifenden Neuerfindungen technischer oder künstlerischer Art immer kürzer"[23] (vergl. auch Kap. III.5).

5.3 Die Notwendigkeit des Interaktionslernens

Wenn Arbeit und Freizeit, öffentliches und privates Leben jeden von uns immer wieder auf andere Menschen verweisen, wenn schon der Eintritt eines Neugeborenen in diese Welt unmöglich ist ohne engsten Kontakt mit der Mutter, wenn das Kind sich eingebettet (oder eingepasst und eingezwängt) findet in mannigfaltige Bezüge zu mehreren anderen, so wie es zum Selbstbewusstsein erwacht: dann wird wichtig, wie und wann es das Umgehen mit diesen anderen lernen kann. Dass es gelernt werden muss, zeigt schon ein flüchtiger Blick auf die Fülle von äußerst unterschiedlichen Sitten und Gebräuchen verschiedener Zeiten und Gesellschaften – es kann also keine Rede davon sein, dass wir uns etwa auf natürliches, anlagebedingtes, vererbtes Verhalten verlassen könnten.[24]

Nun ist in traditionalen Gesellschaften die Zahl der Bezugspersonen mehr oder weniger begrenzt; ziemlich genau ist festgelegt (wo nicht schriftlich in Gesetzen, so doch in traditionaler Übereinkunft), wie sich jede dieser Bezugsfiguren verhält, wie man ihr gegenüber sich zu verhalten hat, welche Beziehungen welcher Art in

23 Dieter Baacke: Kommunikation und Kompetenz. Grundlegung einer Didaktik der Kommunikation und ihrer Medien. München: Juventa 1973, S. 33f.

24 Mit solch einem einfachen Satz ist natürlich die schwierige Frage nach anlage- und umweltbedingtem Verhalten nicht „erledigt". Für eine erste Information siehe: Klaus Immelmanns, Wörterbuch der Verhaltensforschung, Kindler: München 1975.

welcher Situation mit welchem Gegenüber statthaft, angemessen, erfreulich oder verboten, tabuisiert, ungehörig sind. Das Wissen darüber und die Praxis des Umgangs erwirbt das Kind durch direkte Beobachtung, spielerische Versuche in eigener Verantwortung (indem es z.B. „Vater-Mutter-Kind" oder „Jäger beim Beuteteilen" spielt), Identifikation.

In der modernen Industriegesellschaft sind Beziehungen komplizierter geworden. Die Zahl der engen Bezugspersonen hat sich auf die Kleinfamilie reduziert. Ein Kind erfährt also aus der Nähe nur wenige Verhaltensmuster; es kann nur an wenigen Beispielen lernen. Dafür ist die Zahl der Menschen, mit denen es später alltäglich umgehen muss, stark angestiegen. Immer wieder sind Unbekannte darunter, die Normen des Verhaltens wurden undeutlicher.

Viele Situationen sind zunächst unklar und verlangen die bedeutende Definition durch die daran Beteiligten.

„Man" weiß also nie so recht, woran „man" ist, wie „man" mit dem jeweiligen Gegenüber umgehen kann, muss, darf, sollte. Umgang mit Menschen ist zu einem Problem geworden. Auch die Kinder kommen in der komplizierter gewordenen Welt mit Beobachtung, eigenem Spiel, Identifikation nicht mehr aus; sie brauchen Hilfe. Sie brauchen eine Einrichtung, die ihnen das Erproben menschlichen Umgangs ermöglicht. Sie brauchen Anleitung und Beratung bei ihren Versuchen, zuerst in der Familie, dann in der Schule (Soziales Lernen) und im Spielraum Freizeit.

Wie nötig die Hilfe ist, zeigen die vielerlei Verformungen, zeigt der Zulauf zu Therapie- und Trainingsgruppen, in denen fehlgeleitete Entwicklungen revidiert werden sollen.

- Gesellschaft und einzelner sind auf das Erlernen von lebensdienlichen Interaktionen angewiesen.

5.4 Interaktionspädagogik

Die Interaktionspädagogik zielt auf die Lehr- und Lernbarkeit menschlichen Verhaltens gegenüber Menschen. Sie versucht, dem Lernenden über seine eigenen Mittel hinaus Hilfen zu geben. Dabei dürfte es einleuchtend sein, dass in diesem Bereich mit Büchern und Vorträgen nur wenig auszurichten ist, dass es also nicht reicht, etwa einen neuen Knigge zu verfassen. Es geht ja gerade nicht darum, einen Katalog von Verhaltensformeln zu vermitteln, sondern um etwas viel Schwierigeres: Gelernt werden soll das gemeinsame Bestimmen von Verhalten in immer neuen Situationen. Erprobt werden sollen Interaktionen, die allen Beteiligten langfristig ein Höchstmaß von Erfüllung bringen. Dieses experimentierende, offene, gemeinsam verantwortete Verhalten lässt sich nur durch selbsttätiges Versuchen mit anderen zusammen lernen. Wir brauchen also Möglichkeiten zu solchen Versuchen. In diesem Zusammenhang erweist sich Spiel immer mehr als das Grund legende Lernmittel sozialen Lernens: es erlaubt die eigene Tätigkeit und ist zugleich „nicht so gemeint", „nur ein Spiel"; es erlaubt also auch Fehler und Umwege, die wir uns in der realen Wirklichkeit nicht leisten könnten, weil dann der eilige, auf Erfolg ausgerichtete Interaktionspartner „sauer" reagiert und nur noch wütender wird, wenn wir ihm etwa sagen: „Ich wollte doch nur einmal ausprobieren, was geschieht, wenn ich mich anders als üblich verhalte!"

Nicht alle Spiele transportieren soziales Lernen in diesem Sinne; Spiel mit Bauklötzen etwa erschließt eher physikalische Gesetze der Gegenstandswelt und entwickelt sich im Laufe der Jahre bis zum naturwissenschaftlichen Experiment; Wettbewerbsspiele brauchen die Mitspieler oft nur, um siegen oder verlieren zu können. Gemeint sind also vor allem Spiele, in denen Menschen mit Menschen möglichst direkt und meist ohne Einschaltung von Material (seien es nun Fußbälle oder Spielkarten) miteinander agieren und dabei zugleich die Spielregeln ihres Agierens untersuchen, Spiele also, die in den weiteren Umkreis des Theaters gehören.

Für das soziale Lernen wichtig ist so vor allem die Grund legende Interaktionspädagogik durch Spiel und Theater[25]; sie vermittelt die Grund legenden und umfassenden Kommunikationssysteme, die zugleich die alltäglich-brauchbaren sind. Zu der Erkundung im Spiel gehört die Erklärung (Analyse, Bewertung) in der verbalen Reflexion, zur verbalen Feststellung die Konkretion im Spiel; zur Eroberung im Spielraum gehört die Überprüfung in der Realität, zur realen Aktion die Reflexion im Spiel. Erst bei einem ausgeglichenen Verhältnis zwischen Spiel, Reflexion und Aktion kann von einem verantworteten Lernen gesprochen werden.
Zum Vergleich zitieren wir noch einmal Fritz (S. 12f.):

„Unter Interaktionspädagogik wollen wir eine Erziehung verstehen, die darauf gerichtet ist, den Austausch von und die wechselseitige Reaktion auf Zeichen in der direkten Begegnung zwischen Menschen wahrzunehmen, zu verstehen und zu verbessern (zu trainieren).

Die ‚Bildung' der Menschen durch interaktionspädagogische Verfahren geschieht primär nicht durch ‚Stoffe' und ‚Inhalte' die dem Lernprozeß zugeordnet werden. ‚Stoff' und ‚Inhalt' der Interaktionspädagogik ist vielmehr das aktuelle Geschehen zwischen den Beteiligten.

25 Noetzel spricht in diesem Zusammenhang von der ‚komplexen Kommunikation'. Speziellere, zu besonderen ‚Künsten' ausgebildete Kommunikationssysteme untersuchen und erproben speziellere Interaktionspädagogiken: akustische Kommunikation (Interaktions- und Musikpädagogik), visuelle Kommunikation (Interaktions- und Kunstpädagogik), sprachlich-literarische Kommunikation (Interaktions- und Sprach/Literaturpädagogik), motorische Kommunikation (Interaktions- und Bewegungspädagogik).

Damit bietet die Interaktionspädagogik einen methodischen Rahmen zur Realisierung dessen, was man ‚soziales Lernen' nennt; sie gibt konkret an, mit welchen Methoden sich bestimmte Ziele des ‚sozialen Lernens' erreichen lassen."

- Dabei ist mir besonders wichtig, daß die Ziele des Interaktionslernens nicht vorbestimmt sind, sondern in gemeinsamen Versuchen erprobt werden.

5.5 Alltägliches Interaktionslernen

Sicherlich ist im weitesten Sinne jedes Umgehen mit anderen Menschen, wo nicht ein Interaktionstraining, so doch ein Lernen von Interaktion[26]. Wenn ich jemandem „frech komme" und dafür eine Ohrfeige einstecke (oder Erfolg damit habe), wenn mich jemand strafend ansieht oder anlächelt, weil ich ihm Blumen oder Bonbons mitgebracht habe – jedes Mal habe ich eine Erfahrung gemacht, die eine alte Erfahrung überdeckt, auslöscht, verstärkt oder eine neue Erfahrung provoziert; mein Verhalten wurde bestärkt oder abgeschwächt; ich habe etwas gelernt. Dieses Lernen aber erfolgt zufällig: ohne bewusste Auswahl, ohne Ziel, meist ohne nachherige Reflexion. Überdies ist mein Interaktionspartner nur in den seltensten Fällen willig und bereit, unsere Begegnung im Nachhinein noch einmal durchzusprechen und mir zu erklären, was er „eigentlich gemeint" hat, was er mir sagen wollte, wie er unsere Begegnung empfunden hat.

Soziales Lernen im Alltag geschieht also unkontrolliert, unbewusst, zufällig. Jeder lernt für sich allein, ohne Einbeziehung des anderen. Mit den Ergebnissen dieses Lernens sind wir (meist) nicht zufrieden: Wir sind mürrisch, verschlossen, ängstlich oder frech, überheblich, wir sind einsam geworden. Und wir lernen in neuen Begegnungen genau diese Einsamkeit immer wieder neu und fester, so wie unsere Kinder unsere Angst oder unsere Aggressivität in den Interaktionen mit uns und von uns übernehmen. Auch ihr spontanes Vater-Mutter-Kind-Spiel im Sandkasten reproduziert ja nur die Muster, die vorher in der Familie erfahren und erlitten wurden, und setzt durch das Spiel die Muster auch für die kommende Generation fest.

- Alltägliches Interaktionslernen reicht nur für die Bewahrung vorhandener Muster.
- Um die Möglichkeiten menschlichen Verhaltens zu erkunden, brauchen wir bewusstes gemeinsames Bemühen unter anderem in gemeinsamem Spiel und gemeinsamer Reflexion.

26 Es ist also unmöglich, Interaktionen nicht zu lernen; so wie es, worauf Watzlawick hinwies, unmöglich ist, sich nicht zu verhalten.

5.6 Inhalte des Interaktionslernens

Wenn Inhalt des Interaktionslernens das „aktuelle Geschehen zwischen den Beteiligten“ (also die Interaktion) ist, dann müssen wir unser erstes Beispiel (oder andere einfache Interaktionssituationen) noch einmal genauer betrachten, um herauszufinden, was nötig ist, um solche Situationen zu bestehen und sie zu einem (für beide!) glücklichen Ende zu führen.

Schauen wir uns also das Beispiel 1 (vergl. 83) noch einmal schärfer an und scheuen wir uns nicht, bei dieser Betrachtung auch Selbstverständlichkeiten zu notieren.

Eine solche Selbstverständlichkeit scheint die körperliche Beweglichkeit zu sein; ich kann nicht interagieren, ich kann keinen Ball werfen oder auffangen, ich kann niemanden besuchen oder mit ihm sprechen, wenn mein Körper nicht fähig ist, Signale auszusenden und aufzufangen, wenn er sich nicht bewegen kann. Deshalb gehören **Körperübungen und -spiele** zur Interaktionspädagogik.

Besonderen Rang nehmen die wortsprachlichen Signale ein. Zwar könnten die beiden Jungen auch ohne verbale Mitteilungen Ball spielen, grundsätzlich jedoch lässt sich auf Sprache nicht verzichten. Deshalb ist die Kunst der Rede zu lernen und zu entwickeln; sie wird in der Antike als Rhetorik bezeichnet; wir sprechen bescheidener von **rhetorischen Übungen und Spielen**.

Den Ballspielern ist der Ball nichts Neues. Sie kennen ihn. Auch über ihre raumzeitliche Situation diskutieren sie nicht: es scheint also, als ob sie Zeit zum Spielen haben und sich sicher sind, dass sie einen geeigneten, unbestrittenen Ort zum Spielen gefunden haben. Sie kennen sich also in ihrer Umwelt aus, sie kennen das Spielmaterial.

Diese Dimension „Umwelt“ mit den beiden Komponenten „materiale Umwelt“ und „normierte Umwelt“ taucht in jedem Spiel auf. Spiele und Übungen zur Erkundung von Situationen, zur Auseinandersetzung mit den Gesetzen der Materie und den Normen der Gesellschaft sind also nötig.

Bei einer kleinen Zuspitzung unseres Beispiels kommen wir noch näher an die gesellschaftlichen Normen heran:

Beispiel 1, Variation 1: Das Spiel der Jungen wird bestritten. Aus Ballspielern werden sie zu „Störern“, „Unruhestiftern“, „Lausebengels“. Sie versuchen, ihre Definition der Situation („Wir sind doch nur harmlose, niemanden störende Sportler“) gegen die ihnen von außen angetragene Rolle („Haut ab, ihr dreckigen Kerle!“) durchzusetzen. Aber sie müssen sich zurückziehen und beschimpfen dabei den Hausmeister (der sich selbst sicherlich als „umsichtigen Pflichterfüller“ ansieht) als „Scheißschreihals!“

In der Wirklichkeit ihres Spiels sind verschiedene solcher Konfliktsituationen möglich, damit zusammenhängend verschiedene Rollen. In **Rollenspielen und**

Rollenübungen (die zugleich immer Situationsspiele und Situationsübungen sind) müsste also antizipierend und reflektierend, erprobend und übend gelernt werden.

Noch in einem anderen Zusammenhang könnte der Begriff „Rolle" in dem Ballspiel auftauchen.
Variation 2: Der eine wirft den Ball wie Hansi Schmidt vom Vfl Gummersbach, der andere fängt ihn ab wie Klaus Kater oder wie sein großer Bruder. – Oder: Beide wollen ihrem Vater imponieren, einem zuschauenden kleinen Mädchen. Sie ziehen deshalb eine große Show bei ihrem Spiel ab.

Der theatralische Aspekt fließt in die Wirklichkeitssituation mit ein; die Möglichkeiten von **Theater** (dem Vorführen vor anderen) müssten also untersucht werden.

Auch Gefühle werden sich im Ballspiel bilden und abbilden. Die Beziehung der beiden Spieler zueinander wird in ihrem Spiel sowohl dokumentiert wie entwickelt. Je frischer die Beziehung ist, um so eher wird das Spiel beziehungschaffend wirken; je enger und älter die Beziehung war, umso mehr muss das Spiel überraschende Entwicklungen, Formen, Regeln, Spielzüge aufweisen, um noch verändernd auf die Beziehung einwirken zu können. Konkret: ob ich schwierig werfe oder leicht, liebevoll-fürsorglich, offen-bösartig oder versteckt-gemein, wie ich das Fangen oder Nichtfangen des anderen kommentiere: das wird sowohl mein Gefühl für ihn zeigen wie zur Entwicklung unserer Gefühle beitragen. Zu untersuchen ist also die Art und Weise, das Wie des Spielens und das Verhältnis der Interagierenden zueinander in **gruppendynamischen Spielen und Übungen**.

Wem nun das Ballspiel überinterpretiert erscheint, der möge sich an Rilke erinnern, der den Ball zum Symbol, zum Sinnbild von Kommunikation, ja von metaphysischer Einbindung macht: „Solang du Selbstgeworfenes fängst, ist alles Geschicklichkeit und läßlicher Gewinn –, erst wenn du plötzlich Fänger wirst des Balles, den eine ewige Mit-Spielerin dir zuwarf, deiner Mitte, in genau gekonntem Schwung, in einem jener Bögen aus Gottes großem Brücken-Bau: erst dann ist Fangen-Können ein Vermögen, – nicht deines, einer Welt. Und wenn du gar zurückzuwerfen Kraft und Mut besäßest, ... erst in diesem Wagnis spielst du gültig mit" (31. 1. 1922).

Durch eine Veränderung unseres Beispiels können wir die Gefühlshaltigkeit der Situation noch einmal deutlicher machen:
Variation 3: Jetzt spielt statt der beiden Jungen eine Gruppe von Jungen und Mädchen, die im Urlaub gerade erst zusammen gekommen sind. Sie sind am Strand. Mit einem Wasserball beginnt ihr erstes gemeinsames Spiel. Alle sind lustig und guter Dinge. Plötzlich aber bricht, unerwartet und für alle überraschend, ein heftiger Streit aus. Keiner kann die Heftigkeit des Konfliktes erklären; viele verschiedene Gründe werden genannt.

Erläutern wir zunächst den ersten, den noch friedlich-fröhlichen Teil des Spiels. Wer da wem den Ball zuspielt, das verrät sicherlich einiges über die Beziehungen, die sich gerade entwickeln. Es wäre ein leichtes, jedes Zuspiel und jede Verweigerung in der Art eines soziometrischen Tests zu notieren und daraus ein Bild der Gruppenstruktur zu gewinnen: Wer ist beliebt, bekommt häufig den Ball? Wer ist abseits, steht in einer Randposition? Wer hat sich selbst abseits gestellt? Wer spielt sich vor? Wer spielt auf? (vergl. hierzu Moreno: Die Grundlagen der Soziometrie, 1954).

Der plötzliche Konflikt aber dürfte auf vergangenen Erfahrungen beruhen, die durch das Spiel wieder lebendig werden. Das können Erfahrungen (Erwartungen, Klischees, Vorerfahrungen, Selbstverständlichkeiten) von Gruppen sein: „Die Mädchen“ können doch nicht fangen! Richtig spielen können nur „die Jungen“! „Die aus der Stadt“ geben natürlich wieder an, sind zu faul, den Ball auch mal zu holen! „Die Makkaronis“ fangen gleich wieder an zu poussieren! Wie üblich: „Ihr“ habt schon wieder Vorurteile!

Es kann aber auch sein, dass sich ganz persönliche Erinnerungen in die gegenwärtige Situation drängen und das Erleben der Gegenwart verstellen: wenn einer der Spieler zurückagiert in die eigene Vergangenheit; wenn er den Gegenspieler mit seinem Vater verwechselt, der ihn früher nie an den Ball ließ; wenn er jetzt, verspätet, auf den Vater reagiert, um den alten Streit endlich einmal zu gewinnen.

Meist verschränken sich in einem Konfliktkomplex mehrere aus der Vergangenheit herrührende Konflikte individueller (psychodramatischer) und gruppenspezifischer (soziodramatischer) Art. Nötig sind also rekapitulierende, **psycho- und soziodramatische Spiele und Übungen**, in denen wir unsere eigene Vergangenheit zurückholen und, wenn nötig, aufarbeiten können; Spiele, in denen Gruppen ihre Vorerfahrungen ausspielen und, konkret, neu durchdenken. Verändern wir unser Beispiel noch ein letztes Mal.

Variation 4: Statt eines Balles überreicht ein Junge einen Blumenstrauß, eine Flasche Parfüm. Er weiß nicht, ob seine Gabe (bzw. der Geber) willkommen ist. – Oder: Eigentlich eher spielerisch hat er eine Blume abgepflückt und überreicht sie jetzt. Was geschieht? Wie verändern Annahme oder Ablehnung, Art und Weise von Annahme oder Ablehnung die Beziehung, die hier entsteht?

Diesmal geht es nicht mehr um ein Spiel, sondern um eine Interaktion in der Wirklichkeit. Es mag sein, dass sie gerade deshalb nicht gelingt: der Held möchte zwar gern, aber er traut sich nicht. Dann könnte ein **antizipierendes Spiel** helfen: im **Theater** oder im **Rollenspiel** kann ich mich von der Situation distanzieren, ich bin gar nicht ich, ich handle auch nicht auf eigene Verantwortung und eigenes Risiko, ich spiele auf Vorschlag des Spielleiters oder nach der Vorlage eines Theatertextes. Und nicht einmal sofort gelingen muss mein Spiel; Theater hat ja den Vorteil, dass es wiederholbar ist; immer und immer wieder können die Interaktionen zwischen den Schauspielern erprobt, verbessert, gelernt werden, können im Rollenspiel kurze Sequenzen im Detail gezielt untersuchend verändert werden. Wichtig also der spielerische Vorgriff auf die Zukunft in Theater- und Rollenspielen, das antizipierende Erspielen von zukünftigen Handlungen in vereinfachter Form. Nur angemerkt sei, dass Kinder im spontanen Rollenspiel diese Möglichkeit von sich aus schon sehr früh entdecken: sie spielen, was sie noch nicht sein können.

Noch in einer anderen Hinsicht wird das Moment der **Antizipation** (der Vorwegnahme von Zukunft) wichtig. Handlungen von heute sind die Erfahrungen von morgen; was sich heute als erfolgreich oder angenehm herausstellte, werde ich morgen eher wiederholen; ich werde zu vermeiden suchen, was ich als unangenehm erlebte. Wenn also die beiden Ballspieler Spaß an ihrem Spiel gewinnen, werden sie künftig häufiger spielen; vielleicht wird einer von ihnen in der Bundesliga auftauchen oder Sportlehrer werden. Wir brauchen also antizipierende Spiele, mit denen wir heute untersuchen, was sich aus unserem Verhalten für morgen entwickelt.

- Bei einer genaueren Betrachtung von einfachen Interaktionssituationen erkennen wir eine Reihe von Aspekten: körperliche, sprachliche, normenbezogene, darstellungsbezogene, gruppendynamische, psycho- und soziodramatische, antizipierende.

5.7 Beispiele aus der Literatur I (Private Auseinandersetzungen)

Die folgenden kurzen Splitter aus Theaterstücken sollen einzelne der bisher genannten Aspekte verdeutlichen. Kurze Kommentare sollen auf mögliche Betrachtungen hinweisen; sie liefern keinesfalls eine vollständige Interpretation der Beispiele, schon gar nicht der Dramen, aus denen die Beispiele entnommen sind.

Beispiel 2: Zwei junge Männer unterhalten sich.

Chaireas: Was sagst du? Ein ehrbares Mädchen hast du hier gesehen, und bist auf der Stelle verliebt davongegangen?

Sostratos: Auf der Stelle!

Chaireas: Wie geschwind! Oder warst du schon mit der Absicht ausgegangen, dich in jemand zu verlieben?

(Aus Menanders Menschenfeind, 313 v. Chr. zum ersten Mal aufgeführt).

Vorerwartungen, Stimmungen und Gefühle prägen die Erfahrungen, die wir machen; Handeln in der Gegenwart ist beeinflusst von unserer Vergangenheit und der unserer Interaktionspartner.

Beispiel 3: Straße, Faust. Margarethe vorübergehend.
Faust: Mein schönes Fräulein, darf ichs wagen,
Mein Arm und Geleit ihr anzutragen?
Margarethe: Bin weder Fräulein weder schön.
Kann ohngeleit nach Hause gehn. (sie macht sich los und ab).
(Goethe, Urfaust).

Beispiel 4: Die Szene ist in dem Zimmer des Fräuleins in einem Wirtshause.
Von Tellheim: Sie hier? Was suchen Sie hier, gnädiges Fräulein?
Das Fräulein: Nichts suche ich mehr. (Mit offenen Armen auf ihn zugehend). Alles, was ich suchte, habe ich gefunden.
Von Tellheim: (zurückweichend) Sie suchten einen glücklichen, einen Ihrer Liebe würdigen Mann; und finden einen Elenden.
(Lessing, Minna von Barnhelm, II, 9).

Regieanweisungen des Autors verdeutlichen die Interaktion. Aber auch hier muss in den Proben herausgearbeitet werden, wie die Impulse aus dem Zusammenspiel entstehen, wie Zuwendung und Abkehr, Zuwerfen und Zurückgeben von verbalen Mitteilungen, körperliche Angebote und Ablehnungen von beiden gemeinsam gebildet werden, auch wenn diese beiden unterschiedliche Wünsche und Pläne haben, also in einer Konfliktbeziehung stehen. Bei Goethe ist es Faust, der zu einer definierten Beziehung kommen möchte; Gretchen akzeptiert seine Definition nicht und setzt, in dieser Szene, ihre Definition durch. – Tellheim hat eine alte, von beiden gemeinsam ausgebildete Definition für sich geändert; Minna weiß davon nichts; welche Definition schließlich gefunden wird, ist der .Inhalt des Stückes.

In Brechts Erstlingswerk, dem Baal, beginnt eine Beziehung mit zwei lapidaren Sätzen:

Beispiel 5: Speisezimmer. Alles setzt sich, Baal auf dem Ehrenplatz.
Emilie: Sie wohnen in einer Dachkammer?
Baal: (isst und trinkt) Klauckestraße 64.
Die Frau beginnt, vorsichtig, abtastend. Baal, er ist bei der Sache und kommt sogleich zur Sache, grob und präzise. Ganz deutlich hier, wie die Antwort die Frage verändert, wie die Verhaltensweisen der Interaktionspartner sich gegenseitig bedingen.

Bei Beckett (Warten auf Godot) fordern die Personen mit Worten ihre „Regieanweisungen“:

Beispiel 6: Landstraße. Ein Baum. Abend.

Pozzo: (Er schaut den Klappstuhl an) Ich möchte mich gerne wieder hinsetzen, aber ich weiß nicht recht, wie ich es machen soll.
Estragon: Kann ich Ihnen helfen?
Pozzo: Vielleicht, wenn Sie mich darum bitten würden.
Estragon: Worum?
Pozzo: Wenn Sie mich bitten würden, wieder Platz zu nehmen.
Estragon: Wäre Ihnen damit gedient?
Pozzo: Ich meine wohl.
Estragon: Also, bitte. Nehmen Sie doch wieder Platz, mein Herr, ich bitte Sie darum.
Pozzo: Nein, nein, es ist die Mühe nicht wert. (Pause. Leiser). Nicht locker lassen!
Estragon: Aber ich bitte Sie, bleiben Sie doch nicht so stehen, Sie werden sich erkälten.
Pozzo: Glauben Sie?
Estragon: Aber gewiss, ganz gewiss.
Pozzo: Sie haben wahrscheinlich recht. (Er setzt sich wieder). Vielen Dank, mein Lieber. Da sitze ich also wieder.

Schließlich Brecht: Missverständnisse, Fehldeutungen, die sinnliche Wahrnehmung durch Bewusstseinsinhalte (Vorurteile?) verfälscht.

Beispiel 7: Das geteilte Wasser

Der Kaufmann: (trinkt heimlich aus seiner Flasche, während der Kuli das Zelt aufschlägt. Zu sich.) Er darf nicht merken, dass ich noch zu trinken habe. Sonst wird er, hat er nur einen Funken Verstand in seinem Schädel, mich niederschlagen. Wenn er sich mir nähert, schieße ich. (Er zieht seinen Revolver und legt ihn in seinen Schoß). Wenn wir nur das vorige Wasserloch wieder erreichen könnten! Mein Hals ist schon wie zugeschnürt. Wie lange kann ein Mensch Durst aushalten?
Der Kuli: Ich muss ihm die Flasche aushändigen, die mir der Führer auf der Station gegeben hat. Sonst, wenn sie uns finden und ich lebe noch, er aber ist halb verschmachtet, machen sie mir den Prozess. (Er nimmt die Flasche und geht hinüber. Der Kaufmann sieht ihn plötzlich vor sich stehen und weiß nicht, ob der Kuli ihn hat trin-

ken sehen oder nicht. Der Kuli hat ihn nicht trinken sehen. Er hält schweigend die Flasche hin. Der Kaufmann aber, in der Meinung, es sei einer der großen Feldsteine und der Kuli, erzürnt, wolle ihn erschlagen, schreit laut auf).

Kaufmann: Tu den Stein weg! (Und mit einem Revolverschuss streckt er den Kuli nieder, als der, nicht verstehend, die Flasche ihm weiter hinhält). Also doch! So, du Bestie! Jetzt hast du's. (Die Ausnahme und die Regel).

6. Interaktion II: Gesellschaft (Geschichte)

In den bisherigen Beispielen könnte Interaktion als ein privates, nur auf wenige Personen bezogenes Ereignis ohne Voraussetzungen erscheinen. Wir überprüfen diesen Eindruck und benutzen dafür ein Beispiel, das Jörg Richard beschreibt und analysiert[27].

6.1 Interaktion als „öffentliches Ereignis"

Beispiel 8: „Kaufladenspiel. Die Kinder spielen Käufer und Verkäufer. Sie wiegen, sie messen, bieten Gegenstände (Waren) an, probieren sie aus, bestellen und bedienen, stellen Rechnungen aus und bezahlen usw.

Sie spielen und üben ... das Kommunikations- und Interaktionsverhalten der Sozialrollen Käufer und Verkäufer.

Tatsächlich verbirgt sich in diesem Spiel jedoch ein viel komplexerer Vorgang. Er muss dem Spielleiter bewusst sein, wenn er durch ein Kaufladenspiel soziales Lernen in Gang setzen will. Zuerst vollbringen die Kinder eine funktionelle Orientierungsleistung: Sie versuchen, die funktionellen Formen des Kauf- und Verkaufsaktes zu erfassen (Handlungsoperationen des Einkaufens; sie üben aber auch zugleich mit der Funktionserprobung die Bezeichnung von Gegenständen und Vorgängen, die Symbolbedeutungen, ein). Zum anderen eignen sie sich im Kaufladenspiel den politökonomischen Charakter von Sozialbeziehungen an, der in unserer Gesellschaft durch den im Kaufakt verborgenen Tausch- und Gebrauchswert von Waren ausgedrückt wird." Jörg Richard resümiert: beim Spiel geht es um die „historisch-konkrete Aneignung von

1. Gegenstandsbedeutungen (Funktion von Gegenständen)
2. Symbolbedeutungen (Funktion von verallgemeinernden Bezeichnungen)
3. Sozialbeziehungen (Interaktionen)
4. Interessen (individuelle und klassenspezifische)."

Er akzentuiert den Bezug des Spiels zur „Wirklichkeit", zum „Erfahrungs- und Lebenszusammenhang" der Spieler, zu ihrem „gesellschaftlichen Bewusstsein, das sich in Spielen und Handlungen formt", zu den „konkreten Handlungsperspektiven" der Spieler.

27 In: „Spiel – Begriff und Erscheinungsformen". Hg. von H. W. Nickel u.a., Berlin 1975, LAG-Materialsammlung 5, S. 85ff.

Ich möchte zunächst außer acht lassen, dass es sich bei der beschriebenen Szene um ein Spiel handelt. Ich möchte die Kaufladensituation an sich noch genauer untersuchen. Dabei können wir davon profitieren, dass Richard in seiner Interpretation den Gesellschaftsbezug von Interaktionen herausarbeitet (dieser Bezug tritt sicherlich auch in allen Beispielen des Kapitels 5 auf, er könnte da jedoch übersehen werden), und dass er den Aspekt des Interesses entwickelt, der bisher gar nicht auftrat.

Andererseits müsste das Kaufladenspiel noch umfassender interpretiert werden; dabei helfen uns Erfahrungen, die wir mit dem Ballspiel (siehe Kap. 5.1) machten. Wir vergleichen also die beiden Interpretationen und ergänzen dabei Richard:

Ganz sicher werden auch im Kaufladenspiel **Körpererfahrungen** wichtig: messen und wiegen, anschauen und anfassen, auf der Zunge spüren und schmecken, riechen und fühlen sind sinnlich-körperliche Erfahrungen, sind Begreifen vor dem Begriff. Erst auf der Grundlage unserer Körpererfahrungen kommen wir zu Gegenstandsbedeutungen, die wir als Erfahrungen der materiellen Umwelt beschrieben. –

Gegenstände, Erfahrungen mit Gegenständen, Bedeutungen von Gegenständen werden in den Symbolbedeutungen der Wörtersprache benannt. Kinder werden sie in ihrem Kaufladenspiel anwenden; sie werden Sprache benutzen und beim Spiel die Kunst der Rede üben. Das Kaufladenspiel ist also auch eine **rhetorische Übung**. –

Gar nicht genannt ist bei Richard der **gruppendynamische Aspekt** des Spiels. Brecht könnte helfen, ihn zu finden. In einem Fragment seines Tui-Romans spricht er von den Geschäftsleuten. „Sie verlangten von den Verkäuferinnen und Sekretärinnen Schönheit; diese gaben oft nahezu ein Drittel ihres Gehalts für Schönheitsmittel aus. Sie schminkten die Lippen rot, damit sie gut durchblutet, und breit, damit sie sinnlich erschienen (merkwürdigerweise erließ man es übrigens den Verkäufern und Chauffeuren, ihre Nasen zu schminken). Da diese Frauen übrigens noch hohe Stöckelschuhe trugen, sahen sie mit ihren hervorstehenden Hinterteilen ständig aus, als verzehrten sie sich nach den Umarmungen der Käufer der Zigarren und Handschuhe und der Chefs." (Über die Kunst des Beischlafs, GW 12, S. 687). Wenn wir uns von einem Automaten bedienen lassen, wird jeder „Kunde" gleich behandelt: Markstück ist Markstück. Nur eine streng normierte Form von Austausch mit der Maschine ist vorgesehen; ich kann höchstens noch mit dem Fuß gegen das Metall treten, wenn die Münze klemmt. Schon die mit der Additionsmaschine verbundene Kassiererin im Supermarkt aber wird zu den Kunden, die sie sieht und mit denen sie umgeht, besondere Beziehungen aufnehmen, wenn auch nur selten oder mit geringer Intensität. In Brechts Luxusladen ist dafür schon mehr Zeit; bei Tante Emma ebenfalls. Bildung, Ausdruck und Klärung von Beziehungen (**Gruppendynamik**) sind also dem Kaufladen nicht fremd. –

Richard fasst sie wahrscheinlich als ein Teil der „Sozialbeziehungen (Interaktionen)“; ich möchte sie deutlicher davon absetzen und noch einmal unterscheiden zwischen den gesellschaftlichen Normvorgaben (den Normen, Gesetzen, Rollen, Verhaltensvorschriften, Tabus – wir hatten diesen Komplex oben als „normierte Umwelt“ bezeichnet) und den innerhalb dieser Normen stattfindenden Wechselbeziehungen, den Interaktionen. Im Beispiel des Kaufladens: vorgesehen sind Kasse, Bezahlen, Scheck, Selbstbedienung oder Bedientwerden, damit Rollen mit zum Teil gesetzlich festgelegten Funktionen; diese Rollen stehen in Wechselbeziehung zueinander und wirken durch Interaktionen aufeinander ein. Aus der Beobachtung der Realsituation Kaufladen kann also der Spielpädagoge **Rollen- und Interaktionsübungen** entwickeln. –

Von Richard nicht extra genannt wird das Moment der Darstellung für Zuschauer, das Moment des Theaters also. Aber es ist leicht einzusehen. Wir verändern unser Beispiel, um es sichtbar zu machen.

Beispiel 8, Variation I: Eine neue Verkäuferin ist eingestellt. Sie weiß noch nicht recht mit den Tüten umzugehen. Die Chefin höchstpersönlich „zeigt“ es ihr: mit besonderer Deutlichkeit, Langsamkeit und Betonung stellt sie für einen Zuschauer die Aktion „Tüte“ dar.

Diese besondere Art der Vermittlung und des Zeigens, dieses konzentrierte Darstellen für einen anderen nennen wir **Theater**, Es ist, wenn auch nur in Andeutung, Bestandteil jeglicher Alltagsinteraktion; in besonderen Situationen tritt es deutlicher hervor; im „Theater“ (den Städtischen Bühnen, dem Schauspielhaus) wird es institutionalisiert. –

Schließlich fehlt bei Richard der Hinweis auf die Vorerfahrungen der Vergangenheit. Wir spezifizieren unser Beispiel noch einmal.

Variation 2: Ein Penner (ein Gastarbeiter, eine besonders kostbar gekleidete Dame) betritt das Geschäft. Der Chef wird aufmerksam: drohend, misstrauisch, besonders freundlich.

Eigene und fremde Erfahrungen (Vorurteile) werden hier sichtbar und wirken sich auf die Interaktion aus: Penner haben kein Geld und wollen nur betteln (also „raus mit ihm!“), Gastarbeiter klauen („auf die Finger sehen!“), Leute mit viel Geld geben viel aus („wo ist der teuerste Konfektkasten!“). **Soziodramatische Übungen** können die Berechtigung solcher Urteile überprüfen. –

Variation 3: Da drängt sich einer der Kunden, geschickt oder unverschämt, vor. Er sagt kein Wort der Erklärung, wird nur ausfallend und frech, als jemand ihn höflich darauf hinweist, dass er noch nicht dran ist.

Vielleicht ist dieser unangenehme Kunde damit beschäftigt, eigene Kindheitserfahrungen psychodramatisch immer wieder neu zu inszenieren; er drängt sich vor, weil er als Kind nur durch solche Regelverstöße auf sich aufmerksam machen konnte. Solange er diese Situation durch **psychodramatische Spiele und Übungen** nicht bearbeiten kann, wird er weiterhin ein Gefangener seiner Vergangenheit bleiben. –

Neu eingebracht wird von Richard der **Aspekt des Interesses**. Es ist unterschiedlich für die am Kauf Beteiligten, so wie sie sich und die Aktion von unterschiedlichen Standpunkten aus auch verschieden benennen: was für den einen ein Kauf, ist für den anderen ein Verkauf; wo der eine einen brauchbaren Gegenstand erwerben möchte, will der andere Geld; für beide ist der Wunsch des anderen nicht sehr wichtig, ja steht dem eigenen entgegen – denn wahrscheinlich würde der Käufer ganz gern sein Geld für sich behalten (und trotzdem die Ware mitnehmen), der Verkäufer das Geld haben und die Ware auch noch einem anderen verkaufen. Zumindest aber will der eine besonders viel einnehmen, der andere möglichst wenig bezahlen. So sind beide aufeinander angewiesen und Rivalen: jede Mark mehr freut den einen, wie sie den anderen schmerzt. Beim Ballspiel tauchte diese Frage des Interesses an der Interaktion nicht auf; naiv gingen wir davon aus, dass beide Spieler gleichzeitig und mit gleich starkem Interesse Ball spielen wollten. Dass das durchaus nicht immer der Fall ist, wissen wir alle aus unserer Erfahrung; Interessen (Antriebe, Wünsche) sind also in jeder Interaktion vorhanden. –

Schließlich der **Aspekt der Antizipation**, der Vorwegnahme zukünftiger Handlungen. Da Richard sein Beispiel als Lernsituation beschreibt (Kinder spielen Kaufladen, um zu lernen), ist bei ihm die Auswirkung auf künftiges Verhalten (der Lerneffekt) in jedem Moment vorhanden. Aber auch in der Realsituation Kaufladen werden, wie in jeder anderen, Erfahrungen gemacht, die künftige Handlungen beeinflussen, werden Interessen gebildet, von denen unsere Zukunft abhängt. Wer sich als Käufer in einem Geschäft wohl fühlte, wird häufiger wiederkommen; wer sich unbedacht am Akt des Kaufens freute, ohne nach dem Nutzen der Ware für sich zu fragen, kann eine Kaufmanie entwickeln und sich die Wohnung mit Gerümpel verstopfen. Wichtig sind also antizipierende Spiele zur Untersuchung künftigen Verhaltens, nach Richard: „Phantasietätigkeit als vorgreifendes Denken für eingreifendes Handeln.“ –

Wir halten einen Augenblick inne, um den Gang unserer Untersuchung bis hierher zu überschauen:

- Spiel-, Theater-. Interaktionspädagogik will Hilfen bereitstellen für das Verhalten in der sozialen Wirklichkeit.
- Wenn im Spiel für das Verhalten in der sozialen Wirklichkeit gelernt werden soll, dann müssen wir wissen, wie Verhalten in der Wirklichkeit aussieht, aussehen könnte, aussehen sollte.
- Wir haben deshalb einfache Alltagssituationen (Ball spielen, einkaufen) genau betrachtet und interpretiert. Dabei fanden wir:

- Körperbewegungen
- Einbeziehung der materialen Umwelt (Richard: Gegenstandsbedeutungen, Funktion von Gegenständen)
- Benutzung von Sprache (Richard: Symbolbedeutungen)
- (emotionale) Beziehungen (Gruppenbeziehungen)
- vorgegebene Verhaltensmuster (Rollen, Normen, „normierte Umwelt")
- Wechselwirkungen (Interaktionen; Richard: Sozialbeziehungen, Interaktionen)
- Interessen (Antriebe, Wünsche; Richard: individuelle und klassenspezifische Interessen)
- darstellende Momente (Theater)
- antizipierende (zukünftiges Verhalten vorwegnehmende) Momente
- rekapitulierende (vergangene Erfahrungen wiederholende) Momente

Auf diese Bestandteile müssten also Spiele und Übungen eingehen, wenn sie zur Bewältigung von Wirklichkeit beitragen sollen.

Ehe wir jedoch die einzelnen Spielformen der Interaktionspädagogik in ihren Erfordernissen und Leistungen charakterisieren können, müssen wir in den von uns genannten Bestandteilen menschlicher Interaktion die historische Dimension noch genauer herausarbeiten, die häufig nur verkürzt als gesellschaftspolitische Dimension in der Form von Einschränkungen bemerkt wird.

6.2 Die historische Dimension: Interaktion und Vergangenheit

Weder die beiden Ballspieler noch Käufer und Verkäufer sind allein und unvermittelt auf der Welt. Sie und ihre Situation sind Ergebnis einer weit zurückreichenden Geschichte; sie sind verknüpft mit einer Vielzahl von Personen. Diese Verknüpfung wurde ansatzweise schon deutlich beim Beispiel 1, wenn der Hauswart auftaucht oder ein Vater, der Forderungen stellt: „Macht Schluss mit eurer Spielerei! Hier wird nicht gespielt! Ihr müsst Schularbeiten machen!"

Noch deutlicher wird die „Verhedderung in Mitmenschlichkeit" (Claessens)[28] bei Jörg Richard, der nicht nur in seiner Analyse den gesellschaftlichen Bezug akzentuiert, sondern auch mit seinem Beispiel näher an einem öffentlichen Ereignis ist: Preise, Großhandel, Produktion, Konsum, Lieferung, Kredit, Tarifvertrag, Kaufvertrag – diese Begriffe sind eng mit den Verhaltensweisen Kaufen -Verkaufen verbunden und deuten auf eine Fülle von gesellschaftlichen Abmachungen und geregelten Zusammenhängen, die nicht von jeher („natürlich") so bestanden, son-

28 In: Klewitz/Nickel: Kindertheater und Interaktionspädagogik, Stuttgart 1972, S. 33.

dern sich historisch entwickelten. Dem entsprechend haben die Personen, die in der Kaufsituation noch auftreten könnten (Chef, Kollege, Geschäftsführer, Lieferant, Gerichtsvollzieher, Steuerfahnder) ziemlich genau bestimmte Funktionen, die zum guten Teil in Gesetzen und Verträgen formuliert und beschrieben sind.

Allgemein gesagt: Interaktionen finden nicht in geschlossenen Systemen statt; sie beruhen auf vorläufigen Entwicklungen von Welt und Menschheit, sind durch mannigfache Bindungen zur Erd- und Gesellschaftsgeschichte charakterisiert und geordnet durch eine Fülle von stillschweigenden oder ausformulierten Abmachungen und Verabredungen.

Auf jede an einer Interaktion beteiligte Person richten sich also relativ genau zu beschreibende Erwartungen, über die in einem zu bestimmenden Maße Einverständnis besteht; die öffentliche Aufgabe, die die Person übernommen hat, ist ihr selbst und den anderen Interaktionsteilnehmern als ein Erwartungsfeld, als ein Bündel von Erwartungen gegenwärtig. Wenn jemand einen Laden betritt, so wird man von ihm erwarten, dass er als Käufer kommt; wer hinter einem Ladentisch steht, muss sich sehr deutlich distanzieren, wenn er nicht als Verkäufer angesehen werden soll. Diese Tatsache der gegenseitigen Erwartungshaltungen versucht die Soziologie mit der soziologischen Rollentheorie zu beschreiben; sie hat sich als eine brauchbare Darstellungsweise weithin durchgesetzt. Im Kap. 3 wurde die soziologische Theorie genauer dargestellt, zum Theater in Beziehung gesetzt und darauf hingewiesen, dass die „Rolle im Theater schon immer Kennzeichen der soziologisch reflektierten Rolle enthielt und sie in modellhaft verdichteter Form verdeutlichte“ (vergl. S. 37).

Marx sah als Wurzel der Abhängigkeitsverhältnisse sozialer Gruppen die Eigentumsverhältnisse; nach seiner Analyse beruht die Verfestigung zwischenmenschlicher Beziehungen zu sachlichen Zwängen (zu Rollen, Normen und Gesetzen) auf dem Produktionssystem. Bewusste und vernünftige Vergesellschaftungsformen können erst dann bestimmt werden, wenn es zur Ablösung von diesen „Sachgesetzlichkeiten“, zur Änderung der Produktionsverhältnisse durch eine „freie Assoziation der Produzenten“ gekommen ist. Marxisten fürchten deshalb vielfach im Rollenbegriff der Soziologie eine Verschleierung der gesellschaftlichen Abhängigkeiten und akzeptieren ihn nicht gern. Auf keinen Fall aber darf vergessen werden, dass Rollen nicht in der Natur erwachsen sind; sie stellen gesellschaftlich definierte Erwartungsfelder dar, die von der Gesellschaft wiederum unterschiedlich bewertet und auch entlohnt werden (mit Geld, Ansehen, Verfügungsmacht). Sie können und müssen also auch ständig auf ihre Brauchbarkeit und ihre Rechtlichkeit überprüft werden. So wie sich gesellschaftliche Erwartungen im Lauf der Geschichte verändert haben, so müssen sie auch der jeweils überprüfenden Revision offen sein. Kehren wir noch einmal zu unseren Beispielen zurück: die Ballspieler werden es verhältnismäßig leicht haben, die Regeln ihres Spiels zu überprüfen und (bei Nichtgefallen) zu verändern (wir kullern jetzt nur noch den Ball; wir schießen; wir erfinden ein neues Ballspiel, bei dem man erst werfen darf, wenn man ein Reimwort gefunden hat) – für Käufer und Verkäufer wird es sehr viel schwieriger sein, sich auf andere Regeln zu einigen (etwa zum Tauschhandel zurückzukehren oder die kostenlose Selbstbedienung einzuführen): je mehr Personen und Faktoren an einer Interaktion beteiligt sind, umso komplizierter wird der Weg zu neuen Vereinbarungen.

Es wäre aber zu kurz gegriffen, historische Entwicklungen nur im Bereich der Normen, der gesellschaftlichen Festlegungen zu sehen – jeder Bestandteil menschlicher Interaktion ist Ergebnis einer (verschieden langen) Geschichte:

Die **materiale Umwelt** formte sich in der Erdgeschichte; Geologie, Geographie, Physik, Chemie, Astronomie untersuchen ihren Wandel, ihre Wandlungsmöglichkeiten, ihren gegenwärtigen Zustand; Technik heißt die Summe der menschlichen Verhaltensweisen gegenüber den Dingen, die uns umgeben.

Unser **Körper** mit seinen Schwächen und Chancen ist Ergebnis einer langen Geschichte des Lebens; Anthropologie, Biologie, Medizin untersuchen diesen Prozess.

Auch die **Sprache** hat niemand von uns selbst erfunden. Wir benutzen ein Instrument, das in Jahrtausende langer Entwicklung durch Generationen von Benutzern hergestellt wurde, beruhend auf den körperlichen Grundlagen, geformt in der menschlichen Geschichte, untersucht von Linguistik, Sprach- und Literaturgeschichte.

Auch die Möglichkeiten der **Interaktion** haben ihre Begründung einerseits in dem körperlichen Vermögen, andererseits sind sie in ihren Regeln und Normen das Ergebnis gesellschaftlicher Überformung und Entwicklung. Wie weit beispielsweise Gruß- und Beschwichtigungsgebärden in die vormenschliche Entwicklung zurückreichen, wird jetzt erst von der Ethologie (Verhaltensforschung) untersucht.

Wie sich die **Normen**, deren historische Bedingtheit wir oben schon genauer erläuterten, mit dem Menschen entfalten, ist Thema der Geschichte, der Vor- und Frühgeschichte, der Kulturgeschichte, der Politologie und der Philosophie (Ethik). Religionsgeschichte und Mythologie befassen sich mit den Gesetzkatalogen und Norm-Erzählungen vorwissenschaftlicher Epochen.

Interessen und **emotionale Beziehungen** des einzelnen schließlich bilden sich in der individuellen Entwicklung (Lebensgeschichte, Biographie), aber auch sie ruhen auf biologischen Grundlagen (etwa dem Hormonhaushalt) und gesellschaftlichen Ausarbeitungen: wir fühlen so, wie wir andere fühlen fühlen und wie wir gelernt haben zu fühlen; wir sehen so, wie wir andere sehen sehen und wie wir lernen zu sehen.

Auch **antizipierende und rekapitulierende Momente** der Interaktion sind historisch entwickelt: auf körperlicher Grundlage (Grenzen der Erinnerungsfähigkeit und der Phantasie durch Nerven und Gehirn) kulturell überformt (Tabus verdrängen, was nicht erinnert werden soll; Phantasien werden erlaubt oder verfolgt, als kreativ gefördert oder als schmutzig verpönt).

Sichtbar sollte in unserer knappen Auflistung zweierlei werden:
- Jeder Interaktionsbestandteil hat eine historische Dimension, die, mehr oder weniger weit, in die Vergangenheit zurückreicht.
- Eine Fülle von Bezugswissenschaften ist nötig, um menschliches Verhalten zu erklären. Damit ist zugleich gesagt, dass diese Bezugswissenschaften auch für Spiel und Theater wichtig sind (vergl. die Zusammenfassung „Interaktionspädagogik und Bezugswissenschaften", S. 169)

6.3 Die kreative Dimension: Interaktion und Zukunft

Wenn eine historische Entwicklung aus der Vergangenheit bis zur Gegenwart führte, dann stellt sich unausweichlich die Frage nach der Zukunft. Entwicklung kann ja nicht einfach aufhören; Gegenwart ist nicht abgeschlossen; Handlungen von heute werden morgen Folgen haben. Zwar können wir die Entwicklungsgesetze noch nicht formulieren: Darwin lieferte nur Teilerklärungen für die Biologie, anderes können wir uns durch Mutationen erklären. Für die Erdgeschichte hilft das Studium der Ablagerungen und der Vergleich mit fernen Gestirnen. Für die Geschichte bieten uns die Historiker vielerlei widersprechende Aussagen an, umfassende Erklärungen sind geschichtsphilosophische Spekulationen geblieben (Marx, Spengler, Toynbee).

Klar ist aber: bisher „passierte" Entwicklung, sie wurde vom Menschen in ihrer Dynamik nicht erkannt, nicht gesteuert, nicht bewusst geplant. Seit einigen Jahren erst unternimmt die Futurologie kontrollierte Versuche, Entwicklungstrends zu erkennen, mögliche Entscheidungsfreiheiten auszumachen, begründete Zielprojektionen zu ermöglichen. Für die Realisierung verweist sie auf politische Entscheidungen. Gegenüber fatalistischer Resignation ist also dezidiert festzustellen:
- Die Entwicklung der Zukunft ist nicht zwangsläufig.
- Sie ist nicht einfach abzulesen.
- Sie beruht auf Fakten, die wir akzeptieren müssen (und von denen wir erst einige genauer kennen); sie beruht aber auch auf Entscheidungen, die wir treffen können.

Der Offenheit des Menschen entsprechend ist auch seine Entwicklung offen. Mögliche Entwicklungen aber können im Experiment simuliert werden: rechnerisch durch den Computer (Wie wirkt sich steigender Energieverbrauch aus? Was geschieht, wenn die Ölvorräte knapp werden?) – auf menschliches Verhalten bezogen durch das Verhalten erprobende Spiel.

Schlecht wäre es also, wenn auch beim Spielen menschliches Verhalten nur einfach übernommen, imitiert, nachgeahmt würde (wie das vielfach im spontanen

Kinderspiel geschieht), wenn wir die Freiheit des Spiels nicht dazu nutzen würden, uns von Vorhandenem zu distanzieren, Neues zu erproben, Altes fragwürdig zu machen und zu untersuchen.

Freilich verlangt ein solches kreatives Umgehen mit menschlichen Verhaltensweisen eine besondere psychische Disposition, die sich durch Ichstärke, Angstfreiheit, Offenheit auszeichnet, um die Distanz zu Rollen, Normen, Systemen aushalten zu können. „Das Ausmaß, in dem ein Mensch ungestört kreativ sein kann, hängt zum großen Teil davon ab, ob er seine Identität (Erikson, 1959) gefunden hat, ob sein Ich klischiertes Denken der Sekundärprozesse aufgeben kann und es wagt, ein Stück unstrukturiertes Gebiet unbewusster oder vorbewusster Bereiche zu entdecken und gleichzeitig dabei in der Lage ist, das Geflecht seiner mitgebrachten Vorurteile zu reorganisieren, ohne sich dabei selbst zu verlieren.“[29]

Erste Aufgabe eines Spielleiters wie die eines Erziehers wie die eines jeden, der an einem menschlichen Umgang interessiert ist, müsste es also sein, ein Klima von Angstfreiheit und Experimentierfreude zu schaffen; zwar ist damit noch kein Problem gelöst, wohl aber die notwendige Grundlage geschaffen, um Problemlösungen erspielen, erproben, erdenken zu können. In einem zweiten Durchgang ließe sich dann auch die Übertragung von Lösungen auf die Wirklichkeit im Spiel simulieren und überprüfen; das könnte uns vor mancher kurzschlüssigen Aktion, die vom Gedanken (oder gar gedankenlos) sofort zur Ausführung kommt, bewahren.

6.4 Interaktionsveränderung und Normdiskussion

Bei genauerer Analyse von Interaktionen stoßen wir, auch außerhalb des Spiels, ab und an auf Situationen, in denen Normen in Frage gestellt, angegriffen, verteidigt, diskutiert werden, in denen sie als Ergebnis solcher Auseinandersetzungen schließlich verändert werden.

Ich meine also nicht die Diskussion über unser Verhalten (oder unsere Interessen) in einer durch Normen festgelegten Situation („Ich möchte jetzt nicht weiter spielen, sondern lieber schlafen!“. Oder: „Kann ich diesen Stoff auch noch billiger haben?“); ich meine auch nicht die Diskussion über unser Verhalten oder unsere Interessen vor zwei oder mehreren verschiedenen Verhaltensweisen, die jeweils durch Normen bestimmt sind („Sollen wir jetzt Schach spielen oder Ball? Oder vielleicht zum Schwimmen gehen?“ „Sollen wir heiraten – oder sollen wir uns endgültig trennen?“). Ich meine die Diskussion über mögliche Normen bei der gemeinsamen Suche nach neuen Normen oder bei der gemeinsamen Erprobung neuer

29 G. Ammon: Gruppendynamik der Kreativität, 1972, S. 25ff.

Normen; ich meine die Aufkündigung bestehender Normen und ihren Ersatz durch veränderte Normen: ich meine die einen neuen Grund legende Veränderung von Verhältnissen durch neue Regeln.

Dieser Wechsel kann sehr dramatisch verlaufen, mit Konflikten und großem Einsatz und für alle Beteiligten bewusst und offen (vergl. die Beispiele aus der Literatur II). Er kann sich aber auch als Ergebnis vieler kleiner Veränderungen einfach einstellen; das lässt sich etwa bei der Mode oder bei Veränderung von Essgewohnheiten beobachten. Aber auch bei diesen unbeachteten Prozessen sollte man sich nicht täuschen: wie viele Tragödien gab es etwa, als die Söhne ihre Haare lang wachsen ließen; welche Summen investierte die Werbung, um eine neue Rocklänge oder Trinkgewohnheit zu etablieren. Auch in diesen Bereichen könnte wahrscheinlich eine offene Normdiskussion nicht schaden. – Halten wir fest:

- Normen ändern sich, ob mit oder ohne offene Diskussion.
- Offen diskutierte Normenveränderung unterwirft sich wiederum normativen Regeln: Schiedssprüchen, gesetzlichen Urteilen, den Regeln von Gespräch und Diskussion.

Häufig aber werden Normen nicht friedlich geregelt, im grundsätzlichen Einvernehmen gesetzt.

6.5 Interaktion und Macht

Zeigt sich in Interaktionen oder gar bei Normendiskussionen die Gefahr, dass ich meine Interessen nicht genügend oder gar nicht einbringen kann, so bleibt mir der Ausweg, mein Verhalten mit Gewalt durchzusetzen, meine Normen zu diktieren. „Schluss der Diskussion!“, sagt dann die Mutter: „So wird es gemacht!“ – „Halten Sie den Mund!“, sagt der Polizist. „Ab ins Gefängnis!“ – „Nur keine Umstände!“ sagt der Gangster und schießt.

Sprache stellt uns eben nicht nur Fragen und Aussagen bereit, sondern auch Befehle; Ohren lassen sich verschließen; Hände als Faust benutzen, die das Gegenüber erschlägt und in einen toten Gegenstand verwandelt, nur noch Körper (Objekt), unfähig zur Kommunikation.

Als vorweggenommener Tod ist die Verwandlung von Menschen in Gegenstände, ihre Verzweckung und Objektivierung, ist der Verzicht auf Interaktion und Kommunikation, ist der Ersatz von Gespräch und Austausch durch Befehl und Berechnung immer möglich. Marx hat diese Entwicklung unter dem Stichwort „Entfremdung“ eindrücklich beschrieben. Der Mensch verliert seine Beziehung zur Arbeit, zur Gesellschaft und zu sich selbst, weil er in Entscheidungen und Abläufe nicht mehr einbezogen wird und sie nicht mehr versteht. Gefühle von Machtlosigkeit, Sinnlosigkeit und Isolierung entstehen, der Mensch wird zum Fremden, sich selbst, den anderen und der Welt gegenüber. Claessens hat in seinem Buch „Rolle und Macht“ die enge Verbindung von Rollensystemen mit Macht dargestellt. Er hat eine Dimension gesellschaftlichen Lebens herausgearbeitet, die bei den ersten Rollentheoretikern (etwa bei Parsons) vergessen wurde; sie wollten vor allem zeigen, warum Gesellschaft so ordentlich und harmonisch funktioniert. Inzwischen sind wir sensibler für Konflikte geworden; wir denken bereitwilliger auch an die, die sich im gesellschaftlichen Leben kaum zu Wort melden (oder meldeten), und wir setzen nicht stillschweigend voraus, dass sie schon zufrieden sind, weil sie nichts sagen. Inzwischen sehen wir auch die positiven Funktionen von Konflikten genauer, „das heißt, jene Konsequenzen des sozialen Konflikts, die eher ein Fortschreiten als einen Rückgang in der Anpassung bestimmter sozialer Beziehungen oder Gruppen zur Folge haben. Weit davon entfernt, nur ein ‚negativer‘ Faktor zu sein, der ‚alles auseinanderreißt‘, vermag der soziale Konflikt eine Reihe von bestimmten Funktionen in Gruppen und in anderen zwischenmenschlichen Beziehungen zu erfüllen.“[30] Erst wenn es „keine oder nur eine ungenügende Tolerierung und Institutionalisierung von Konflikt gibt“, „neigt Konflikt dazu, für eine soziale Struktur dysfunktional zu sein ... Was das Gleichgewicht einer solchen Struktur bedroht, ist nicht der Konflikt an sich, sondern die Starrheit selber, die die Aggression sich anstauen lässt und – bricht der Konflikt dann aus- sie geradewegs diese Struktur zerbrechen lässt.“[31] Es ist dann die Macht, die zur Zerstörung von Systemen führt, nicht die Diskussion.

Resümieren wir mit Claessens: „Wichtig sind:

- Die Herausarbeitung des ‚Sur-plus‘ der Unterwerfung, das traditionale und dann ‚bürgerliche‘ Rollen erst ‚macht‘.
- Die Verbindung von ‚Schicksal‘ und ‚Rolle‘, die Zuteilung von Schicksal durch Zuteilung aus dem möglichen ‚Rollenreservoir‘ der Gesellschaft, die Erweiterung des Rollenreservoirs durch abnehmende ‚Kargheit der Mittel‘.
- Die Rollen-Zurücknahme als Zurücknahme der Macht, die Chance der Autonomie aus der Entmachtung traditioneller Rollenzuteilung.
- Die frei entschiedene Übernahme neuer Rollen in und zu Gruppenstrukturen, die konfliktfähig machen.
- Die Verlagerung der Freude an der Handlung vom Erfolg in den Vollzug – als menschliche Chance ...
- (Insgesamt:) Der Ausblick geht von der Rollenunterwerfung zur Möglichkeit der ‚Rolle auf Zeit‘, der Vertragsrolle.“[32]

30 Lewis A. Coser: Theorie sozialer Konflikte, Luchterhand 1965, Vorwort.

31 Coser, S. 186..

32 Claessens, Rolle und Macht, München 1968, Vorwort zur 2. Auflage

Wichtig wäre, dass schon Kinder das Verhältnis von Freiheit und Bindung, von Konflikt und Diskussion, von Macht und Herrschaft erfahren, damit sie die rationale Auseinandersetzung lernen können, so wie sie mit ihren Interessen an die Gesetze der materialen Umwelt und die Normen der Gesellschaft stoßen. Sie sollten nicht Macht und Ohnmacht lernen, sondern das Aushalten von Konflikten in offener Diskussion.

Fassen wir das Ergebnis unserer bisherigen Untersuchung noch einmal zusammen, um die mehrfache Verschränkung von Interaktionsverhältnissen (A mit B, A mit Gesellschaft, B mit Gesellschaft) deutlich zu machen:

- Nicht ein einzelner tritt einem einzelnen gegenüber,
- auch nicht A-beeinflusst-von-B steht vor B-beeinflusst-von-A,
- sondern A-(gebildet-aus-Gesellschaft)-(beeinflusst-von-B) trifft auf B-(gebildet-aus-Gesellschaft)-(beeinflusst-von-A) in einer gesellschaftlich-historisch gebildeten Situation, die sie beide für sich definieren.
- Die Erfahrung aus dieser Begegnung wird nicht ‚objektiv‘ aufgenommen, sie trifft nicht auf eine tabula rasa, auf das unbeschriebene Blatt Gedächtnis, sondern sie wird eingepasst in ein durch andere Erfahrungen vorgeprägtes Raster.
- Viele dieser Erfahrungen haben wir nicht selbst gemacht; wir bekommen sie, zum Beispiel durch Sprache, von anderen übermittelt.
- Nichtsdestoweniger wird jede Erfahrung die weiteren Erfahrungen unserer Zukunft und unser weiteres Verhalten in der Zukunft mitbestimmen.
- In dem in jedem einzelnen Bestandteil historisch vorgegebenen und gesellschaftlich überformten, sich wechselseitig beeinflussenden Verhalten der Interaktionspartner
  - finden Wechselwirkungen auf verschiedenen Kanälen statt (Interaktionen),
  - wird insbesondere der Körper benutzt und bildet sich,
  - wird Sprache benutzt und bildet sich,
  - werden (von der Natur vorgegebene und durch Gesellschaft veränderte) Gegenstände benutzt und dabei verändert,
  - werden (gesellschaftlich entwickelte) Normen benutzt und verändert (Normen erfüllt und Normen gesetzt),
  - bilden sich Emotionen (ab),
  - bilden sich Interessen (ab),
  - wird dargestellt und wird Darstellung entwickelt,
  - wird gelernt und wird Lernen gelernt,
  - finden Anpassungen und Emanzipationen statt: Vergangenheit wird wiederholt, Zukunft wird vorherbestimmt.

6.6 Innere Abbildung und pathologische Interaktionen

Wir müssen noch eine letzte Erweiterung unserer Beschreibung von Interaktionen vornehmen: Menschen wissen, dass sie miteinander umgehen – die beiden Ballspieler wissen, dass sie Ball spielen; Käufer und Verkäufer wissen, dass sie sich in einem Laden aufhalten. Auch wenn ihnen dieses Wissen nicht in jedem Augenblick voll bewusst ist; sie könnten sich daran erinnern. – Interaktionen haben also auch eine innerpsychische Entsprechung; jeder Interaktionspartner hat ein inneres Abbild der Interaktion.

Wir verdeutlichen das Gemeinte an den Interessen. Sie lassen sich beschreiben als innere Vorgriffe eines antizipierenden Denkens und/oder Fühlens. Frustrationen wären dann die Erfahrungen von Hindernissen und Grenzen, wenn das Interesse sich in der Wirklichkeit umsetzen, wenn es sich verwirklichen will. Ich stoße auf andere Menschen, die schon genommen haben, was ich eigentlich wollte (im Schaufenster hängt das Schild „Ausverkauft“); ich erfahre unangenehme Bedingungen, die an von mir erwünschte Handlungsziele geknüpft sind; ich erstrebe das Ziel, die Bedingung stößt mich ab (der Preis einer Ware erscheint mir zu hoch); endlich erlebe ich grundsätzliche Unerfüllbarkeit meiner Wünsche (vielleicht möchte ich ganz für mich allein einen Menschen haben, der keine eigenen Wünsche hat).

Von diesen Erfahrungen bleiben aber die Interessen, die inneren Bilder, nicht frei. Häufig bilden sie sich gar nicht erst, weil mir ihre Verwirklichung unmöglich scheint – ich habe die Frustration vorausgenommen. Auch in diesem Fall gilt also: Interessen sind nicht ein für allemal gegeben, nicht vorbestimmt, sie bilden sich im Lauf unseres Lebens; sie können subjektiv (nur im „eingebildeten“ Interesse liegen) und objektiv sein (in meinem „wahren“ Interesse); sie können pathologisch, Leiden verursachend, und nützlich sein; ich kann sie lernen und verlernen.

Wir hatten die Interessen als ein Beispiel zitiert für die inneren Bilder, die jeder von den Interaktionen besitzt und die unsere Wahrnehmung der Interaktion stark bestimmen. Das gilt nun nicht nur für die Interessen, nicht nur für unsere Gefühle, sondern für die Interaktion insgesamt.

Wie kompliziert dieser Vorgang ist, hat Ronald D. Laing unter dem Begriff „Interpersonelle Wahrnehmung“ herausgearbeitet: „Mein Erfahrungsfeld indes ist nicht nur von meinem direkten Bild von mir selbst (ego) und dem der anderen (alter) ausgefüllt, sondern auch von etwas, was wir als Metaperspektive bezeichnen wollen: Mein Bild von dem Bild, das sich die anderen von mir machen.“[33]

Verdeutlichen wir dieses Verhältnis noch einmal an unserem Kaufladenbeispiel: Wenn ich weiß (oder zu wissen glaube), dass mich der Geschäftsmann für einen großzügigen, versierten und kauffreudigen Käufer hält, dann werde ich mich wahr-

33 Laing, Interpersonelle Erfahrung, Frankfurt Suhrkamp 1973 S. 14.

scheinlich beeilen, diesem Bild auch zu entsprechen; zumindest werde ich mich von diesem vermuteten Bild beeinflussen lassen.

Unnötig zu sagen, dass dieses Bild durchaus nicht der Vorstellung entsprechen muss, die sich der andere von mir macht. Wirksam ist es trotzdem. Auch wenn wir unbewusste und verdrängte Motive nicht berücksichtigen, „der Mensch handelt und reagiert nicht in erster Linie, wie es der Wirklichkeit, sondern wie es seiner geistigen Vorstellung von der Wirklichkeit entspricht.“[34] Soziale Überzeugungen bringen also soziale Realitäten hervor; Prophezeiungen erfüllen sich selbst; wer etwas auch unbegründet für real hält, wird daraus reale Konsequenzen ziehen. In Andorra beschreibt Max Frisch, wie ein Junge durch eine Lüge seines Vaters zum Juden wird und alle Konsequenzen leidet, die ihm aus dieser Zuschreibung erwachsen; er „wird“ zum Juden. Wir halten fest:

- Wenn Interaktion ein so komplexes Ereignis ist, wenn sich auch (falsche) Vorstellungen von Interaktion in der Interaktion auswirken, dann ist leicht einzusehen, dass es zu vielfachen Störungen von Interaktionsprozessen kommen kann und kommt.
- Um so wichtiger wird es, kontrollierte Erfahrungen im Bereich der Interaktion zu ermöglichen und unser Verhalten gezielt zu verändern.

Fritz leitet aus den Störungen noch einmal die Notwendigkeit der Interaktionspädagogik her. „Wir müssen in dieser Gesellschaft, um uns zu verstehen (uns selbst und die anderen in unseren Beziehungen) und die Welt, unsere Sprache ordnen. Erst über die Sprache werden wir uns unserer selbst bewusst. Durch das Ordnen der Sprache wird unsere psychische Welt, wie auch die Welt, die wir mit den anderen Menschen teilen, verständlicher und erschließt sich unserem ordnenden Zugriff. Die sprachliche Ordnung ist aber zerrüttet. In der Neurose ist der Mensch abgetrennt von dem, was er meint. Das was er sagt, muss erst in einem langwierigen Prozess der sprachlichen Rekonstruktion mit dem, was er meint, verbunden werden. Der pathologische Fall der Neurose ist in seiner Art aber nicht die Ausnahme, sondern die Regel. Die Menschen verstehen einander nicht mehr in den Interaktionen. Sie ‚sagen‘ etwas anderes, als sie ‚meinen‘, nicht weil sie böswillig oder unzulänglich sind, sondern weil sie ‚Gesetzen‘, Verhaltenswahrscheinlichkeiten unterliegen, die sie nicht durchschauen können, weil sie das Interaktionssystem nicht beherrschen, sondern von ihm ‚blind‘ beherrscht werden. Folgendes Beispiel bildet nicht einen pathologischen Ausnahmefall, sondern ist ‚alltäglicher‘ Befund in der Interaktion:

Eine Frau entdeckt zufällig in einem Geschäft eine Kommode in der Art, wie sie und ihr Mann sie immer schon haben wollten. Sie kauft dieses Möbelstück und handelt sich dafür Ärger mit ihrem Mann ein, der ihr heftig vorwirft, ohne sein Ein-

34 Delbert Barley, Grundprobleme der Soziologie, Luchterhand 1975, S. 21.

verständnis ein teures Möbelstück erworben zu haben. Im weiteren Verlauf stellt sich heraus, dass der Mann eigentlich nichts gegen den Kauf der Kommode hat – im Gegenteil: Er hätte sie auch gekauft, wenn er sie gesehen hätte.

Warum also der Streit? Die beiden Eheleute streiten eigentlich gar nicht um die Kommode, sondern um die **Definition ihrer Beziehung**; sie streiten sich darum, ob die Frau zu spontanen Einkäufen berechtigt ist, auch wenn das ausdrückliche Einverständnis des Mannes nicht vorliegt. Das ist den beiden bei ihrem Streit zunächst gar nicht klar. Da sie ihr Interaktionssystem nicht beherrschen, sondern von ihm ‚blind' beherrscht werden, ‚reiben' sie sich. Viele Beziehungen sind eine lange, leidvolle Kette solcher und anderer ‚Sprachzerstörungen', undurchschauter Abhängigkeiten, fehlender Kenntnisse über die Interaktion und die Handhabung angemessener Interaktion. Unsere Sprache ist stigmatisiert durch bestimmte Arten der Herrschaft des Menschen über den Menschen, der gegen den Menschen sich verselbstständigten bürokratischen Organisationen und der vielfältigen Formen der Manipulation. Wenn wir unsere ‚eigene' Sprache sprechen, sprechen wir auch die Sprache unserer Herren, Wohltäter und Werbetexter. Wir sind in unserer Sprache, unserem Verhalten ‚Gesetzen' unterworfen, die wir nicht durchschauen. Dabei handelt es sich beileibe nicht um ‚ewige Gesetze', allenfalls um Verhaltenswahrscheinlichkeiten, die durch die konkrete gesellschaftliche Situation hervorgerufen sind. Im ‚Gefängnis' einer sich gegen uns verselbstständigten Sprache, die sich ‚blind' durch uns hindurch realisiert, können wir nicht mehr sagen, was wir meinen, können unseren Interaktionspartner nicht mehr verstehen. Wir wollen es vielfach auch gar nicht mehr, seine Funktion für uns genügt uns. Der Mensch nimmt so für uns ‚Warencharakter' an.

Bei Berücksichtigung dieser Befunde entsteht die außerordentliche Bedeutung einer Pädagogik, zu deren Zielsetzung es gehört, Sprache zu ordnen, um Menschen zu sich selbst und zu ihrem Meinen zurückzuführen. Interaktionspädagogik bietet allgemein die Möglichkeit, zerstörte Sprache zu rekonstruieren, bzw. unverzerrte Sprache in der Interaktion zu entwickeln, Unbewusstes, Ungewusstes, Undurchschautes, Dysfunktionales abzubauen und den Beteiligten zu ermöglichen, sich in ihren Abhängigkeiten und Bestimmtheiten zu erfahren."[35]

Fritz schreibt in seinem Text nur von der verbalen Sprache; wir sollten die Aussagen jedoch übertragen. Zwar ist die verbale Sprache unser am weitesten ausgearbeitetes Signalsystem; wir haben jedoch mehrere solcher Systeme. Die anderen aber sind kaum weniger anfällig, kaum weniger zerstört. Auch unsere Gesten brauchen die Klärung, die Verbindung mit der Wirklichkeit.

35 Fritz, Interaktionspädagogik, S. 15f.

Ich schlage also vor, den Text von Fritz so zu lesen, dass von jeder Art von Austausch die Rede ist. Dann wird zum einen die Schwierigkeit deutlich, dic eigentliche Störung auf der jeweils richtigen Ebene in der jeweils betroffenen Sprache auszumachen und mit den geeigneten Maßnahmen anzugehen (dass dazu verbale Belehrung nicht ausreicht, dürfte schon jetzt klar sein), zum anderen erkennen wir die Chance, das jeweils Gute eines Kanals zu benutzen, um die Defekte eines anderen Kanals aufzuarbeiten. Wir können also ausweichen, um der Sprachzerstörung zu begegnen. Wir können viele Spiele und Übungen benutzen, um Interaktionen zu erfahren.

Was sie sind, habe ich, in immer wieder neuen Ansätzen, in diesem und dem vorigen Kapitel zu erläutern versucht. Zum Abschluss dieser Erläuterungen noch einmal einige Beispiele aus der Literatur; sie beziehen sich jeweils auf den besonders wichtigen Bereich der Diskussion von Normen.

6.7 Beispiele aus der Literatur II: Normdiskussionen

Auch das Verhalten des Menschen zu seinen Göttern wird über Normen geregelt. Den besonders dramatischen Moment des Normenwechsels berichtet eine alte Erzählung.

Beispiel 9: Und als die kamen an die stet | die jm Gott saget | bawet Abraham daselbs einen Altar | und leget das holtz drauff | Und band seinen son Jsaac | legt jn auff den Altar oben auff das holtz | Vnd recket seine Hand aus | vnd fasset das Messer | das er seinen son schlachtet.

Da riff jm der Engel des HERRN vom Himmel | vnd sprach | Abraham | Abraham | Er antwortet | Hie bin ich. Er sprach | Lege deine hand nicht an den Knaben | und thu jm nichts | Denn nu weis ich | das du Gott fürchtest vnd hast deines einigen Sons nicht verschonet | vmb meinen willen. Da hub Abraham seine augen auff | vnd sahe einen widder hinder jm | in der Hecken mit seinen Hörnern hangen | Vnd gieng hin | vnd nam den Wider | vnd offert jn zum Brandopffer an seines Sons stat (1. Mose, 22, 9ff., Luther-Übersetzung).

In der Geschichte von Abraham und Isaak wird die Ablösung der Menschenopfer durch Tieropfer erzählt. Sie dokumentiert damit einen wichtigen Entwicklungsschritt der Religionsgeschichte und macht eine abstrakte Regel durch eine dramatische Handlung verständlich. Bei Jeremia (32, 30ff.) wird die Ablösung der dem Moloch geweihten Menschenopfer durch ein Gebot des Herrn gefordert:

Die Kinder Israel haben mich erzürnet | durch jrer hende werck | spricht der HERR … Sie haben die Höhen des Baals gebawet | das sie jre Söne vnd Töchter dem Moloch verbrenneten | da von ich jnen nichts befohlen habe | vnd ist mir nie in sinn komen | das sie solchen Grewel thun sollten.

Die griechische Tragödie „Die Eumeniden“ reflektiert eine Normenveränderung ebenfalls im Bild der Ablösung alter Götter durch neue. Sie werden aber nicht einfach entmachtet, sondern in veränderte Funktionen eingesetzt: aus Rachegottheiten (Erinnyen) werden sie zu Segenspenderinnen (Eumeniden). Das entspricht dem Normenwandel in Athen: auch hier wurde die immer nur neues Unheil heraufbeschwörende persönliche Rache eines Geschädigten durch die Rechtsprechung eines öffentlichen Gerichts ersetzt. Diese offizielle Instanz soll in Zukunft allein zur Verfolgung von Straftaten berechtigt sein, das Faustrecht des einzelnen wird ersetzt durch öffentliche Abstimmung und kodifiziertes Recht.

Beispiel 10:

Chor der Erinnyen: O ihr neueren Götter,
Die alten Gesetze,
Ihr tratet sie nieder,
Entwunden sind sie der Hand …
Athena: O hört mich, tragt das Urteil ohne Zorn
als Unbesiegte …
Chor der Erinnyen: O ihr neueren Götter,
Die alten Gesetze,
Ihr tratet sie nieder,
Entwunden sind sie der Hand!
Der Würden beraubt,
Mit bitterem Grimm,
Send ich auf diese Erde, weh!
Zum Lohn für das Leid
Gift, o Gift, das dem Herzen entquillt,
Tropfen, den Boden vertrocknend …
Athena: Ganz unermüdlich rede ich dir zu,
Dass nie du sagst, es sei der alte Gott
Vom neuen und den Bürgern meiner Stadt
Ungastlich, ehrlos aus dem Land gejagt...
Chorführerin: Herrin Athena, welches ist mein Sitz?
Athena : Ein Ort des tiefsten Friedens. Nimm ihn an!
Chorführerin: Es sei! Und welches ist mein neues Amt?
Athena: Dass ohne deine Kraft kein Haus gedeiht.
Chorführerin: Und du verleihst mir diese große Macht?
Athena: Nur wer dich ehrt, steht unter meinem Schutz …
Chorführerin: Und welchen Segen sing ich auf dein Land?
Athena: Stimm an den Segen eines reinen Glücks! …
Chor: … Der ewig nur Unheil begehrende Aufruhr,
So fleht mein Gebet,

Möge niemals durchtoben die friedliche Stadt!
Hat der Staub schon getrunken
Dunkles Blut seiner Bürger,
Soll er niemals begehren
In den Stürmen der Rache
Die vergeltende Tat! …

Athena: Der Gute, er findet das gute Wort,
Das zum Ziele führt:
Aus den furchtbaren Augen der grimmigen Schar
Fällt nun frohes Glück auf die Bürger herab …
Und, da ihr diese Stadt gesegnet habt,
Wird Eumeniden euer Name sein.

(Sophokles, Die Eumeniden, Schluss-Szene, Übersetzung von Ernst Buschor).

Aber immer noch muss sich das öffentliche Recht durch Übereinstimmung mit göttlichen Geboten legitimieren: neue Satzungen werden an alten Traditionen überprüft.

Beispiel 11:
Antigone hat gegen ein Gesetz des Königs gehandelt. König Kreon befragt sie:

Kreon: Du sage kurz und bündig, frei heraus:
War das Verbot des Herolds dir bekannt?

Antigone: Nur zu bekannt, er rief es laut genug.

Kreon: Und dennoch hast du frech dich widersetzt?

Antigone: Nicht Zeus hat dies Verbot erlassen noch
Hat Dike, die mit Totengöttern thront,
Uns Menschen solche Satzung auferlegt
Noch maß ich deiner Botschaft soviel bei,
Dass ungeschriebnes ehernes Gesetz
Der Götter vor den Menschen weichen soll;
Von Ewigkeit, den Ursprung kennt kein Mensch.
In diesem Recht durft ich aus Menschenfurcht
Niemals den Göttern schuldig werden. …

(Sophokles, Antigone 444ff.; Übersetzung Ernst Buschor)

Anouilh nimmt 1942 den alten Antigone-Stoff noch einmal auf. Mit seiner Hilfe gestaltet er eine persönliche Problematik und die seiner Zeit, der französischen Résistance gegen Hitler: grundsätzliche Verweigerung von Normen steht gegen das volle Akzeptieren von Normen. „Welch eine lange Kette seiner Heldinnen, die einzig dadurch ins Verhängnis gestürzt werden, dass sie die Spielregel nicht akzeptieren wollen! Antigone, der von Kreon goldene Brücken gebaut werden, Jeanne d'Arc, die lieber ihren Kopf verliert, als sich mit der Lüge zu arrangieren, Lucile in der ‚Probe', die sich dem Gesellschaftsspiel nicht unterwirft, und Elodie, die in ‚Bäcker, Bäckerin und Bäckerjunge' an ihrem Ehekäfig rüttelt, aber die rosaroten Träume nicht aufzugeben willens ist. Was solche Konfrontation des Menschen mit den Spielregeln von Staat, Gesellschaft und Ehe ergibt? Sie schält die Identität eines Lebewesens aus der Kruste der Konvention heraus. Menschen können wohl zeitweilig – und insbesondere auf der Bühne – eine Maske aufsetzen. Sobald sie diese abnehmen, wird ihr wahres Ich enthüllt: seit Menschengedenken ein gern geübter Usus des Theaters." So Otto F. Beer in seinem Vorwort zu Anouilhs Dramen, Band VIII (München 1970). Antigone ist so radikal in ihrer Verweigerung von Normen, dass sie nicht mehr leben kann.

Beispiel 12:

Antigone:	Ihr seid ekelhaft.
Kreon:	Ja, mein Kleines. Das Handwerk will es. Alles, worüber man diskutieren kann, ist, ob man es ausübt oder nicht. Aber wenn man es ausübt, muss man es so tun.
Antigone:	Warum tut Ihr es?
Kreon:	Eines Morgens bin ich erwacht und war König von Theben. Und weiß Gott, ich liebte andere Dinge im Leben, als mächtig zu sein -
Antigone:	Dann hättet Ihr nein sagen sollen.
Kreon:	Ich konnte es. Aber dann fühlte ich mit einem Schlag wie ein Arbeiter, der eine Arbeit verweigert, das schien mir nicht ehrenhaft, und da habe ich ja gesagt.
Antigone:	Dann kann man euch nicht helfen. Ich habe nicht ja gesagt. Was geht mich Eure Politik, Eure Notwendigkeit, was gehen mich alle Eure armseligen Geschichten an? Ich kann nein zu allem sagen, was ich nicht liebe. Und ich bin letzter Richter. Und ich kann allein entscheiden. Aber Ihr mit Eurer Krone, mit Eurer Wache, mit Eurem ganzen Apparat. Ihr könnt nur töten, weil Ihr ja gesagt habt.

(Jean Anouilh, Antigone)

Veränderung von Gesetzen, Entwicklung von Normen ist nicht aufzuhalten. Widersetzt sich ein Land zu starr der Verwandlung, will ein Machthaber durch Gewalt seinen Willen durchsetzen, dann muss er die Grenzen verriegeln oder er wird von seinen Bürgern verlassen.

Beispiel 13:

Marquis: Jüngst kam ich an von Flandern und Brabant.
So viele reiche, blühende Provinzen!
Ein kräftiges, ein großes Volk – und auch
Ein gutes Volk – und Vater dieses Volkes!
Das, dacht ich, das muss göttlich sein! – Da stieß
Ich auf verbrannte menschliche Gebeine.
O schade, dass, in seinem Blut gewälzt,
Das Opfer wenig dazu taugt, dem Geist
Des Opferers ein Loblied anzustimmen!
Dass Menschen nur – nicht Wesen höhrer Art –
Die Weltgeschichte schreiben! – Sanftere
Jahrhunderte verdrängen Philipps Zeiten;
Die bringen mildre Weisheit; Bürgerglück
Wird dann versöhnt mit Fürstengröße wandeln,
Der karge Staat mit seinen Kindern geizen,
Und die Notwendigkeit wird menschlich sein.

König: Wann, denkt ihr, würden diese menschlichen
Jahrhunderte erscheinen, hätt ich vor
Dem Fluch des jetzigen gezittert? Sehet
In meinem Spanien Euch um. Hier blüht
Des Bürgers Glück in nie bewölktem Frieden;
Und diese Ruhe gönn ich den Flamändern.

Marquis: Die Ruhe eines Kirchhofs! Und Sie hoffen
Zu endigen, was Sie begannen? hoffen,
Der Christenheit gezeitigte Verwandlung,
Den allgemeinen Frühling aufzuhalten,
Der die Gestalt der Welt verjüngt? Sie wollen
Allein in ganz Europa – sich dem Rade
Des Weltverhängnisses, das unaufhaltsam
In vollem Laufe rollt, entgegenwerfen?
Mit Menschenarm in seine Speichen fallen?
Sie werden nicht! Schon flohen Tausende
Aus ihren Ländern froh und arm. Der Bürger,
Den Sie verloren für den Glauben, war
Ihr edelster. Mit offnen Mutterarmen
Empfängt die Fliehenden Elisabeth,
Und fruchtbar blüht durch Künste unsres Landes
Britannien.

(Schiller, Don Carlos, Vers 3.135 ff.)

Gesetze brauchen ein Korrektiv. Unerbittlich dem Buchstaben nach angewandt, werden sie oft unmenschlich. „Die lieblichen Gefühle“ müssen die Gesetze korrigieren.

Beispiel 14:

Kurfürst ... Darf ich den Spruch,
den das Gericht gefällt, wohl unterdrücken?
Was würde wohl die Folge davon sein?
Natalie: Für wen? Für dich?
Kurfürst: Für mich nein! – Was? Für mich!
Kennst du nichts höhres, Jungfrau, als nur mich?
Ist dir ein Heiligtum ganz unbekannt,
das, in dem Lager, Vaterland sich nennt?
Natalie: O Herr! Was sorgst du doch! Dies Vaterland!
Das wird, um dieser Regung deiner Gnade,
nicht gleich, zerschellt in Trümmern, untergehn.
Vielmehr, was du, im Lager auferzogen,
Unordnung nennst, die Tat, den Spruch der Richter,
in diesem Fall, willkürlich zu zerreißen,
erscheint mir als die schönste Ordnung erst:
Das Kriegsgesetz, das weiß ich wohl, soll herrschen,
Jedoch die lieblichen Gefühle auch.
Das Vaterland, das du uns gründetest,
Steht, eine feste Burg, mein edler Ohm ...
Das braucht nicht dieser Bindung, kalt und öd,
aus eines Freundes Blut ...
Kurfürst: Denkt Vetter Homburg auch so?
Natalie: Vetter Homburg?
Kurfürst: Meint er, dem Vaterlande gelt es gleich,
ob Willkür drin, ob drin die Satzung herrsche?
(Kleist, Prinz von Homburg, IV, I)

Alle Gesetze sind unterworfen dem Gesetz der Revision; sie sollen Leben ermöglichen, nicht beschneiden.

Beispiel 15:

Der Knabe: Und was den alten großen Brauch betrifft, so sehe ich keine Vernunft an ihm. Ich brauche vielmehr einen neuen großen Brauch, den wir sofort einführen müssen, nämlich den Brauch, in jeder neuen Lage neu nachzudenken.

Die drei Studenten: (zum Lehrer) Was sollen wir tun? Was der Knabe sagt, ist vernünftig, wenn es auch nicht heldenhaft ist.
Der Lehrer: Ich überlasse es euch, was ihr tun sollt. Aber ich muss euch sagen, dass man euch mit Gelächter und Schande überschütten wird, wenn ihr umkehrt.
Die drei Studenten: Ist es keine Schande, dass er für sich selber spricht?
Der Lehrer: Nein. Darin sehe ich keine Schande.
Die drei Studenten: Dann wollen wir umkehren, und kein Gelächter und keine Schmähung sollen uns abhalten, das Vernünftige zu tun, und kein alter Brauch uns hindern, einen richtigen Gedanken anzunehmen.
(Brecht: Der Neinsager).

Ich schließe die dramatischen Auseinandersetzungen um Normen mit einem Beispiel des modernen Kindertheaters. Sabine müsste eigentlich mit ihrer Mutter eine Normendiskussion führen; sie weiß aber, dass sie dabei unterliegen würde. Also ist sie „brav" und spielt „wie die anderen Mädchen". Trotzdem setzt sie ihre Interessen durch: weil auch die anderen Mädchen auf dem Sperrmüll spielen. Das allerdings weiß die Mutter nicht.

Beispiel 16: Sabine auf dem Sperrmüll.
Mutter: Aber Sabine! – Dein schöner Rock.
Sabine: Was ist denn mit meinem Rock?
Mutter: Wie der aussieht. So dreckig warst du ja noch nie.
Sabine: Das kann man doch wieder waschen.
Mutter: Mensch Mädchen, dass du dich nicht schämst. Du kommst sofort mit nach oben und ziehst was Sauberes an.
Sabine: Oooch, Mutti.
Mutter: So kannst du nicht rumlaufen, so dreckig.
Sabine: Darf ich dann gleich wieder runter?
Mutter: Nein, heute nicht.
Sabine: Warum nicht? (quengelt)
Mutter: Also meinetwegen. Aber nur, wenn du versprichst, dass du was Vernünftiges spielst, wie die anderen Mädchen auch.
Sabine: Klar, das verspreche ich, wie die anderen Mädchen auch.
(Stefan Reisner, Grips-Theater: Mensch Mädchen, 3. Bild).

7. Spiel

Wir brauchen Hilfen für das Verhalten in der sozialen Wirklichkeit. In den vorherigen Kapiteln haben wir in immer neuen Ansätzen versucht, die Komponenten dieses Verhaltens möglichst genau zu beschreiben. Wir müssen uns jetzt dem Mittel zuwenden, mit dem die Spiel-, Theater-, Interaktionspädagogik arbeitet.

7.1 Das Lebensspiel

Nach allgemeinen Erfahrungen und den Erkenntnissen moderner Wissenschaft leben wir weder in einer vollständig determinierten Welt noch in einer Welt absoluter Freiheit. Moleküle, Atome, Elementarteilchen lassen sich nur in großer Zahl statistisch, niemals im einzelnen bestimmen. Die Genetik kann die Entstehung der Arten erklären und die Gesetzmäßigkeit von Mutationen; in welcher Reihenfolge welche Mutation auftritt, muss sie dem Zufall überlassen. Trends kann die Sozialpsychologie relativ genau vorhersagen; zwingende Aussagen über die Zukunft eines Individuums erlaubt die Wissenschaft nicht. Schon 1922 formulierte der Naturwissenschaftler Erwin Schrödinger in seiner Antrittsrede an der Universität Zürich: „Die physikalische Forschung hat klipp und klar bewiesen, dass zum mindesten für die erdrückende Mehrheit der Erscheinungsabläufe, deren Regelmäßigkeit und Beständigkeit zur Aufstellung des Postulats der allgemeinen Kausalität geführt haben, die gemeinsame Wurzel der beobachteten strengen Gesetzmäßigkeit – der Zufall ist". („Was ist ein Naturgesetz?"). „Erst in der großen Zahl der Einzelereignisse verliert sich das Zufällige und gerät unter die Kontrolle des statistischen Gesetzes."[36]

Wir sind also nicht bloßes Produkt von Gesetzmäßigkeiten, willenlos einem vorbestimmten oder zu berechnenden Ziel zusteuernd, noch ist uns nach Lust und Laune alles möglich und erreichbar. Es scheint auch ausgeschlossen, dass wir noch einen geheimnisvollen Schlüssel, ein Sesam-öffne-dich finden, der uns das Paradies der unbegrenzten Möglichkeiten öffnet. Wir haben Freiheit nur innerhalb der Gesetze, aus denen wir leben; durch unsere Freiheit von heute schaffen wir uns wiederum neue Gesetze von morgen (und können so zumindest die ferne Hoffnung nähren, die Gesetze, unter denen wir angetreten, gleichsam im Geiste zu überholen, um sie zu determinieren und nicht von ihnen determiniert zu werden; also die Zwie-

36 Manfred Eigen/Ruthild Winkler: Das Spiel. Naturgesetze steuern den Zufall. Piper: München 1975, S. 12. Vergl. auch: Heinrich K. Erben: Die Entwicklung der Lebewesen. Spielregeln der Evolution. Piper: München; Jacques Monod: Zufall und Notwendigkeit. Philosophische Fragen der modernen Biologie. Piper: München.

spältigkeit von Gesetz und Freiheit mehr und mehr zugunsten der Freiheit aufzuheben, so wie Kleist das in seinem Aufsatz über das Marionettentheater in ein Bild fasste: „Mithin, sagte ich ein wenig zerstreut, müssten wir wieder von dem Baum der Erkenntnis essen, um in den Stand der Unschuld zurückzufallen? – Allerdings, antwortete er; das ist das letzte Kapitel von der Geschichte der Welt". Einstweilen jedoch gilt, wenn wir diese, trotz allem aufkeimende Hoffnung beiseite lassen:

- Wir haben weder volle Freiheit noch volle Bestimmung; wir haben Freiheit und Möglichkeiten der Wahl oder des Zufalls innerhalb von Bestimmungen. Mit anderen Worten:
- „Der Mensch ist weder ein Irrtum der Natur, noch sorgt diese automatisch und selbstverständlich für seine Erhaltung. Der Mensch ist Teilnehmer an einem großen Spiel, dessen Ausgang für ihn offen ist. Er muss seine Fähigkeiten voll entfalten, um sich als Spieler zu behaupten und nicht Spielball des Zufalls zu werden" (Eigen/Winkler, S. 14).

Dieses große Spiel der Welt hat seine psychische, individuelle Entsprechung:

Wenn so viele Prozesse in der Wirklichkeit ineinander verwoben sind, wenn unendlich viele Faktoren so weit reichende Folgen haben, so viele einzelne freie oder zufällige Entscheidungen veränderte Situationen schaffen, dass auch Computer größten Ausmaßes nur annähernde Simulationen und mehr oder weniger wahrscheinliche Möglichkeiten zukünftiger Verläufe liefern können, dann können wir uns niemals mit Sicherheit an den Folgen unserer Handlungen orientieren, dann müssen wir mit Wahrscheinlichkeiten zufrieden sein, müssen handeln „auf gut Glück". Häufig bekommen wir erst nach langer Zeit eine Antwort auf unsere Handlungen und stellen dann fest, dass wir „Pech" hatten, wissen aber nicht genau, woran es nun eigentlich lag.

Diese Unsicherheit ist beängstigend; sie ist schwer zu fassen und schwer auszuhalten; sie wird nur selten zugestanden und klar erkannt. Helfen sollen Worte (Glück, Pech, Schicksal), Bilder (das Rad des Glücks), Götter (Tyche oder Fortuna, die Göttin der guten und schlechten Fügung; Kairos, der Gott der günstigen Gelegenheit), Einteilung des gleichmäßigen Flusses der Geschehnisse in überschaubare Einheiten (Fest, Feier, Jubiläum, Kalender). Aus natürlichen oder künstlichen Zeichen (Eingeweiden, Würfeln, Runen, Karten) soll die Zukunft zu erkennen sein. In den künstlich hergestellten überschaubaren Einheiten lässt sich schon nach kurzer Zeit feststellen, ob man richtig oder falsch gewählt hat; Ursachen und Folgen werden eng miteinander verbunden. Nach diesem Muster entstehen auch die vielen Spiele, die im Lauf der Zeiten erfunden wurden und mit denen man sich vergnügen konnte.

- Die menschlichen Spiele wiederholen das Grundschema der Welt; Zwangsläufigkeit (Gesetz, Spielregel) und Freiheit (Wahl, Zufall; bewusst hergestellt, etwa durch das Mischen von Karten, und/oder individuelle Zutat des einzelnen Spielers, seiner Laune, seiner Geschicklichkeit, seiner Erfahrung).

- Sie reduzieren die komplexe Wirklichkeit auf wenige, überschaubare, häufig abstrakte Faktoren (Figuren, Bilder, Zahlen, Schritte).
- Die Bedeutung dieser Faktoren wird begrenzt von Spielraum und Spielzeit; Folgen reichen nicht darüber hinaus (bzw. darüber hinausreichende Folgen werden nicht beachtet).

Vergl. dazu:

Manfred Eigen, Ruthild Winkler: Das Spiel. Naturgesetze steuern den Zufall. Piper: München 1975.

Heinrich K. Erben: Die Entwicklung der Lebewesen. Spielregeln der Evolution. Piper: München.

Jacques Monod: Zufall und Notwendigkeit. Philosophische Fragen der modernen Biologie. Piper: München.

7.2 Kennzeichen des Spiels

Es ist schwierig, allgemeingültig weitere Kennzeichen des Spiels zu bestimmen; wir notieren als Ansätze und Material zum Nachdenken zwei Zusammenfassungen von **Caillois** und Scheuerl. „Das Spiel ist:

1. eine **freie** Betätigung, zu der der Spieler nicht gezwungen werden kann, ohne dass das Spiel alsbald seines Charakters der anziehenden und fröhlichen Unterhaltung verlustig ginge;
2. eine **abgetrennte** Betätigung, die sich innerhalb genauer und im voraus festgelegter Grenzen von Raum und Zeit vollzieht;
3. eine **ungewisse** Betätigung, deren Ablauf und deren Ergebnis nicht von vornherein feststeht, da bei allem Zwang, zu einem Ergebnis zu kommen, der Initiative des Spielers notwendigerweise eine gewisse Bewegungsfreiheit zugebilligt werden muss;
4. eine **unproduktive** Betätigung, die weder Güter noch Reichtum noch sonst ein neues Element erschafft und die, abgesehen von einer Verschiebung des Eigentums innerhalb des Spielerkreises, bei einer Situation endet, die identisch ist mit der zu Beginn des Spiels;
5. eine **geregelte** Betätigung, die Konventionen unterworfen ist, welche die üblichen Gesetze aufheben und für den Augenblick eine neue, allgemeingültige Gesetzgebung einführen; (oder)
6. eine **fiktive** Betätigung, die von einem spezifischen Bewusstsein einer zweiten Wirklichkeit oder einer in bezug auf das gewöhnliche Leben freien Unwirklichkeit begleitet wird.“[37]

37 Roger Caillois: Die Spiele und die Menschen. Maske und Rausch. München: Langen-Müller o.J., S.16.

Scheuerl beschreibt das Spiel als „Urphänomen einer Bewegung", gekennzeichnet durch die Ganzheit von sechs Hauptmomenten (nur zum Teil identisch mit der Aufstellung von Caillois):

1. Das Moment der **Freiheit** („Spiel verfolgt keinen außerhalb seiner selbst liegenden Zweck").
2. Das Moment der inneren **Unendlichheit** („Spiel erscheint nicht als Weg sich von Notdurft zu befreien, sondern als jubelnder Ausdruck dafür, dass man von ihr schon befreit ist ... Während Arbeit und Kampf ‚erledigt' sein wollen ..., will das Spiel Ewigkeit. Seine Bewegungen streben nach möglichster Ausdehnung in der Zeit, gegebenenfalls um dieser Ausdehnung willen auch nach ständiger Selbstwiederholung").
3. Das Moment der **Scheinhaftigkeit** („So ist die Freiheit von Triebdruck und Zwecken zugleich eine Freiheit vom Zwange der Realität, und die Freiheit zur Hingabe an eine Scheinwelt ist identisch mit der schon beschriebenen Freiheit zur Hingabe an Wirkungen von innerer Unendlichkeit").
4. Das Moment der **Ambivalenz** („So bedarf das Spiel einer maßvollen Spannung. Spannungslosigkeit wäre der Tod für das Spiel. Anderseits würde eine zu hohe Spannung sogleich einen auf Beendigung der Spannung gerichteten Befriedigungswunsch hervorrufen, der die Ambivalenz überwältigen müsste ... Spielen ist immer ein ‚Spielen – zwischen'. Wer von einem Wesen, einem Ding einem Geschehnis sagt, es spielt, der sagt formal nichts anderes aus, als dass es noch nicht entschieden festgelegt sei ..., sondern dass es sich allen Richtungspolen gegenüber in einem kreisenden, pendelnden, schwebenden Zwischen befinde").
5. Das Moment der **Geschlossenheit** („Frei, unbestimmt, undeterminiert ist das Spiel immer nur innerhalb seines Maßes ... Zum Spiel aber gehört wesentlich, dass es Prozess und Gestalt ist, dass die Aktivität einer Form begegnet").
6. Das Moment der **Gegenwärtigkeit** („Das Moment zeitloser Gegenwärtigkeit ist nur die Kehrseite der Momente der Zweckfreiheit, der inneren Unendlichkeit und des scheinhaften Schwebens ... Spiel und Kunst gehorchen im rein formalen Wechselverhältnis zwischen Form und Ablauf prinzipiell den gleichen Strukturgesetzen: Allemal wird ein objektives Formgerüst vorgefunden oder improvisiert, und allemal wird innerhalb dieses Gerüstes ein gegenwärtiges, in sich unendliches Spielen von Wirkungen, denen man sich zeitenthoben hingibt, erzeugt"). (Zitate aus: Das Spiel, Erster Teil, Abschnitt B)[38]

38 Hans Scheuerl: Das Spiel. Beltz: Weinheim 1965, 5. Aufl. (Zitate aus: 1. Teil, Abschnitt B). Vgl. auch: Hans-Wolfgang Nickel u.a. (Hg) : Spiel. Begriff und Erscheinungsweisen. Materialsammlung 5, LAG : Berlin 1975.

7.3 Menschliches Spiel

Spiel in Verbindung mit Menschen wird nur umso komplizierter. Trotzdem können wir von einigen einfachen Sätzen ausgehen:

- Spiel wird bestimmt durch Zufall und Regel.
- Menschliches Spiel bringt dazu die eigene Beteiligung des Spielers (Tätigkeit, handelndes Umgehen; im äußerlichen Sinne stark reduziert bei den Gedankenspielen) und die Überschaubarkeit in Zeit und Raum (sobald ich meine Handlungen nicht mehr verfolgen kann, werde ich kaum Sinn in dem Spiel sehen und wenig Spaß an ihm haben).
- Spiel lebt aus der Lust am Verlauf des Spiels bzw. aus der Lust an der eigenen Betätigung; es ist also vom Prozess her motiviert und nicht vom Ergebnis.
- Im Vollzug des Spielens wird das abstrakte Regelwerk eines Spiels (das Spielgerüst) durch die Spieler konkretisiert und aktualisiert.

Diese Bestimmungen gelten für alle Spiele; aber nicht alle Spiele interessieren uns für unseren Zusammenhang. Wir scheiden aus die Regel-, Glücks- und Gesellschaftsspiele, sie zeigen am deutlichsten den Zusammenhang von Zufall und Gesetz, sind am ehesten und am saubersten in den Begriffen der mathematischen Spieltheorie zu fassen. Wir kümmern uns kaum um die materialen Erkundungsspiele, bei denen Material untersucht, erprobt, wohl auch zerstört wird (weil es dem Kind auf den Prozess des Erkennens ankommt, nicht auf das Ergebnis einer Arbeit). Sie führen über Gestaltungs- und Organisationsspiele (Bauen mit Klötzen, Formen von Sand, Klappern mit Geräuscherzeugern) zu Formen der Kunst (Bild, Plastik, Musik, Architektur) wie zu naturwissenschaftlich-technischen Experimenten; in beiden Bereichen bewahren sie einen guten Teil ihres Spielcharakters. Sie führen auch zum Einrichten in dieser Welt, zur produktiven Arbeit. – Wir scheiden auch einen großen Teil der Geschicklichkeitsspiele aus, bei denen Techniken und Fertigkeiten erprobt werden: Jonglieren und Wettrennen, Messerwerfen und Klavierspielen.

- Wir behandeln vor allem die sozial-interaktionellen Spiele, die Imitation von menschlichen Verhaltensweisen, das Handlungs- und Rollenspiel, die Spiele der menschlichen Selbsterfahrung, Körpererfahrung. Wir schließen die Materialspiele ein, soweit sie Grund legende Gegenstands- und Sinneserfahrungen ermöglichen und soweit sie menschliche Interaktionen beeinflussen bzw. darstellen.

Caillois schlug zur Einteilung der Spiele „vier Hauptrubriken vor, je nachdem, ob innerhalb des jeweiligen Spiels das Moment des Wettstreits, des Zufalls, der Maskierung oder des Rausches vorherrscht. (Er bezeichnet sie) als Agon, Alea, Mimicry und Ilinx. Alle vier gehören sie durchaus in den Bereich der Spiele: man spielt

Fußball, Billard oder Schach (Agon), man spielt Roulett oder Lotterie (Alea), man spielt Seeräuber, man spielt Nero oder Hamlet (Mimicry) und man spielt, um durch eine rapide Rotations- oder Fallbewegung in sich selbst einen organischen Zustand der Verwirrung und des Außersichseins hervorzurufen (Ilinx)." (S. 19).

Zusätzlich ordnet er die Spiele zwei entgegengesetzten Polen zu. „Auf der einen Seite regiert fast ausschließlich ein gemeinsames Prinzip des Vergnügens, der freien Improvisation und der unbekümmerten Lebensfreude, wodurch eine gewisse unkontrollierte Phantasie, die man mit dem Namen **Paidia** bezeichnen könnte, zum Ausdruck kommt. Auf der anderen Seite ist diese überschäumende Eulenspiegelei, diese erste Eingebung fast gänzlich absorbiert, jedenfalls aber wird sie gebändigt durch eine ergänzende Tendenz, die der anarchischen und launenhaften Natur der anderen Seite in mancher, wenn auch nicht in jeder Hinsicht entgegensteht. Es ist dies ein wachsendes Bedürfnis, die anarchische Natur willkürlichen, gebieterischen und absichtlich hemmenden Konventionen zu unterwerfen, sie immer mehr in die Enge zu treiben, indem man fortwährend schwierigere Hindernisse einbaut, um so den Weg zu dem ersehnten Resultat möglichst unbequem zu gestalten. Dieses Resultat ist ohne jeden Nutzen, obwohl es ständig zunehmende Anstrengungen, Geduld oder Geschicklichkeit und Erfindungsgabe erfordert. Diese zweite Komponente nenne ich **Ludus**" (S. 20).

Nach dieser Terminologie interessieren uns vor allem die Verkleidungsspiele, und zwar gleichgültig, ob sie eher zur Entfesselung oder zur Regel, eher zur Ausgelassenheit oder zum Eingebundensein hin tendieren. Aber auch Rausch, Zufall und Wettkampf werden wichtig, soweit und da sie Möglichkeiten des Menschen und menschlicher Selbsterfahrung darstellen – auch sie lassen sich ja in der Verkleidung, im spielerischen Tun Als-ob wiederholend erproben.

Da schließlich alle oben genannten Spieltypen immer wieder Züge sozialer Interaktion zeigen, werden wir sie nicht ganz aus unseren Betrachtungen ausschließen. Wichtig aber sind uns die Spiele, in denen innerhalb einer (gesetzten oder zu findenden Regel) die eigene Freiheit an der Freiheit der Mitspieler abgearbeitet wird; in denen ich also mich selbst und den anderen erkunden, in denen wir Nachrichten über uns selbst austauschen und Neues über uns erfahren können.

- Wichtig für unsere Spiele ist nicht das Material, nicht die Geschicklichkeit der Spieler, nicht die Regel, sondern der **Spieler** in seinen Beziehungen zu anderen, die anderen in ihren Beziehungen zu ihm, die Spieler in der Gruppe, die Erfahrung des Spielers mit sich selbst (mit seinem Körper).

Der Erkundungscharakter des Spiels gilt zum einen für das Kind und seinen Prozess des Sich-Hineinfindens in die Welt; es lernt – und sein Spielen könnte abgeschlossen sein, wenn es mit dem Lernen an ein Ende kam. Diese Erstarrung tritt auch ein, soweit es um bloße Imitation ging: das Spielen versickert, neue Erfahrungen scheinen weder notwendig noch wünschbar.

Erkundung gilt zum anderen für die Gesellschaft: sie erprobt im Spiel als gesellschaftlichem Experiment, was möglich ist. Auch dieses Spiel ist abgeschlossen, wenn seine Erfahrungen in die Wirklichkeit überführt werden. Aber es ist nicht endgültig abschließbar: Mensch und Gesellschaft sind nicht feststehend, sie bilden sich weiterhin in die offene Zukunft. Nötig also ist es, zumal in der durch raschen Wechsel ausgezeichneten Gegenwart, die Spielfähigkeit als einen Ausdruck der Lebensfähigkeit zu erhalten, der vielleicht in traditionalen Gesellschaften ertragbaren Erstarrung vorzubeugen.

Dabei sollte nicht vergessen werden: das Spiel des Menschen mit sich selbst und seinem eigenen Verhalten ist zugleich immer Erholung, Trost, Unterhaltung, Vergnügen; ist in diesem Falle Bestätigung eher als Neugierde, mehr Vergewisserung als Erprobung, eher Rückschau als Vorgriff. Keiner der beiden Pole jedoch kann ganz ohne den anderen sein, so wie bei Caillois Ludus und Paidia aufeinander verwiesen sind. „Im Grunde genommen ist das Spiel, das nur vom Zufall lebt, genau so langweilig wie ein solches, das aufgrund seiner geringen Variationsmöglichkeiten völlig determiniert abläuft“ (Eigen/Winkler, S. 22).

Ehe wir uns dem Kind und pädagogischen Fragen im Zusammenhang mit Spiel zuwenden können, sind drei Eigenarten des Spiels noch genauer herauszuarbeiten: das Verhältnis des Spiels zur Regel, das Verhältnis des Spielens zum Arbeiten, die eigentümliche Lebendigkeit des Spiels (seine Plastizität).

7.4 Spiel und Regel

An zwei Beispielen hatten wir uns das Phänomen der Interaktion deutlich gemacht; beide waren Spiele (Ballspiel, Kaufladenspiel; vergl. Kap. 5, S. 83, Kap. 6, S. 98). Bei der Beschreibung der Interaktionen haben wir jedoch auf den Spielcharakter keine Rücksicht genommen; wir haben ihn nicht eigens angesprochen; wir haben die Spiele behandelt, als seien sie von Nicht-Spiel-Interaktionen nicht unterschieden. Darin zeigt sich zum einen:

- Spielen im Spielraum und Handeln in der sozialen Wirklichkeit sind strukturell verwandt (aus dieser Verwandtschaft folgt auch die Möglichkeit, Lernen im Spielraum auf Anwendung in der Realität zu übertragen).
- Zum anderen bestehen zwischen Spiel und Nicht-Spiel Unterschiede, die es genauer zu bestimmen gilt.

Genannt als Unterscheidungsmerkmal hatten wir schon den Spaß, die innere Motivation; sie werden bei beiden Beispielen deutlich: die Jungen spielen Ball, weil sie Lust haben; sie transportieren keine Bälle (oder andere schwere Gegenstände), weil sie an einer anderen Stelle gebraucht werden oder weil man sie dafür bezahlt; die Kinder im Kaufladen treibt nicht der Hunger zum wirklichen Kauf (dafür müssten sie gültiges Geld haben und Verdienst), sondern die Langeweile zu einem interessanten und befriedigenden Spiel (wobei der Reiz dieses Spiels durchaus auch darin liegen kann, dass sich im Spiel-Kaufladen echte Rosinen naschen lassen; wer jedoch nur seinen Hunger stillen will, wird bald als Spielverderber ausgeschlossen. „Der spielt ja gar nicht richtig!“ sagen dann die anderen).

Damit stellt sich die Frage nach der **Regel**. Sie ist in der Wirklichkeit außerhalb des Spiels fast immer im vorhinein beantwortet. Der wirkliche Supermarkt wie der Tante-Emma-Laden haben schon ihre Einrichtung; die „Inszenierung“ steht fest. Zwar ist für mich auch eine „Rolle“ vorgesehen; sie kann sogar reizvoll und ertragreich sein. Aber ich kann sie nur übernehmen oder verweigern; ich kann sie zwar ausgestalten oder verkürzen; ich kann sie jedoch kaum jemals diskutieren, kann keine Veränderungen vorschlagen, keine neue „Inszenierung“ einrichten.

Beim Spiel stellt sich die Frage nach Regel und Anlage des Spiels deutlicher. Wenn Kinder zusammenkommen, stehen sie häufig vor einer Fülle von Möglichkeiten. Der Spielraum ist noch nicht besetzt, er ist Möglichkeit, Potenz, tabula rasa. Erst durch ein Spiel und seine Regeln wird er Gestalt, Struktur gewinnen. Fußball? Handball? Zeck? Die Kinder diskutieren, nennen Gründe, entscheiden nach Lust oder Stärke. Jedenfalls: die Regel erscheint als wählbar, als veränderbar; es gibt Augenblicke vor der Regel, außerhalb der Regel; die Regel wird befragt, untersucht; der Spieler steht über der Regel, weil er sie akzeptieren und verwerfen kann; Regeln lassen sich ändern, verwandeln, an den Spieler anpassen.

- Die Offenheit der Regel im Spiel verweist auf die Autonomie des Spielers vor der Regel; sie ist ein Ansatz zu Regelrelativität und Emanzipation.

Wohlgemerkt; Emanzipation ist nicht zwangsläufig mit dem Spiel gegeben. Die Altersentwicklung vom kreativen Künstler Kind zum Skatspieler und Fernsehzuschauer, allgemeiner gesprochen: das altersbedingte (?) Zurücktreten der freien Spiele zugunsten der Regelspiele verweist eher auf eine gegenläufige Entwicklung. Festzuhalten aber ist:

- Zum Spielen gehören immer Regelsetzung, Regelannahme, Regeldiskussion.

Bei Rollenspielen etwa ist die **regelsetzende Aktivität** der Spieler nicht zu übersehen. Auch während des Rollenspiels müssen sie immer wieder auf ihre Verabredungen (Regeln) rekurrieren, die Nachbesprechung vergleicht Verabredungen und Verlauf, bei Wiederholungen werden häufig zusätzliche Regeln eingeführt. Der gute Rollenspieler spielt im Bewusstsein der gesetzten Regeln; er agiert in der Distanz zwischen Vorgabe (Spielziel) und Spielverlauf. Diese Distanz führt leicht zur Reflexion.

Auch im spontanen kindlichen Rollenspiel tritt sie schon auf. Selbst bei so streng kodifizierten Spielen wie dem Fußball wird sehr viel über Regeln diskutiert, angefangen von den Kindern, die auf ihrer Wiese ein Fußballspiel spielen wollen (Was heißt da z.B. Elfmeter?) bis hin zur Fifa mit ihren Beratungen über die Änderung der Abseitsregel. Das aber heißt:

- Spiel und Diskurs über das Spiel gehören zusammen: sie werden als zusammengehörig erlebt; sie finden häufig auch spontan im engen Zusammenhang miteinander statt. Meist trägt die Spiellust über die Anspannung der Regeldiskussion hinweg.

Es wäre zu wünschen, dass auch soziales Handeln und Diskurs über soziales Handeln enger miteinander verbunden werden könnten.[39]

7.5 Spielen und Arbeiten

Obwohl im Alltagsverständnis deutlich voneinander geschieden, ist die Beziehung zwischen Spielen und Arbeiten schwierig zu fassen und verdient eine genauere, auch historisch differenzierende Untersuchung, die hier nicht zu leisten ist. Ich möchte aber zumindest auf die Problematik hinweisen und entwickle sie aus der definitorisch strengen Unterscheidung von zwei Grundformen des handelnden Umgehens mit der Realität: Arbeiten ist am **Ergebnis** interessiertes und vom Ergebnis motiviertes Handeln; Spielen ist am **Vollzug** interessiertes und vom Vollzug motiviertes Handeln.

Diese Definition bezieht sich sowohl auf instrumentales Handeln (auf das Umgehen mit Sachen) wie auf kommunikatives Handeln (auf das Umgehen mit Menschen).

Der Unterschied zwischen Arbeiten und Spielen wird also durch Interessen und Motivationen gebildet; er lässt sich theoretisch genau formulieren, tritt aber in der Wirklichkeit immer wieder verwischt auf.

So können Interesse am Vollzug und Interesse am Ergebnis durchaus zusammenfallen; in diesem Falle würde spielend gearbeitet, arbeitend gespielt. Fallen Spielen und Arbeiten auseinander, so wird im Spielen das Interesse am Vollzug auf Kosten oder sogar unter Verzicht auf das Ergebnis bewahrt; das Lustprinzip triumphiert über das Realitätsprinzip (nach Freud). Umgekehrt bleibt bei der Trennung der Arbeit vom Spiel das Interesse am Ergebnis erhalten; um des Ergebnisses willen wird die Mühsal der Arbeit ertragen.

Dabei scheint das Lustprinzip ein ausgewogenes Gleichgewicht zwischen zwei Komponenten zu erfordern: Spannung (Reiz) und Entspannung (Ruhe, Wohligkeit). Das Interesse am Vollzug bleibt also dann gewahrt, wenn er zugleich als spannend wie als angenehm empfunden wird. Dass die jeweilige Mischung von jedem einzelnen und von jeder Gruppe zu jedem Augenblick anders empfunden wird, soll-

39 Vgl. Andreas Flitner u.a.: Der Mensch und das Spiel in der verplanten Welt. dtv 1191: 1976; Susanna Millar: Psychologie des Spiels. Maier: Ravensburg 1973; Hilfen für Spielleiter, Heft 1: „Die erzieherischen, heilenden und formenden Kräfte des Spielens", 1970, 3. Aufl.

te nicht eigens gesagt werden. Die Kunst der praktischen Spielarbeit braucht aber gerade diesen Balancepunkt zwischen Reiz und Ruhe für die jeweilige Gruppe. Die beiden Komponenten verselbstständigen sich zu zwei defizitären Formen des spielerischen Umgehens, bei denen das Interesse am Vollzug nachlässt oder ausfällt und nur noch das Interesse am Ergebnis das Handeln in Gang halten kann; was langweilig und monoton ist, was bedrückend und schwierig ist, ertragen wir nur, wenn wir am Ergebnis interessiert sind (wenn wir dafür bezahlt werden). An vielen Beispielen lässt sich zeigen, wie bei Spielen die Anforderungen des Arbeitens verändert werden, um sie den Vollzugsinteressen anzupassen, und wie dabei die Ergebnisinteressen vernachlässigt werden: entweder durch Erleichterung, um das Angenehme des Spielens zu bewahren (aus dem gefährlichen und schwierigen Pferd wird das harmlose und leichte Steckenpferd; aus dem anspruchsvollen Kind mit Eigenrechten wird die Puppe, die wir immer dann wegwerfen können, wenn wir nicht mehr spielen wollen) – oder durch schmückende und verwickelnde Ausgestaltung, um das Spannende vor der Langeweile zu bewahren (aus dem Brot wird der Kuchen, aus dem Essen das Festmahl, aus dem Spazierritt das Hindernisrennen um die Meisterschaft).

Beispiel 17: „Denn Zeit ist wirklich das, worum es geht. – Unsere Zeit ist, zum größten Teil, unsere eigene. Gelegentlich nehmen Leute von der Farm Jobs an, um Geld für die Hypothekenraten aufzubringen, aber im allgemeinen scheinen wir doch alle mit unserer Zeit so ziemlich zu tun, was wir wollen. Unser Brennmaterial schaffen wir uns durch eigene Arbeit, ebenso wie das meiste unserer Nahrung, und obwohl es natürlich immer unglaublich viel Arbeit auf der Farm zu tun gibt, ist es gewöhnlich nur Spiel." So Stephen Diamond in: Was die Bäume sagen. Leben in einer Landkommune (1979).

Sicherlich werden wir diese Beschreibung als das Bild eines humaneren Lebens empfinden; sicherlich wird es also nicht ausreichen, die menschlichen Spiele zu verändern – es gilt, eine entscheidende Änderung des menschlichen Arbeitens zu erreichen. Auch dafür stellt das Spiel den Erprobungsraum: Wo Arbeit die Not des Lebens wendet, da öffnet Spiel den Raum zum besseren Leben.[40]

Halten wir fest:

- Tendenziell sollte die Bestrebung dahin gehen, die scharfe Trennung zwischen Spiel und Arbeit aufzuheben, also Spielen, Arbeiten und Lernen enger miteinander zu verbinden.

40 Vergl. Hans-Wolfgang Nickel, in: „Kindertheaterakademie und Kinderforum 1973 – Spiel und Theater. Protokolle und Berichte", Akademie der Künste, Berlin 1977 darin: Bemerkungen zum Curriculum Spiel, S. 9; Antwort an Jean Odermatt, S. 103.

Damit könnte auch erreicht werden, dass Spiel nicht nur kompensatorisch gebraucht wird, am Arbeitsplatz vernachlässigte Bedürfnisse abzusättigen und die Freiheit der Regelsetzung auf den ökonomisch irrelevanten Spielraum zu beschränken.

7.6 Plastizität von Spielen

Nicht nur Arbeit kann zum Spiel, Spiel zur Arbeit werden. Auch der Spielcharakter ist leicht zu verschieben. Wir erläutern seine besondere Flüchtigkeit an einem Beispiel von Hans Scheuerl.

Beispiel 18: „Nehmen wir an, ein Knabe befinde sich auf dem Wege vom Wohnhaus zur Werkstatt des Vaters, um diesem einen eiligen Brief zu überbringen. Wenn er in solcher Situation nicht gemächlich geht, sondern läuft, so ist das eine **zweckvolle Handlung**. Nun hat er aber den ganzen Vormittag in der Schule still sitzen müssen. So kann das gleiche Laufen zu gleicher Zeit auch Abreaktion eines Drangs sein, Befriedigung eines Bewegungshungers.

Damit nicht genug: Der Knabe bringt einen Rhythmus von schwebenden Impulsen in seinen Lauf; nach jedem dritten Schritt macht er einen Sprung und fängt sich dann wieder; oder er setzt sich eine Regel: Die Fugen zwischen den Steinplatten des Straßenpflasters dürfen nicht betreten werden. Damit wird sein Laufen zum **Bewegungsspiel**.

Jetzt sehen ihn andere Knaben, oder er stellt sich vor, dass sie ihn sehen. Er steigert seine Leistungen, indem er seine Geschwindigkeit beträchtlich erhöht, seine Sprünge vergrößert, die Regeln erschwert. Aus dem Bewegungsspiel ist ein **Leistungsspiel** geworden, zugleich eine **Selbstdarstellung**. Doch das gleiche Laufen kann auch zur Darstellung von etwas anderem werden: Das rhythmische Springen erinnert etwa an den Galopp eines Pferdes, und der Knabe fühlt sich in seinem Lauf als ein galoppierender Reiter. Oder die Regeln, die er seinem Laufen setzt, bestehen darin, dass er den Kantstein des Fußweges nicht verlassen darf: Die Steinfugen werden als Schienen betrachtet, und das Laufen wird bildhaft überhöht zum Dahinbrausen eines Schnellzuges. Der Knabe ‚spielt Eisenbahn' ... Statt nur seinen eigenen Körper spielen zu lassen und immer wieder in die eigene Gewalt zu nehmen, herrscht nun der Knabe virtuell über ein Ross, ein Gespann oder eine hundertzwanzig Tonnen schwere Maschine ... ein **Darstellungsspiel**" (Scheuerl, Das Spiel, S. 155).

Beispiel 18, **Variationen**: Auch dieses Beispiel lässt sich noch weiter variieren. Der Knabe kann laufen, um einen anderen auszustechen, um schneller bei dem Vater zu sein als der Bruder – der **Wettbewerb eines gruppendynamischen Spiels**. Er kann sich an dem Mitgehen oder den Gegenbewegungen seiner Arme erfreuen – **Körperspiel**; er kann sich beim Laufen in alte Ängste hineinsteigern oder frühere Freuden

– **psychodramatisch, rekapitulierend**; er kann mit dem Bruder zusammen laufend den Brief oder einen Ball hin und her werfen – **Materialspiel, Interaktionsspiel**. Es ließe sich wohl auch denken, dass nur immer bei einem bestimmten Reimwort ein Sprung weiter gemacht wird – **rhetorisches Spiel, Sprachspiel** – und so noch viele weitere Variationen des Grundvorgangs: dem Vater einen Brief übergeben.
Wichtig für uns an diesem Beispiel ist:

- Spiel wird subjektiv bestimmt; aus dem Gesamtzusammenhang eines Spiels werden bestimmte Elemente mit dem Charakter „Spiel" belegt und ausgearbeitet, beachtet; andere werden vergessen oder nicht beachtet, ohne dass sie vollständig verschwinden.
- Daraus folgt: Jede Einteilung von Spielen kann nur mit vorläufiger Vorsicht vorgenommen werden; was dem Spieler im Vollzug zum Spiel wird, ist nicht festzulegen und ergibt sich erst aus dem Zusammenklang von Spiel (Spielregel) und Spieler.

Nicht einmal der Spielcharakter selbst ist grundsätzlich und objektiv gegeben; er wird subjektiv erlebt. So ist es nur äußerlich richtig zu sagen, dass ein Kind mit seinen Spielsachen spielt; viel eher spielt es mit seinen Eindrücken und Erlebnissen, seinen Wünschen und Ängsten, seinen Vorstellungen und Phantasien. Überspitzt ließe sich formulieren:

- Es ist die psychische Befindlichkeit des Spielers, seine Einstellung, die eine Verhaltensweise zum Spiel werden lässt.

Vor allem das Kind ergreift diese Möglichkeit, um sich an die Realität heranzuspielen.

7.7 Kind, Spiel, Familie

„Bei aller Verschiedenheit der Auffassungen, die die zahlreichen Spieltheorien vertreten, scheinen sie doch in einer Richtung einig zu sein (falls sie dem Spiel überhaupt eine Funktion zuerkennen): Beim Spiel handelt es sich um eine relativ entlastete, unmittelbar befriedigende Form der Auseinandersetzung mit Problemen – seien sie kognitiver, affektiver oder sozialer Natur –, die den Kindern erlaubt, Lösungsmöglichkeiten und Verhaltensweisen einzuüben, und zwar in einem Bereich, dessen Realitätsnähe beliebig unklar gehalten werden kann, und bei Tätigkeiten, in denen die teilnehmenden Kinder ihr persönliches Engagement beliebig undeutlich lassen können. Hierin stimmen auch sich ansonsten dezidiert unterscheidende Spieltheorien überein: Psychoanalytiker, die sich mit dem kindlichen Spiel befasst haben, sprechen von der ‚Spielfassade', die aufgebaut wird, damit in symbolischer Einkleidung ein Kompromiss zwischen Triebwünschen, Gegebenheiten der Umwelt und entscheidender Ich-Organisation gefunden werden kann, der die Bearbeitung von affektiven Problemen erlaubt, mit denen in unverhüllter Form sich zu beschäftigen die Erwachsenenwelt dem Kind untersagen würde (vgl. das Sammelreferat von H. Nitsch-Berg, 1973). Dieselbe Funktion schreibt die kognitive Entwicklungspsychologie J. Piagets dem Spiel zu. Zwar strebe insgesamt die Intelligenzentwicklung des Kindes einem (dynamischen) Gleichgewichtszustand zu, in dem ‚Akkommodation' – Anpassung der Konzepte an die vorgegebenen Objekte – und ‚Assimilation' – Unterwerfung der Objekte unter die entwickelten Konzepte – ausbalanciert sind. Im Spiel dagegen überwiegen die assimilierenden Schritte in der Ausformung der Denkstrukturen, denn es bietet dem Kind Gelegenheit, relativ unbeeinflusst von den Regeln der Realität neu erworbene Strukturen auf vielerlei Gegebenheiten und unter variierenden Bedingungen anzuwenden und zu testen. Bei ständiger Konfrontation mit der Realität würde das Kind überwiegend Misserfolge und Ablehnung erfahren, weil es über die kognitiven Voraussetzungen für eine adäquate Auseinandersetzung mit seiner Umwelt noch nicht verfügt. Die Gefahr wäre groß, dass das Kind in seiner aktiven Zuwendung zur Außenwelt irritiert würde, wenn ihm nicht der ‚Freiraum' des Spiels zur Verfügung stände. Auch viele andere Autoren haben die Funktion des Spiels, unter Entlastung vom ‚Ernstfall' Verhaltensweisen und Stile der Problemlösung zu erproben und sich anzueignen, hervorgehoben …

Spiele sind also wichtige Bestandteile der frühkindlichen Sozialisationsprozesse. In ihnen erwirbt das Kind Grundqualifikationen des sozialen Handelns. Es lernt an die Erwartungen der anderen anzuknüpfen, aber auch eine Identität aufrechtzuerhalten, in der sich seine Selbstbehauptungsversuche gegen Kommunikations- und Interpretationszwänge niederschlagen. Es handelt sich folglich um Prozesse, die sowohl unter der Perspektive der Integration des Kindes in soziale Beziehungssysteme als auch unter der Perspektive der Individuierung betrachtet werden müssen. Im übrigen determinieren diese Sozialisationsprozesse nicht nur die Entstehung sozialer Handlungsfähigkeit im engeren Sinne, sondern bestimmen auch seine kognitive Leistungsfähigkeit und seine affektiven Dispositionen.

Das Kind erwirbt diese verschiedenen Qualifikationen kaum durch Belehrung und Anleitung, sondern vielmehr durch die Teilnahme an sozialer Interaktion. Vom ersten Tag seines Lebens an partizipiert es an den Kommunikations- und Interaktionsmustern seines Familiensystems, weil die Mutter von Beginn an ihr Baby nicht als ein Ding behandelt, sondern ihm Intentionen unterstellt, selbst wenn es sehr wahrscheinlich noch gar keine übernommen hat. Die Familie bleibt für mehrere Jahre der wichtigste Handlungsraum des Kindes. In ihr entstehen zunehmend komplexere Interaktionsprobleme für das Kind, wenn nach der Auflösung der ursprünglichen Mutter-Kind-Einheit allmählich die Rollenstruktur dieses sozialen Systems hervortritt, wenn die Familienmitglieder zuerst durch die Unterscheidung von Ich und anderen, dann nach Generationszugehörigkeit und schließlich nach Geschlecht in verschiedene Kategorien unterteilt werden, die wieder jeweils verschiedene Identifikationsmöglichkeiten für Jungen und Mädchen anbieten …

Nach dem, was wir über Familiensysteme wissen, die Defizite oder gar pathologische Verhaltensweisen bei Kindern hervorrufen, scheinen Beziehungssysteme, die Problemlösungs- und Konfliktverarbeitungsfähigkeiten fördern, vor allem folgende Eigenschaften aufweisen zu müssen: Sie sollten auf verschiedene Weise deutbare Elemente enthalten, so dass divergierende Interpretationen möglich sind und somit auch unterschiedliche Handlungsziele, die auf verschiedenem Wege erreicht werden können. Es ist folglich offen, wie Handlungsprobleme in derartigen Beziehungssystemen gelöst werden, denn sie sind nicht rein ritualistisch organisiert, lassen nicht nur konventionelles Verhalten gelten und unterdrücken nicht von vornherein jede Abweichung von Erwartungen. Handlungen in Beziehungssystemen dieser Art wecken in den Beteiligten eine eigene Motivation. Sie wirken nicht so sehr wegen eines äußeren Zwanges mit, sondern sie bestimmen ihr Engagement selbst. Die Offenheit der Handlungssysteme impliziert also ein gewisses Maß an Selbstbestimmung, das den Interaktionsteilnehmern auch eine jedenfalls teilweise Befriedigung ihrer persönlichen Wünsche und Interessen garantiert. Obwohl oder vielleicht gerade weil subjektive Erwartungen in solchen Handlungssystemen eine wichtige Rolle spielen dürfen, wird hier die wechselseitige Einschätzung der beteiligten Personen nicht allein vom Erfolg oder Misserfolg in diesem Handlungszusammenhang abhängig gemacht, sondern jeder Teilnehmer kann erwarten, dass er in seiner Identität auch unabhängig vom Ausgang der aktuellen Kommunikation und Interaktion respektiert wird. Die hier offenen Beziehungssystemen generell zugeschriebenen Eigenschaften – Ambivalenz in den Interpretations- und Handlungsmöglichkeiten, intrinsische Motivation der Beteiligten, Chancen der Behauptung als identisches Subjekt – sollten auch Familiensysteme charakterisieren. Tatsächlich bleiben viele aus jeweils verschiedenen Gründen, die die Sozialisationsforschung ermittelt hat, hinter diesen ‚idealtypischen' Verhältnissen zwangloser Intersubjektivität zurück. Dagegen scheinen diese Strukturelemente nicht ritualisierter, spontaner Interaktion weitgehend mit den spezifischen Merkmalen des Spiels übereinzustimmen, die E. Calliess in ihrem Gutachten über spielendes Lernen aufzählt. So ist es denn auch nicht verwunderlich, dass – wie Kindergärtnerinnen und andere Erzieher immer wieder beobachten – Kinder, die aus ‚schwierigen' Familienverhältnissen stammen, nicht spielen können. Ein rigides, ritualistisches ebenso wie ein diffuses, überdauernde Sinnstrukturen zerstörendes Familiensystem machen jeweils auf ihre Weise unmöglich, dass das Kind interpersonale Kompetenz erwirbt. Wenn es keine Hilfestellung erfährt, werden seine psychischen Voraussetzungen nicht ausreichen, sich an einem so mehrdeutigen und unvorhersehbaren Handlungssystem zu beteiligen, wie das Spiel es darstellt." Soweit Lothar Krappmann.[41]

41 Kommunikation und Interaktion im Spiel, erschienen in: Die Eingangsstufe des Primarbereichs, Bd. 2/1: Spielen und Gestalten, hg. vom Deutschen Bildungsrat, Stuttgart: Klett 1975, S. 45ff.

Ergänzen wir das Zitat durch einen Hinweis auf die Grund legende Wichtigkeit einer zuverlässigen Mutter-Kind-Dyade zur Entwicklung des frühkindlichen „Urvertrauens“ (Erikson), auf der sich dann sekundär die flexible Familiengruppe („facilitating environment“, Winnicott) aufbauen kann, und halten wir fest:

- Spiele sind wichtige Bestandteile frühkindlicher Sozialisationsprozesse.
- Rigide-ritualistische wie diffuse Familiensysteme verbieten spontane Interaktion; sie erschweren den Erwerb von sozialer Handlungsfähigkeit wie von Spielfähigkeit und Spielfreude.
- Um so wichtiger ist es, dem Kind im angeleiteten Spiel in Schule und Kindergarten vereinfachte Situationen zur Verfügung zu stellen; es da anknüpfen zu lassen, wo seine Spielfähigkeit noch ausreicht, und ihm als Ergänzung zu dem Handlungsfeld Familie den Spielraum zu geben, in dem es leben lernen kann.

7.8 Kinder als Spielleiter (spontanes Rollenspiel)[42]

Beispiel 19: Claudia, 4, ist unruhig, weil ihre Mutter nicht zu Hause ist. Vater liegt auf dem Sofa und liest. Claudia (zu ihrem Vater): „Du musst jetzt jammern und sagen, die Mama soll nach Hause kommen!“ Vater: „Die Mama soll nach Hause kommen!“ Claudia: „Mama ist zum Flöten gegangen.“ Vater: „Sie soll aber nach Hause kommen!“ Claudia: „Jammere nicht! Sie ist jetzt in der Straßenbahn und kommt bald.“

Kinder entdecken und entwickeln die Rollenspielfähigkeit etwa vom 2./3. Lebensjahr an. Ihr **spontanes Rollenspiel**, wichtiges Lern- und Lebensmittel, geht häufig von charakteristischen Requisiten aus und erkundet Gegenstände und Verhaltensweisen aus spielerischen, d. h. „ernstlich“ noch nicht zustehenden Perspektiven (große Schwester, Postbote, Eltern usw.). Die Entdeckung geht bis zur spontanen Anwendung psychodramatischer Methoden (vgl. den Rollentausch in unserem Beispiel 19; durch ihn ersparte sich Claudia die Jammerrolle); Kinder entwickeln antizipierende, rekapitulierende, internalisierende Rollenspiele; in häufiger Wiederholung machen sie sich zu eigen, was ihnen fremd, bedrohlich, attraktiv, erfolgreich erscheint. Finden sie keine öffentliche Bestätigung in ihren Spielen, so verbleiben diese in ihrem Privatbereich und trocknen da langsam aus oder werden zurückgenommen in Tagträume, Kritzeleien, auch in das Schreiben und Lesen von Gedichten und Geschichten.

Lehrer und Spielleiter sollten die kindliche Äußerungsfähigkeit kennen und studieren (etwa durch Beobachtungen im Sandkasten, während der großen Pau-

42 Die Kapitel 7.8, 7.9. und 7.10 sind zuerst erschienen in Halbfas/Maurer/Popp: Neuorientierung des Primarbereichs, Band 6: Spielen, Handeln und Lernen, Klett-Stuttgart 1976.

se); sie sollten die Phantasie ihrer Spieler (ihre innere Realität) genau so wichtig nehmen wie ihre (äußere) Realität; sie sollten bei Gelegenheit in ihre Rollenspiele einsteigen; sie sollten die kindliche Fähigkeit zum Rollenspiel auf jeden Fall ermuntern und bewahren.

7.9 Kinder als Theatermacher (selbst organisiertes Rollenspiel)

Beispiel 20: Vor zwei Jahren (d.h. 1974) hatten in der Nähe der Pädagogischen Hochschule Berlin wohnende Kinder zunächst den Sportplatz, dann Übungsräume der PH als „Spielplätze" erobert. Sie kamen auch zu mir in eine Figurenübung und störten da. Ich bat sie deshalb nach nebenan auf die Bühne (!) und schlug ihnen vor, sie sollten, vielleicht mit Hilfe einiger schon fertiger Masken, eine kleine Szene vorbereiten und uns dann vorspielen. Daraus entwickelte sich eine „freie Arbeitsgemeinschaft" von etwa zehn Acht- bis Zwölfjährigen (vielfach Geschwister), die ohne Anleitung über Wochen hindurch Stück um Stück produzierten, durch Plakate und Handzettel ankündigten, spielten und jeweils zum Abschluss eine Sammelbüchse herumgehen ließen. Ihre Stücke waren voller Fernsehklischees, handelten zuerst das Kriminalstück, dann den Western ab; sie verbesserten sich sichtlich in der Ausstattung und im Ausbau von Gags. Zwischendurch arbeitete ich mit der Gruppe eine knappe Stunde lang auf der Bühne und versuchte, sie auf ihre primären Erfahrungen zu verweisen. Das gelang auch für diese Stunde, wirkte sich aber auf die weiteren Aufführungen nicht aus. Sie blieben bei ihren Mustern und fanden schließlich von einem Kneipenstück einen eleganten Übergang in die Realität: sie machten einen Bauchladen auf und verkauften Saft an die Studenten. Das gab Schwierigkeiten mit der Verwaltung; ein Versuch, die Gruppe in die Jugendarbeit der benachbarten Gemeinde zu überführen, schlug fehl; mit dem Ende des Wintersemesters ging die Theaterperiode zu Ende; im Sommer spielten sie wieder Fußball.

Kinder sind also im Grundschulalter bei minimaler Ermutigung durchaus in der Lage, **selbst organisiertes Rollenspiel** bis hin zum **Theater** in eigener Verantwortung durchzuführen. Dabei nehmen organisatorische Vorbereitung und Durchführung des Spiels den Hauptteil der Zeit ein; inhaltliche Vorbereitung und Nachbesprechung sind in der Regel höchstens ansatzweise vorhanden. Die Inhalte hängen stark von dem Muster ab, das im ersten geglückten Versuch geprägt wird. Zielt er auf das Fernsehabendprogramm, werden lange Zeit hindurch gängige Stückmuster der Massenmedien nachgespielt; folgt er einem Märchen, so bleibt es bei Prinzessinnen und Zauberern; hat ein Lehrer den Schülern einen passenden Heimatkunde- oder Lesebuchstoff vorgeschlagen, werden von da an sämtliche unpassenden Lesestücke nachgespielt; brachte er es gar fertig, sie auf ihre eigenen Erfahrungen zu verweisen, so spielen die Schüler mit ebensolchem Einsatz Szenen aus der häuslichen Umgebung oder Konflikte aus Schule und Freizeit.

7.10 Wirkungen des selbst organisierten Rollenspiels[43]

Sicher werden eine Reihe von Fähigkeiten schon im spontanen oder im selbst organisierten Rollenspiel geübt (Kooperations- und. Organisationsfähigkeit, Entwicklung des Ausdrucks). Die Attraktivität eigener Betätigung in selbst gewählten Situationen führt sogar dazu, dass auch zerstrittene Gruppen sich zum Rollenspiel zusammenfinden und im Rollenspiel ihren Streit vergessen (Entwicklung von Partnerbeziehungen und Gruppengefühl). Insgesamt aber wird das Mittel Rollenspiel kaum genutzt; seine möglichen Wirkungen werden verschenkt. Nur die Ausdrucksmittel werden entwickelt, die schon vorhanden sind (der Laute wird noch ein wenig lauter, der Zurückhaltende geht nicht mehr aus sich heraus; wer immer schon mit Händen und Füßen redete, hat damit im Spiel Erfolg und verstärkt seine Manie noch); eine intensive Auseinandersetzung mit dem Inhalt der Spiele findet nicht statt (zwar kommt es vor, dass einer der Spieler seine Probleme durch häufiges Durchspielen löst oder einer Lösung näher bringt; meist aber werden vorhandene Vorurteile und Klischees eingespielt, die verkürzte und vergröberte eigene Darstellung wird mit der Wirklichkeit mehr und mehr verwechselt); die Affinität der Spieler zu einzelnen Rollen wird festgespielt (die blonde Schöne ist immerzu die Prinzessin, ein anderer ständig der Superdetektiv).

7.11 Spielen und Lernen

Wir machen eine weitere Einschränkung:

- Spiele interessieren uns als Lernmittel; unter diesem Gesichtspunkt sind sie noch einmal genauer zu betrachten.
- Das aber heißt nicht: Spiele sind dem Lernzweck unterworfen!

Eher im Gegenteil: gelernt im Spiel wird nur dann, wenn das Spiel echt Spiel sein kann. „Das Spiel ist nur nebenbei eine Übung, selten Prüfung oder Schaustellung. Die Fähigkeiten, die es entwickelt, ziehen zweifellos einen Vorteil aus diesem zusätzlichen Training, das überdies frei, intensiv, vergnüglich, erfindungsreich und geschützt ist. Aber es ist niemals die eigentliche Funktion des Spiels, eine Fähigkeit zu entwickeln. Der Zweck des Spieles ist das Spiel selbst. Was bleibt, ist nur, dass die Fähigkeiten, die es übt, die gleichen sind, die auch dem Lernen und den ernsthaften Tätigkeiten der Erwachsenen dienlich sind. Wenn diese Fähigkeiten gehemmt oder unterentwickelt sind, versteht das Kind gleichzeitig weder zu lernen noch zu spielen, denn es kann sich dann weder einer neuen Situation anpassen, noch sich konzentrieren, noch sich einer Disziplin unterwerfen ... Das Spiel ist keineswegs

43 Ebenso wie die Kapitel 7,8 und 7.9 entnommen aus Halbfas/Maurer/Popp.

ein Refugium für Schwächlinge oder Anomale. Es widersteht ihnen nicht weniger als Arbeit. Die unterdurchschnittlich begabten Kinder oder Heranwachsenden sind nicht weniger unfähig, sich mit einiger Ausdauer oder Konzentration einer Spieltätigkeit wie einer wirklichen Lehre hinzugeben. Für sie reduziert sich das Spiel auf eine einfache, gelegentliche Verlängerung der Bewegung, auf einen reinen, unkontrollierten Antrieb ohne Maß oder Einsicht – die Murmel oder den Ball, mit denen die anderen spielen, schieben, hindern, stören, stoßen usw. Der Augenblick, in dem es dem Erzieher gelingt, ihnen die Achtung vor der Regel oder, noch besser, den Geschmack daran, Regeln zu erfinden, einzuflößen, ist auch derjenige ihrer Heilung." (Caillois, S. 192)

Einige Kennzeichen des Spiels machen es für Lernerfahrungen besonders geeignet. Wir versuchen sie genauer zu bestimmen. Spiel ist **ein vergnügliches, mit dem Spieler selbst verbundenes Medium**, daher verlockend, motivierend, aktivierend. Durch seine Aktivität wird es gebildet; nicht fremd und distanziert liegt es vor ihm wie ein Buch oder ein Bild; er selbst stellt es oder sich in ihm dar.

Damit wird Lernen im Spiel zum Erfahrungslernen; es entspricht der Erkenntnis, dass Lernen nicht nur auf verstandesmäßiger Einsicht beruht (kognitiv), sondern die Betroffenheit des Gefühls (affektiv-emotional) und die handelnde Aktivität mit anderen (pragmatisch-sozial) mit einschließt. Intensives Lernen kann also nur stattfinden, wenn emotionale oder soziale Barrieren beseitigt sind (Apathie, Resignation, Aggressivität, Angst, Verteidigungshaltung, überstarkes Konkurrenzdenken). Umgekehrt ist das Klima des Spiels mit seinen Attributen dem Lernen günstig (Spaß, Neugier, Lust am Experiment; Interesse an praktikablen Lösungen; Freude an Kontakt, Kommunikation, gegenseitiger Hilfe, Zusammenarbeit).

Als negativ könnte erscheinen, dass die Lust am Spiel sich auch als Suche nach der Lust am Spiel zeigt, dass sie also die Entwicklung des Spiels bestimmt und so häufig zu anderen Spielen führt als „eigentlich" pädagogisch intendiert war. Der Spielpädagoge muss sich in diesem Fall resolut auf das subjektive Curriculum der Spielgruppe einlassen; er wird jedoch sein Programm ergänzen durch gezielte **Übungen**, die der Gruppe weder zugemogelt noch aufoktroyiert werden dürfen, sondern zusammen mit ihr entwickelt, gewählt, bestimmt und kontrolliert werden.

Spiel ist **ein naiv-alltägliches Medium**; Kinder bringen zumindest Spielansätze mit in die Schule oder in die Gruppe (wenn das nicht der Fall ist, muss therapeutisch gearbeitet werden). So sicher wie sich dieser Satz formulieren lässt, so vorsichtig ist er zu lesen. Denn auch die Umkehrung ist wichtig: Jedes Spiel verlangt Fähigkeiten, weil es sonst nicht Spiel sein kann. Wenn der Spieler mühselig stümpert, wenn er nichts zusammenbekommt, wütend das Spielzeug wegwirft, weinend seine Betätigung einstellt, kann noch nicht von Spiel gesprochen werden. Erst, was als Fähigkeit und Fertigkeit abrufbar ist, kann zum Spiel werden; erst die Beherrschung eröffnet die Leichtigkeit, mit der Spiel möglich wird. Glücklicherweise aber ist Spiel ein so plastisches Gebilde (vergl. Kapitel 7.6), dass eine Umformung des Spielwunsches immer noch zu einem Spiel führt, das den gegebenen Fertigkeiten angemessen ist: das Kind reitet auf dem Steckenpferd, fährt Auto mit einem Stuhl, tanzt mit den Händen, wenn die Beine es noch nicht tragen können. So muss auch der Spielpädagoge von den Fähigkeiten seiner Gruppe ausgehen, um sie im Spiel zu gebrauchen, zu entbinden und zu entwickeln.

Spiel ist **ein komplexes Medium**. Zwar ist die Aufmerksamkeit eines Spielers häufig auf einen eng umgrenzten Bereich gerichtet; seine Tätigkeit führt ihn jedoch zu gesamtkörperlicher Beteiligung. So konzentriert sich der Figurenspieler auf seine Figur; ihren Ausdruck aber stellt er mit Hilfe seines eigenen Körpers umfassend her. Es werden also auch die Ausdrucksmittel mit einbezogen, die dem Zuschauer gar nicht sichtbar werden. Für den Spielpädagogen ergibt sich dadurch die Möglichkeit, die Aufmerksamkeit des Spielers von schwachen Bereichen abzuziehen und sie trotzdem zu entwickeln.

Spiel ist, wenn wir Tagtraum und Gedankenspiel außer acht lassen, **ein konkretes Medium**; es ist immer mit Gegenständen und/oder Inhalten verbunden. Deshalb eröffnet Spiel die Möglichkeit, über Gegenstände und Inhalte zu lernen.

Spiel ist **ein reduzierendes und abstrahierendes Medium**; es bildet nicht die komplette Wirklichkeit ab. Häufig spielt es mit Bildern oder Zeichen. Durch diese Reduktion wird es leicht, einsichtig, handhabbar, ungefährlich; es ermöglicht also Beschäftigung mit Themen, die in der Wirklichkeit zu schwierig oder zu gefährlich sind. Es darf jedoch nicht mit der Wirklichkeit verwechselt werden; Lernen im Spiel (Lernen am Modell) muss der Überprüfung durch die Wirklichkeit ausgesetzt werden (Transfer).

Spiel ist **folgenlos** oder wird als folgenlos definiert; es kann unterbrochen werden, neu beginnen, in verschiedenen Variationen durchgespielt werden. Der Prozess ist zur Einsicht freigegeben; Lernen wird nicht durch den Zwang zum Produkt behindert.

7.12 Spiel und Geschichte

Spiel ist sicherlich kein geschichtsloses Phänomen, auch wenn das in den vorstehenden Kapiteln so erscheinen konnte. Wir wollten zunächst die Grundlinien des Spiels herausarbeiten; in der konkreten Arbeit mit einer Spielgruppe und der Beobachtung von Spielern im Spiel ist die Geschichtlichkeit immer schon mitgegeben.

Das sollte zunächst ausreichen, um den Spielpädagogen und seine Arbeit vor dem Bezug auf einen faden „Menschen an sich“ zu bewahren.

Für eine Theorie der Spiele aber wäre eine historische Bestandsaufnahme dringend vonnöten. Die Grund legende Geschichtlichkeit, das heißt auch Wandlung und Entwicklung, ja Entstehen und Vergehen von so vertrauten Erscheinungen wie Kind, Kindheit, Familie, Jugendlicher, Psyche lässt sich ansatzweise bei Ariès und van den Berg erkennen.[44] Zwar kennen wir die „Grundlinien einer historischen Psychologie“ noch nicht, doch lässt sich immerhin feststellen, „dass frühere Generationen anders, und zwar wesentlich anders lebten“ (Berg, S. 11). Ariès enthält eine Fülle von konkretem Material, das sich nachspielen lässt. Wahrscheinlich könnte die Spielpädagogik dazu beitragen, historische Verhaltensformen durch die Nachbildung im Spielraum fasslich und untersuchbar zu machen; davon werden nicht nur die Spieler (durch Einsicht und Ausweitung ihrer sonst auf Gegenwart beschränkten Erfahrung), sondern auch Wissenschaften (durch körperliche Umsetzung von abstrakten Informationen) profitieren. Das würde in bezug auf Alltagssituationen etwa der Arbeit entsprechen, die Peter Stein mit der Schaubühne an Peer Gynt, der antiken Tragödie und an Shakespeare geleistet hat. Versuche dieser Art gibt es im Berliner Museumsdorf Düppel, wo Freiwillige mittelalterliche Lebensformen rekonstruierend untersuchen; ähnlich erprobte Thor Heyerdahl seine völkerkundlichen Annahmen durch „nachinszenierte“ Ozeanüberquerungen mit dem Inkafloß „Kon-Tiki“ und dem altägyptischen Papyrusboot „Ra“.

Über die historische Relativierung hinaus aber müsste noch eine Fehlerquelle bedacht werden, auf die Devereux nachdrücklich hingewiesen hat: dass Aussagen über Menschen primär Aussagen über den sind, der die Aussagen macht. Diese These unterstreicht den Charakter der Subjektivität unserer Weltanschauung; auf die Subjektivität gerade der Spielpädagogik habe ich ja wiederholt schon hingewiesen. Doch sollte das nicht zur Resignation führen; sind wir uns der Tatsache bewusst, so liegt gerade hierin ein Ansatzpunkt unserer Arbeit. „Eine authentische Verhaltenswissenschaft (wir würden sagen: eine authentische Spielpädagogik) wird es

44 Philippe Ariès: Geschichte der Kindheit, Hanser: München 1975.
J. H. van den Berg: Metabletica. Über die Wandlung des Menschen. Grundlagen einer historischen Psychologie. Vandenhoeck und Ruprecht: Göttingen 1960.
Georges Devereux: Angst und Methode in den Verhaltenswissenschaften, Hanser: München 1976.
Andreas Flitner (Hg): Das Kinderspiel: Piper: München 1973.
Andreas Flitner: Spielen-Lernen, Praxis und Deutung des Kinderspiels. Piper: München 1972.
Herbert Frommberger (Hg): Lernendes Spielen – Spielendes Lernen. Schroedel: Hannover 1976.
Ruth und Hans-Wolfgang Nickel (Hg): Spiel mit Kindern. Theater mit Kindern. Thienemanns: Stuttgart 1974.
Stefan Schmidtchen, Anneliese Erb: Analyse des Kinderspiels. Ein Überblick über neuere psychologische Untersuchungen. Kiepenheuer und Witsch: Köln 1976.

dann geben, wenn ihre Vertreter erkannt haben, dass eine realistische Wissenschaft vom Menschen (eine realistische Spielpraxis) nur von Menschen geschaffen werden kann, die sich ihres eigenen Menschseins vollkommen bewusst sind, was vor allem bedeuten muss, dass dieses Bewusstsein in ihre wissenschaftliche Arbeit (in ihre spielpädagogische Arbeit) eingeht ... Die Daten der Verhaltenswissenschaft (der Spielpädagogik) sind deshalb unter drei Gesichtspunkten aufzuschlüsseln:
1. Das Verhalten des Objekts (das Verhalten der Spieler).
2. Die ‚Störungen', die durch die Existenz und die Tätigkeit des Beobachters (des Spielleiters) hervorgerufen werden.
3. Das Verhalten des Beobachters (des Spielleiters): seine Ängste, seine Abwehrmanöver, seine Forschungsstrategien, seine ‚Entscheidungen' d.h. die Bedeutung, die er seinen Beobachtungen zuschreibt ... Verhaltenswissenschaft wird einfach werden, wenn sie beginnt, die Reaktionen des Verhaltenswissenschaftlers selbst auf sein Material und auf seine Arbeit als die elementarsten Daten aller Verhaltenswissenschaft zu behandeln. Bis zu diesem Zeitpunkt werden wir es nur mit einer Illusion der Einfachheit zu tun haben" (Devereux, S. 20f.)

Devereux, dessen Buchtitel richtig übersetzt „Von der Angst zur Methode in den Verhaltenswissenschaften" lauten müsste, schließt seine Überlegungen mit den nachdenklichen Worten: „Vielleicht ist das einzig Wichtige an diesem Buch, dass es unausweichliche Schlüsse aus der Maxime des Heraklit zieht: ‚Schlechte Zeugen sind Augen und Ohren den Menschen, wenn sie Seelen haben, die deren Sprache nicht verstehen'. Der Gedanke wäre mir lieb, dass dieser alte ionische Weise meine Entdeckungen nicht völlig zurückgewiesen hätte." (S. 363)

Konkretisieren wir unsere Aussagen durch einige Bemerkungen zu den Spielen der Spielpädagogik. Sie stammen zum einen aus **alten Kinderspielen**, die als konservative Gebilde vielfach weit zurückreichen (Zeckspiele etwa bis in die Zeit der Sammler und Jäger; Sozialspiele in den Feudalismus: Kaiser, König ... Bettelmann; Gericht und Rügespiele bis zu germanischen Quellen; dazu eine Fülle magisch-religiöser Praktiken usw. usw. Wenn diese Spiele jedoch bis heute lebendig geblieben sind, lässt sich davon ausgehen, dass sie gegenwärtigen psychischen Bedürfnissen zumindest in Teilen noch entsprechen – sonst wären sie längst untergegangen).

Eine neuere Schicht stammt aus dem **Schauspielertraining** vor allem jüngerer amerikanischer Truppen, die allerdings ebenfalls wieder auf Kinderspiele zurückgegriffen haben. Ihre Übungen und Spiele beziehen sich vor allem auf den Bereich Ausdruck und Kommunikation.

Die **Erweiterung des Spielrepertoires** vollzieht sich zum einen **spielerisch** in der Arbeit der Spielgruppen: immer wieder werden durch Variation und Kombination neue Spiele ‚erfunden' und auf ihre Brauchbarkeit (ihre Attraktivität) überprüft. Daneben aber sollte mehr und mehr eine **bewusste Erweiterung** des Repertoires erfolgen: Beobachtung von häufig vorkommenden oder schwierigen Alltagssituationen und Bedürfnissen sollte durch Regelung (Abstrahierung, Ritualisierung) zu Grundsituationen führen, die spielfähig sind. Diese aus der Wirklichkeit gefilterten Spiele (genau so erfanden Kinder früher ihre Spiele) könnten direkter und übertragbarer zu unserer heutigen Wirklichkeit passen und damit übertragbare Lernerfahrungen ermöglichen.

Noch kaum genutzt wird die Möglichkeit, mit **Kurztexten** vor allem aus der dramatischen Literatur zu arbeiten. Häufig erlaubt sich nämlich der Spieler in einer nicht von ihm selbst zu verantwortenden Situation mit den „vorgeschriebenen" Worten eines Autors Ausdrucksentfaltungen, die er ohne diese Hilfe und Entschuldigung nicht wagen würde; überdies gehen gute Texte an Ausdruck, Information, Gedankentiefe über das Normalmaß der Alltagssprache hinaus, sie können also den Spieler auch objektiv über seine Alltagserfahrungen hinaustragen. Schließlich können sie als Zeugnisse ferner Epochen einen Zugang eröffnen zu Vergangenheit und fremden Kulturen.

Aus diesem Grund sind auch die Beispiele in den Kapiteln 5.7 und 6.7 nicht Tonbandaufnahmen von Rollenspielen oder Mitschnitte von Alltagsszenen; sie sind spielerische Übungsaufgaben und Exempel für verdichtete Interaktionssituationen.

Schließlich sollte ein Hinweis auf die eigene **spielpädagogische Vergangenheit** nicht unterbleiben: vor allem die neuen Ansätze während der Weimarer Republik, das barocke Schultheater und die Traditionen der antiken Rhetorik. Aus dem Bereich des Laienspiels ist in den Hilfen für Spielleiter eine Reihe von Bänden erschienen, die in die praktische Diskussion wieder aufgenommen werden sollten.[45] Darüber hinaus ist es dringend nötig, die Geschichte der Spielpädagogik in ihren wichtigsten Erscheinungen spielpädagogisch aufzuarbeiten!

Mit der Betrachtung der Geschichtlichkeit sind wir wiederum vom Spiel (als einer allgemeinen Kategorie) zu Spielen (als vorfindbaren Wirklichkeiten) überge-

45 Peter Frantzen: Laienspiel in der Weimarer Zeit. Eine Dokumentation (Hilfen für Spielleiter, Heft 8, 1969).
Hermann Kaiser: Laienspiel und Amateurtheater seit 1945. Eine Dokumentation (Hilfen für Spielleiter, Heft 11, 1972).
Alwin Müller: Als München leuchtete. Der Jugendring und der Spielkreis Mirbt (Hilfen für Spielleiter, Heft 12, 1973).
Ottilie Dinges, Hermann Kaiser: Spielgestaltung und Menschenbildung. Für und von Ignaz Gentges (Hilfen für Spielleiter, Heft 14, Recklinghausen 1975)

gangen. Im folgenden Kapitel will ich versuchen, die für die Spiel-, Theater-, Interaktionspädagogik wichtigen Spiele, geordnet in Gruppen, näher zu betrachten. Resümieren wir zunächst:

- Spiel konkretisiert sich in historisch genauer zu bestimmenden Spielen.
- Die Geschichtlichkeit von Spielen dokumentiert sich im Spielgerüst (den Spielregeln), in der Aktualisierung der Regeln im Spielen einer Gruppe, in der (subjektiven!) Betrachtung von Spielregeln und Spielen durch Gruppe und Spielleiter.
- In der Geschichtlichkeit von Spielen sind biologisch-historische, gesellschaftlich-historische und individual-historische Aspekte zu unterscheiden.
- Die Spiele der Spiel-, Theater-, Interaktionspädagogik werden entwickelt aus Kinderspielen, Schauspielertraining, spielerischen Findungen der Spielgruppen, bewussten Reduktionen von Alltagssituationen, Texten der (dramatischen) Literatur, spielpädagogischen Traditionen.

8. Spielformen

8.1 Einteilung der Spiele und Übungen (Formenlehre I)

Schon mehrfach habe ich darauf hingewiesen, dass uns Spiele als Mittel zum sozialen Lernen interessieren (auch wenn Spiel nicht mit dem Lernzweck identisch ist, vergl. 7.11); dass wir aus unserer pädagogischen Zielsetzung heraus nur an einer Auswahl von Spielen interessiert sind (sozial-interaktionelle Spiele, vergl. 7.3); dass Spiel vom Spieler subjektiv akzentuiert wird (eine Einteilung von Spielen also immer vor-läufig ist, vergl. 7.6). Mit diesen Voraussetzungen komme ich zu vier Grundtypen von Spielen:

- In **Körperspielen** erprobt[46] der Spieler das Verhalten des eigenen Körpers. Dazu zähle ich auch die Materialspiele: der Spieler erprobt sich am Verhalten von fremden Körpern (Gegenständen, Material).
- In **Interaktionsspielen** erproben Spieler ihr Verhalten anderen gegenüber. Dazu zähle ich auch die Spiele aus den Bereichen Rhetorik (Erprobung des sprachlichen Verhaltens) und Gruppendynamik (Erprobung des emotionalen Verhaltens, der Gefühle).
- In **Rollenspielen** erproben Spieler das Verhalten in gespielten Rollen. Dazu zähle ich auch das Lernstück/Lehrstück (die genauere szenische Analyse und Darstellung besonderen Rollenverhaltens unter verschiedenen Aspekten auch mit Hilfe von vorformulierten Texten).
- In **Theaterspielen** erproben Spieler geprobte Verhaltensweisen vor anderen. Theater wird für die Spiel-, Theater-, Interaktionspädagogik in doppelter Hinsicht wichtig: als **Amateur-(Schul-)Theater** (gesehen aus der Position des Spielers), als **professionelles Theater** (insbesondere als professionelles Kinder- und Jugendtheater, gesehen aus der Position des Zuschauers).

Ehe ich jedoch die einzelnen Gruppen von Spielen genauer beschreibe und mich dabei beziehe auf die Bereiche von Interaktion, die in den Kapiteln 5 und 6 herausgearbeitet wurden, möchte ich eine Voraussetzung noch einmal aufgreifen: dass nämlich die Einteilung von Spielen höchst problematisch und vorläufig ist. Jedes einzelne Spiel gehört immer in mehrere, wenn nicht in alle Gruppen hinein; wir können also allenfalls von besonderen Schwerpunkten sprechen, vom Hauptgewicht oder Akzent – nicht zu bestimmen ohne den Spieler! Von ihm und dem Mitspieler hängt es ab, ob ein bestimmtes Spiel eher als Körperübung oder als gruppendyna-

46 Das Verb „erproben", im Anklang an die Theatersprache gewählt, soll hier und im folgenden eine Fülle von Bedeutungsschattierungen umfassen: erfahren, beobachten, erkunden, untersuchen, erforschen, analysieren, bewerten, auswählen, dabei üben, entwickeln, ausbilden, zusätzlich sich daran erfreuen, sich damit unterhalten.

misches Experiment, eher als Rollenspiel oder als Sprechübung ausgeführt wird. Immer zu beachten ist also der Unterschied zwischen der **fixierten Spielregel** (dem Skelett, dem Gerüst, das nur ein Transportmittel ist, ein „Spielraum“) und der Aktualisierung der Regel durch die Spielgruppe im **lebendigen Spielen** (der Vollzug des Spiels also, der den Raum der Regel mit ganz verschiedenen Inhalten füllt, der das Spielgerüst ganz unterschiedlich verkleidet, der das Skelett der Spielanweisung als Träger für gruppenindividuelle Gestalten nutzt). Ich werde auf diesen für den Spielleiter höchst wichtigen Umstand noch mehrfach hinweisen: die Kunst der Spielleitung ließe sich fast beschreiben als die Kunst des Umsteigens von einer auf eine andere Spielebene: dafür aber muss man die Ebene erst einmal sehen! Auf jeden Fall ist es besser, die Verflochtenheit der Spieltypen zu sehen und den Schwerpunkten der Gruppe entsprechend wechselnd zu arbeiten, als von einer Verfahrensweise her einen Omnipotenzanspruch aufzubauen oder sich technizistisch von allen anderen Spielen abzukapseln und eine Spezialität auf Kosten der anderen zu perfektionieren.

Zu dieser ersten kommt eine zweite Relativität. Die Grenze zwischen Übungen, Spielen, Improvisationen und Ereignissen ist fließend:

- eine **Übung** ist die am strengsten durch Regeln bestimmte, meist stark vom Spielleiter geführte und korrigierte Form;
- **Spiele** erlauben innerhalb der bestimmenden Regeln freie Entwicklungen;
- eine **Improvisation** entwickelt sich von einer gegebenen Grundlage aus oder zu einem gegebenen Ziel hin;
- **Ereignisse** sind weitgehend unbestimmt in Ausgangspunkt, Verlauf, Endpunkt.
- Ein **Training** ist eine gezielte Abfolge von Übungen, Spielen, Improvisationen, Ereignissen, Vorführungen, Reflexionen, Gesprächen, Beratungen, Unterweisungen. Es entspricht in seiner Weite den multiplen Techniken einer Breitspektrum-Psychotherapie (Barry M. Brown; wohlgemerkt ohne den spezifisch therapeutischen Impetus! Vergl. Arnold G. Lazarus: Angewandte Verhaltenstherapie, Klett: Stuttgart 1976).

Was von der Spielgruppe als Spiel, was als Übung, Improvisation oder Ereignis erfahren und ausgestaltet wird, hängt dabei weniger von der vorgegebenen Regel als von der Ansage des Spielleiters und den Verhaltensweisen der Spielgruppe ab. Keine der vier Formen ist „an sich“ besser; eine gute Gruppe sollte vor keiner scheuen und sich in keine flüchten; sie sollte die Zucht besitzen, scharf und genau zu üben, und die Souveränität, frei und spontan zu improvisieren. Sie sollte vor allem wissen, was sie gerade tut.

8.2 Körperspiele und -übungen

Der Körper ist Grundlage und Träger unserer Erfahrungen, Spiegel und Ergebnis unseres Lebens. Wie Grund legend wichtig er gerade für eine Spielpädagogik ist, möge die Sprachgeschichte andeuten: Spiel bedeutet ursprünglich „Tanz, Bewegung“ (vergl. Scheuerl, Kap. 7.2).

- **Körperübungen und -spiele** sind ein Verfahren der Körperforschung und Körperänderung. In ihnen erprobt der Spieler die Verhaltensmöglichkeiten seines Körpers (die Aufnahmefähigkeit seiner Sinne, die Gestaltungsmöglichkeiten seines Atems, seiner Haltung und seiner Bewegung), er untersucht die Auswirkungen seines Verhaltens und überprüft, was für ihn in der Wirklichkeit außerhalb des Spielraums angenehm und nützlich ist.

Forschend und beobachtend, experimentierend und fühlend ist der Spieler dem eigenen Körper gegenüber; er will nicht unbedingt äußere Ergebnisse erreichen: den Autobus noch schaffen, die Einkaufstasche schleppen, den Hundertmeterlauf gewinnen; er will Erfahrungen mit sich machen: er beobachtet den Vollzug, erfreut sieh am Vollzug, erkundet sich dabei.

Er erfährt, dass sein Körper nicht immer passend zu unserer Umwelt ist, dass er andere Forderungen stellt: dass Bäume zum Klettern fehlen und Stangen in der Turnhalle sie notdürftig ersetzen. Er erfährt, dass sein Körper keine Maschine ist, sondern sich in der Beschäftigung mit ihm verändert, dass er anpassungs- und entwicklungsfähig ist. Die Richtung dieser Entwicklung hängt vom Spieler ab, sie ist aber auch durch den biologischen Rahmen vorgegeben. Von daher sind die Übungen gezielte Erkundungen einer praktischen Humanbiologie: Was ist unserem Körper möglich? Eine Fülle von Erfahrungen auch ferner Kulturen ist hier in die Körperspiele einzuarbeiten: Entspannungstechniken, Yoga, Tai-Chi, Autogenes Training, Tanz- und Kultformen.

Nicht für ein erträumtes Paradies sollten die Erkundungen erfolgen; sie sollten sich beziehen auf unsere Welt von heute; sie sollten diese Welt aber auch konfrontieren mit den Wünschen, Bedürfnissen, Möglichkeiten unseres Körpers, mit der Forderung nach einer körpergerechten Welt.

Es geht also nicht um ein unpolitisches, reines Körperspiel. Im Gegenteil: „Der menschliche Körper ist das mikrokosmische Abbild der Gesellschaft, ihrem Machtzentrum zugewandt und in direkter Proportion zum zu- bzw. abnehmenden gesellschaftlichen Druck, ‚sich zurücknehmend‘ bzw. ‚gehenlassend‘“ (so Mary Douglas in: Ritual, Tabu und Körpersymbolik; zitiert nach Klaus Theweleit: Männerphantasien, Frankfurt: Roter Stern 1977, S. 382).

Bei strenger Definition würde der Körper für sich allein trainieren. In der Spielpädagogik aber werden Körperübungen fast immer in der Gruppe durchgeführt. Das ermöglicht, auch wenn noch keine Partnerübungen stattfinden, eine bestimmte Gruppenstimmung, ein Klima der Konzentration, das dem Üben förderlicher ist als die Einzelarbeit. Körperübungen sollten jedoch habitualisiert, in das alltägliche Handeln übernommen werden: nicht unbedingt Kopfstand bei jeder Gelegenheit, wohl aber Tiefatmung. Übungen in der Gruppe ermöglichen auch Erweiterung der eigenen Erfahrungen: Vergleich, Kontrolle, Ansporn, Beispiel, nicht Wettbewerb und Imitation.

Über den Körper kommen wir dann zu Material-, Gegenstands-, Raumerfahrungen, zu Sinnesübungen (Wahrnehmungstraining), zu Partnererfahrungen (vergl. Interaktionsspiele), durch den psychophysischen Zusammenhang zu Emotionen und Stimmungen (vergl. Gruppendynamische Spiele). Gefühle hängen stark mit Verhaltensweisen des Körpers zusammen, Ausdrucksfähigkeit mit seiner Biegsamkeit, Aufnahmefähigkeit mit Sinnlichkeit, Denken mit der Besinnlichkeit.
Als Heft 15 der Hilfen für Spielleiter hat Herbert Somplatzki den Titel „Körpertraining und Bewegungsgestaltung im darstellenden Spiel“ veröffentlicht. Das Buch enthält

- eine knappe Darstellung der humanbiologischen Grundlagen,
- eine Fülle von ausführlich beschriebenen Übungen zu den Bereichen Haut, Muskeln, Atmung, Entspannung (Körpertraining) sowie eine Reihe stark körperbetonter Interaktionsübungen (Kontakte zum Raum, Kontakte zum Partner, Trageübungen).

8.3 Materialspiele und -übungen

Jegliches Material kann Spiel provozieren; zumeist aber wird nur eine begrenzte Zahl von Materialien und Gegenständen zur Erkundung im Spiel freigestellt; sehr viel mehr Dinge sind für normierte, standardisierte Anwendungen reserviert.

Soweit bei dem Spiel mit Materialien oder Gegenständen die Materialerkenntnis im Vordergrund steht, sind Sachfächer (z.B. Physik, Technik) angesprochen; soweit die über Materialien vermittelte oder durch Materialien dargestellte soziale Begegnung dominiert, gehören die Materialspiele zur Spielpädagogik.

Zwei Formen sind zu unterscheiden: Befreiung, Anreiz, Motivation durch Material (Kostüme und Schminken zur Lockerung; der Ball zur Bewegungsentbindung; Stöcke im Stocktanz als Verbindungsmittel zum Partner); Nutzung des Materials zur Darstellung und Klärung der eigenen Anschauungen.

Einige Materialien haben sich in besonderer Weise als für die Darstellung geeignet erwiesen und wurden in langer Geschichte als Spielzeug und zu besonderen Künsten ausgearbeitet: **Figuren (Puppen), Masken**; dazu gehören auch das **Schattenspiel** und in weiterem Sinn **die technischen Medien** (Materialien): Film, Video, Kamera, Tonband.

Leider ist die Terminologie in diesem Bereich durchaus nicht einheitlich. Ich möchte empfehlen, bei Betonung des Sachaspektes von Materialien, bei Betonung des kommunikativen Aspektes von Medien zu sprechen. Im engeren Sinne müsste der Begriff medial auf die Beziehung zu einem Zuschauer beschränkt werden. Pädagogisch ist zu beachten, dass z. B. beim Puppenspiel über das Spiel hinaus noch eine ganze Reihe von weiteren Erfahrungsbereichen erschließbar ist: Materialbeschaffung, Entwerfen, Bauen, Ausstellen, Verkaufen, Tauschen, Aufführung organisieren (vergl. Theater, 8.10). Deshalb sind die komplexen Materialspiele in der Schule auch in einer Reihe von Fächern einzuordnen (Werken, Musik, Bildende Kunst, Deutsch, Politische Bildung, Geschichte, auch Mathematik) bzw. als Fächer übergreifend anzusehen.

8.4 Interaktionsspiele und -übungen

Interaktion ist ein Begriff für die Grund legende Sozialität des Menschen: er lebt, arbeitet und spielt zusammen mit anderen, er wird im Umgehen mit anderen Menschen erzogen, er erzieht zusammen mit anderen. Die reichen Ausfaltungen seines Interagierens mit anderen, die vielerlei „Sprachen“ (Ebenen), in denen Interaktionen erfolgen, wurden in den Kapiteln 5 und 6 näher beschrieben.

- **Interaktionsspiele und -übungen** sind ein Verfahren der Interaktionsforschung und Interaktionsänderung.
  In ihnen erprobt eine Gruppe gewählte Interaktionsformen unter gewählten Bedingungen; sie greift aus der komplexen Wirklichkeit menschlicher Interaktion durch Spielregeln eingeschränkte Segmente heraus (Gesten, Berührungen, Blicke usw.); sie untersucht die Auswirkungen der gewählten Interaktionsformen und überprüft, was in der Wirklichkeit außerhalb des Spielraums angenehm und nützlich ist.

Die Interaktionsspiele leben von der Reduktion der komplexen Alltagsinteraktion auf wenige Parameter; sie berücksichtigen die auch in der Pädagogik vertretene These, dass hochkomplexe Verhaltensmuster am ehesten erlernbar sind, wenn ihre Elemente zunächst isoliert verfügbar gemacht werden. Durch die Isolierung wird die Aufmerksamkeit der Spieler fokussiert; die Elemente werden intensiviert; die reduzierten Situationen werden genauer erkundet, schärfer beobachtet, nachhaltiger geübt. Bei Blindübungen etwa wird ein Hauptorientierungssinn ausgeschaltet; Gehör und Gefühl werden dadurch verstärkt. Bei nonverbalen Spielen verzichten wir auf das Verständigungsmittel Wort, erkunden dafür intensiver die Sprache der

Hände, der Blicke, der Gesten. Wir greifen auf ursprünglichere, vergessene Sinne zurück: Fühlverstehen und Sehverstehen gingen dem Sprachverstehen voraus.

Eine befriedigende Einteilung der höchst vielgestaltigen Interaktionsspiele ist bisher noch nicht gelungen. Unterscheiden lassen sich etwa folgende Bereiche: Lockerungsübungen, Sensibilisierungsübungen (Wahrnehmungsübungen, Blindübungen), Ausdrucksübungen, Konzentrationsübungen, Kooperationsübungen …

Inzwischen (d.h. seit 1974) liegt eine erste Untersuchung von Auswirkungen von Interaktionsspielen vor (Barbara Rüster: Der Einsatz von Interaktionsspielen und gruppendynamischen Übungen in der Erzieherausbildung, Dipl.-Arbeit PH Berlin 1974). Bemerkenswert ist zunächst die immer wieder bestätigte Beliebtheit der Spiele: Von 72 Schülern stimmten 70 für die Fortsetzung der Spiele, 2 dagegen (S. 27). Das bedeutet jedoch nicht, dass die Spiele nur einfach angenehm waren. Bei der Frage: Hattest du Abwehr gegen die Spiele? antworteten 12 % meistens, 27 % manchmal, 62 % selten. Interessant die Antworten auf die dann folgende Frage: Wenn ja, wie hast du auf deine Abwehr reagiert? gar nicht, weitergespielt: 51 %, mich dem Spiel entzogen: 40 %, in den Pädagogikstunden gefehlt: 0 %, die Spiele gestört: 2 %, gegen die Spiele protestiert: 3 % (S. 95). Einige Schwierigkeiten lassen sich genauer benennen. Die Schüler äußerten vor Beginn, bei welchen Spielen sie besondere Hemmungen erwarten; sie nannten: Geschichten vorspielen 34,4 %, Lied allein vorsingen 31,5 %, Stegreifspiel initiieren 28 %, Rollenspiel initiieren 21 %. „Das bedeutet, dass SS vor allem dann gehemmt sind, wenn sie isoliert und ungeschützt aktiv werden sollen, ein deutliches Indiz dafür, bei dem spielpädagogischen Projekt mit simultanen Übungen und Spielen zu beginnen und das offensichtlich angstbesetzte Darstellungsspiel am Ende der Unterrichtseinheit einzuplanen." (S. 92)

Einige Angaben zur Auswirkungskontrolle, beruhend auf Einschätzungen der Schüler: Wie könnten Ängste in deiner Lerngruppe abgebaut werden? Auf diese Frage antworteten: durch lehrerzentrierten Unterricht 0 %, Lernen in kleinen Gruppen 35,4 %, Diskussionen im Plenum 24,5 %, durch gemeinsames Handeln 45 %. Interaktionsspiele aber werden gerade durch gemeinsames Handeln in kleinen Gruppen charakterisiert. Sie entsprechen also sehr stark den Erwartungen der Schüler (S. 58). Die Kontrollfrage: Hast du nach Beendigung der Unterrichtseinheit Interaktionspädagogik den Eindruck, dass Hemmungen nachgelassen haben, beantworteten 90 % der Schüler mit Ja (S. 60). Als mögliche Gründe für die Angstreduzierung durch Spiele nannten die Schüler: „durch bewußtes Erleben im Spiel; psychische Prozesse sind beim Durchleben leichter zu begreifen; Möglichkeit, aktiv, spontan, emotional zu handeln; Möglichkeit, praktische Erfahrungen selbst zu machen; persönliche Konfrontation" (S. 60).

8.5 Gruppendynamische Spiele und Übungen

Sobald durch Tätigkeiten und Ziele Gruppen gebildet werden, entwickeln sich in ihnen Zuneigungen und Abneigungen. Zielorientierung und unterschiedliche Eignungen und Neigungen führen bald zu einer Aufteilung der Tätigkeiten, dann zu benennbaren Funktionen und bei Verfestigung zu Rollen und zu einem Rollengefüge innerhalb der Gruppe. Sie wird zu einem Spannungsfeld besonderer Art: die Gruppe entwickelt eine spezifische Dynamik.

Diese Entwicklung ist an jeder Theatergruppe abzulesen: wo bei der ersten Zusammenkunft noch alle gleich berechtigt, einheitlich anonym, austauschbar, abgeschlossen erscheinen, da hat sich schon nach wenigen Proben eine „Gruppe" gebildet: mit besonderen Wortführern, Elektrikern, Ideenlieferanten, Mitläufern, Organisatoren, mit Rivalitätskämpfen und Freundschaftspakten. Einige der Strukturen sind allen bekannt, viele bleiben unbewusst, sind aber trotzdem wirkungsvoll. Moreno hat mit der **Soziometrie** als erster ein Verfahren entwickelt, Gruppenbeziehungen zu messen und sichtbar zu machen („Die Grundlagen der Soziometrie", Köln und Opladen, 1954/1967). Nach ihm wurde eine Fülle von verschiedenen Formen entwickelt, um Gruppenprozesse und Gruppenstrukturen zu klären und zu verbessern. Bei dieser angewandten Gruppendynamik handelt es sich stets um „die innovatorische Nutzung der in jeder Gruppe entstehenden und sich regelhaft auswirkenden Dynamik".[47]

Der **Begriff Gruppendynamik** meint demnach mindestens viererlei: er benennt die Dynamik, d.h. die Entwicklung und Veränderung von Beziehungen, die in allen sozialen Gruppen auftreten; er bedeutet als Forschungsrichtung der Psychologie und Sozialpsychologie die wissenschaftliche Erforschung von Kommunikationssystemen und Interaktionsprozessen in Gruppen; er wird gebraucht für die Anwendung von gruppendynamischen Erkenntnissen z.B. in Lern- oder in Theatergruppen durch Lehrer oder Spielleiter; er bezeichnet schließlich die Vermittlung psychologisch-gruppendynamischer Kenntnisse durch besondere Veranstaltungen (angewandte Gruppendynamik). Verschiedene Vermittlungsformen wurden entwickelt (Sensitivity-Training, Organisations-Entwicklungs-Training, Marathon, Partnerschafts-Training, berufsspezifisches Training, Gruppendynamisches Laboratorium), wobei etwa Seifert Wert legt auf die Feststellung, dass zum Beispiel „Sensitivity Training mehr ist als die Anwendung irgendwelcher Methoden … (es) ist eine von einem theoretischen Gesamtkonzept getragene Methode. Es ist zugleich ein theoretisches Konzept über Konstruktionsprobleme seelischer Prozesse … ei-

47 A.M. Däumling u.a.: Angewandte Gruppendynamik. Selbsterfahrung – Forschungsergebnisse – Trainingsmodelle, Klett: Stuttgart 1974, 216. Vergl. auch: Hermann Argelander: Gruppenprozesse, rororo studium 5, Reinbek 1972.

ne von einem theoretischen Gesamtkonzept getragene Vorgehensweise unter spezifischen Bedingungen und mit konkreter Zielsetzung.[48]

Sagen wir es noch einmal mit anderen Worten: wenn die angewandte Gruppendynamik in ihren Veranstaltungen das Ziel verfolgt, das Verständnis für zwischenmenschliche Beziehungen in Gruppen und für Gruppenbeziehungen untereinander zu wecken und zu vertiefen, dann muss sie sich mit den allgemeinen Gesetzmäßigkeiten derartiger Beziehungen befassen. Dabei geht es insbesondere um Sympathie und Antipathie, um Affekte und Emotionen, um Wahrnehmungsverzerrungen durch Projektionen und frühere Erfahrungen. „Der Mensch lebt im Spannungsfeld von Liebe und Hass. Wie bei den höheren Wirbeltieren aktiviert der Artgenosse freundliche und feindliche Intentionen. Die Weichen werden bei der Begegnung gestellt. Der Gruß ist das Mittel, über die Aggressionsbarriere hinweg ein freundliches Band zu stiften. Ein uns angeborener Signalcode sowie die nach gleichen Funktionsgesetzen ähnlich gestalteten kulturellen Rituale erlauben es uns, selbst mit Mitmenschen, deren Sprache wir nicht kennen, freundlichen Kontakt aufzunehmen. Vor allem in den uns angeborenen Verhaltensweisen verfügen wir über eine die kulturellen Unterschiede überbrückende Bezugsbasis, die es uns ermöglicht, uns in des Wortes wahrster Bedeutung als Mitmenschen zu verstehen." Was hier Irenäus Eibl-Eibesfeldt so idyllisch beschreibt (Die Bedeutung des Grußverhaltens beim Menschen und bei Tieren, Meyers Enzyklopädisches Lexikon, Band 11, 1974), gelingt auf Grund von „angeborenen Verhaltensweisen" vielleicht noch in einfachen Grußsituationen. Um uns im komplizierten Alltagsleben „als Mitmenschen zu verstehen", müssen wir lernen. „Sensitivity Training ist eine Methode, das zu lernen, was im privaten und beruflichen (und schulischen) Leben in der Regel nicht oder nur schwer gelernt werden kann, nämlich eigene und fremde Verhaltensweisen subtil aufeinander abzustimmen. Wie schwer es den meisten Menschen fällt, wenn sie selbst emotional engagiert sind, einem anderen zuzuhören und dabei das differenziert aufzufassen, was der Partner eigentlich meint, das zeigt etwa der typische Ehestreit ... (Däumling, in: Heigl-Evers, Gruppendynamik, 1973, S. 7).

Während in der angewandten Gruppendynamik ursprünglich die Verhaltensweisen vor allem verbal mitgeteilt, analysiert und kommentiert wurden (feed-

48 Werner Seifert: Gruppendynamik im Amateurtheater. Ein Arbeitsbericht (Hilfen für Spielleiter, Heft 13), Recklinghausen 1974 . Der Band enthält: übernehmen von S. 129.
Der Band enthält: eine theoretische Einführung in die Gruppendynamik, eine genauere Darstellung des Sensitivity Trainings, eine ausführliche Beschreibung eines Sensitivity Trainings mit Amateurtheaterspielern (verbunden mit Szenischem Spiel, Körpertraining, Arbeit mit Licht, Ton, Farben), einen Bericht über eine psychologische Begleitung einer Amateurtheatergruppe, ein Kurzprotokoll über die Entstehung einer Theaterproduktion.

back), werden heute mehr und mehr auch nonverbale Übungen und Spiele in das Trainingsprogramm aufgenommen. Ich verwende den Begriff Gruppendynamik in diesem erweiterten Sinn und präzisiere ihn als auf die Dynamik der Gefühle (der emotionalen Beziehungen) bezogen:

- **Gruppendynamische Spiele und Übungen** sind ein Verfahren der Emotionsforschung und Emotionsänderung.
  In ihnen äußert eine Gruppe ihre (emotionalen) Beziehungen; sie nimmt die vorhandenen oder entstehenden Gefühle (zwischen einzelnen, einzelnen und der Gruppe, innerhalb der Gruppe, von der Gruppe zu anderen) wahr und versucht, diese Gefühle genauer zu verstehen. Sie untersucht die Auswirkungen der emotionalen Beziehungen und versucht, sie zu verbessern.
  Die Spieler üben, Beziehungen auch in der Wirklichkeit außerhalb des Spielraums schneller und genauer zu erkennen und bewusster darauf zu reagieren (sie zu gestalten).

Seifert weist „nach Benne, Bradford, Lippitt" dem Sensitivity Training folgende Ziele zu: wacheres Bewusstsein für emotionale Ausdrucksweisen; Beobachtung der die Handlungen begleitenden Gefühle (bei sich und anderen); Klärung der persönlichen Wert- und Zielvorstellungen; Vermittlung theoretischer Einsichten; effektiveres Verhalten im Umgang mit der Umwelt; Transfer, Lernen lernen (s.S. 36f.). Sagen wir es verkürzt: der Spieler soll die in Interaktionssituationen auftretenden Gefühle wahrnehmen, zulassen, ausdrücken, verstehen, verändern. Damit erweisen sich die gruppendynamischen Spiele und Übungen als eine besondere Akzentuierung von Interaktionsübungen.

Das **Verhältnis von angewandter Gruppendynamik und Interaktionstraining** ist aber noch genauer zu bestimmen. Beide Spielformen arbeiten mit einer spezifischen Reduktion. Die Interaktionsspiele gehen von der Fiktion aus, dass in der Gruppe noch keine Gefühle vorhanden sind; sie bauen mit den Übungen das Gruppenklima erst auf. Die gruppendynamischen Spiele stellen bereits vorhandene Gefühle fest und analysieren sie; sie arbeiten mit der Fiktion, dass durch Feststellung und Analyse keine neuen Gefühle gebildet werden.

Die Gruppendynamik neigt also zur Durcharbeitung und Erklärung von Vorhandenem; sie entdeckt; sie fordert Selbsterkenntnis; sie stellt, eher rekapitulierend, fest: So bist du. Das Interaktionstraining neigt eher zum Aufbau von Gefühlen durch Interaktionen; es bildet; es fordert entwickelnde Tätigkeit; es stellt, eher antizipierend, frei: Du kannst alles (Verschiedenes) aus dir machen!

In gruppendynamischen Spielen ist der Spieler auf sein eigenes Gefühl konzentriert, er ist in Hochspannung mit sich selbst, beobachtet das Aufkommen seiner Gefühle. In Interaktionsspielen ist der Spieler auf seine Tätigkeit konzentriert, er ist mit seiner Aufmerksamkeit eher außer sich bzw. bei dem Interaktionspartner; die Gefühle bilden sich eher nebenbei: spontaner, spielerischer, ungestörter.

Diese Bemerkungen zur unterschiedlichen Akzentuierung der beiden Spielformen werden hoffentlich nicht als Verkündigung eines einander ausschließenden Gegensatzes missverstanden! „Gerade die Kombination von Interaktionsspielen, die verdrängte Gefühle und Bedürfnisse mobilisierten, und gruppendynamischem Gespräch zur rationalen Durchdringung der emotionalen Prozesse erwies sich als konstruktive Methode zur Analyse von Gruppenprozessen und Integration vieler einzelner zu einem runden Ganzen" (B. Rüster, S. 62).

In den Hilfen für Spielleiter, Heft 13, gibt Werner Seifert einen Arbeitsbericht „Gruppendynamik im Amateurtheater" (Recklinghausen 1974).

Weitere Literatur:
Däumling/Fengler/Nellessen/Svensson: Angewandte Gruppendynamik, Klett: Stuttgart 1974. Hermann Argelander: Gruppenprozesse, Rororo studium 5, Reinbek 1972.

8.6 Rhetorische Spiele und Übungen

Rhetorik ist die Kunst der (öffentlichen) Rede als Praxis und zugleich die Lehre von den Wegen, die zur Vollkommenheit des Sprechens in der Praxis führen. Wichtige Formen des Sprechens sind: Referat, Vortrag, Rede, Rollenrede, Gerichtsrede, politische Rede, Festrede, Aussprache, Debatte, Diskussion, Disputation, Disput, Dialog, Interview, Gespräch, Rollengespräch, Konversation (geselliges Gespräch), Kolloquium (gelehrtes Gespräch), Gespräch am runden Tisch, Symposion. Als Übergangsform zum Rollenspiel (Theater) kann das Planspiel angesehen werden; eine andere Übergangsform ist die Rezitation (der Vortrag von fremden Texten, Gedichten), verwandt mit dem Monolog des Theaters.

- In **rhetorischen Spielen und Übungen** untersucht der Spieler innerhalb einer Gruppe die Möglichkeiten verbaler Kommunikation und überprüft sie im Hinblick auf ihre Angemessenheit in der Wirklichkeit.

Entwickelt wurden in jüngster Zeit vor allem das therapeutische Gespräch und das weniger auf Kommunikation als Überrumpelung zielende Diskussions- und Verhandlungstraining (Verkaufstraining).

Rhetorik ist jedoch „keine Technologie (zumindest nicht nur!), deren Instrumentarium, recht angewendet, Erfolg und Einfluss verbürgt; sie ist vielmehr, in erster Linie, eine Wissenschaft, deren Anwälte, von Aristoteles bis Bacon, von Cicero bis Lessing, nicht müde wurden, das eine Problem zu analysieren: Wie kann Vernunft sprachmächtig und Denken praktisch werden? Wie lässt sich das für richtig Erkannte – in überzeugendem Appell? in herzbewegender Argumentation? – den Menschen einsichtig machen? Was muss Rhetorik tun und welche Prämissen hat sie, in einem Akt der Selbstreflexion, zu berücksichtigen, wenn sie ihr Ziel erreichen will: Bildung vorantreiben, Kommunikation strukturieren, sprachliche Übereinkunft und vernünftiges Handeln befördern zu helfen? (Kein Wunder, bei alledem, dass die großen Rhetoren – Quintilian so gut wie Melanchthon – meistens auch ‚Schulmänner' waren; Pädagogen mit einer auf Humanisierung der Gesellschaft abzielenden Bildungskonzeption.)."[49]

- Für die Spielpädagogik insbesondere wichtig ist die Gesprächsfähigkeit in den verbalen Reflexionsphasen während des Spielens und Übens: Reflexions- und Vorbereitungsgespräche, Interviews, Planspiel.

8.7 Rollenspiele und Rollenübungen

Der **Begriff Rolle** wird seit den zwanziger Jahren unseres Jahrhunderts benutzt als sozialwissenschaftliches Konstrukt, um das Funktionieren von Gesellschaft fasslich zu machen. Als zentrale Kategorie der modernen Soziologie meint er die Summe der gesellschaftlichen Erwartungen an Verhalten und Aussehen des Inhabers einer sozialen Position (Explizite Nennung des Begriffs nach meinem Wissen zuerst bei Karl Löwith: Das Individuum in der Rolle des Mitmenschen, 1928). Ursprünglich jedoch bedeutete **Rolle auf dem Theater** ganz konkret die Papierrolle (lat. rotula), auf die der für einen Darsteller bestimmte Text eines Theaterstücks aufgezeichnet wurde (in diesem Sinne seit dem Ende des 16. Jahrhunderts); heute meint der Theaterbegriff „Rolle" die Bühnenfigur, die von einem Schauspieler verkörpert wird (Text also samt zugehöriger Inszenierung und Interpretation).

Auch der **Begriff Rollenspiel** bezeichnet eine konkrete, vorfindbare Wirklichkeit: das spielerische Nachahmen von menschlichen Verhaltensweisen (auch von Bühnenfiguren bis zum Darstellen von Gedanken, Gegenständen, nichtmenschlichen Lebewesen). Kinder entdecken das spontane Rollenspiel etwa mit zwei Jahren als meist angenehme Verhaltensmöglichkeit, die in der Fiktion des Als-ob die Grenzen der eigenen Situation und Person zu überschreiten gestattet. Sie erfahren aber nur wenig Bestätigung und Anleitung im Spielen von Rollen; Erwachsene haben sich meist zurückgezogen auf die Rollen des Theaters, auf gelegentliche Ausbrüche im Fest (Karneval, Maskenball, Urlaub), vor allem auf die eingeschränkten, gesellschaftlich mehr oder weniger normierten Rollen des sozialen Handelns. Dieses alltägliche Rollenhandeln, das „Verwickeltsein in eine Rolle im zwingenden Gewebe des wirklichen Lebens" nennt Moreno „Kulturkonserven": sie „haben oder scheinen zumindest eine fertige Form zu haben."

49 W. Jens, in: Mayers Enzyklopädisches Lexikon, Bd. 20, 1973.

Rollenspiel dagegen erlaubt das Experimentieren mit den Formen; seine Vorzüge werden seit langem spielpädagogisch genutzt (in der Vergangenheit unter anderen Bezeichnungen: Stegreifspiel, Riemann 1931; Nachahmungsspiel, Gestaltendes Spiel; Entscheidungsspiel, Lebenssituation, Themenspiel, Lutz, 1957).

- **Rollenspiele und Rollenübungen** sind, nach Moreno, ein Verfahren der „Rollenforschung und der Rollenänderung“.
  In ihnen erprobt eine Gruppe von Spielern gewählte Rollen unter gewählten Bedingungen. Ihre auf wenigen Verabredungen beruhende Improvisation ist ein Probehandeln im Spielraum, bei dem die Akteure zugleich als Spieler (also in fiktiven, angenommenen Rollen) wie als Personen (also in realen Bezügen) gegenwärtig sind und bei dem äußere (gesellschaftliche) wie innere (psychische) Realität gestaltet wird.
  Die Spieler untersuchen die Auswirkungen ihres Rollen-Spielens und überprüfen, was in der Wirklichkeit außerhalb des Spielraums angenehm und nützlich ist.

Der Begriff Rollenspiel nennt nur eine der Bedingungen (Komponenten) des Phänomens Rollenspiel; alle treten zumindest doppelt auf: real in der naturwissenschaftlich nachprüfbaren Körperlichkeit, fiktiv in der mehr oder weniger gemeinsamen Definition der Spieler. Insgesamt stellen die Bedingungen ein Geflecht dar, aus dem keine zu isolieren ist. Das bedeutet zugleich, dass die Spieler von jeder Bedingung her ein Rollenspiel erfinden können (vergl. Kapitel 1: Bedingungen des Rollenspiels). Aus allen partiellen, fragmentarischen Ansätzen wird sich in der Improvisation bzw. nach kurzer Vorbereitung sehr schnell ein umfassendes Rollenspiel entwickeln, das allen Spielern komplexe, vielgestaltige Aufgaben stellt. Dabei dürften keinem von ihnen, auch nicht dem Spielleiter, sämtliche Bedingungen (Komponenten) des Rollenspiels lückenlos bewusst sein; keine ist der gesamten Gruppe gemeinsam und vollständig gegeben. Zumal die fiktiven Bedingungen haben für alle Spieler durchaus verschiedene Bedeutungsschattierungen.

- Rollenspieler müssen also für sich die gemeinsam vereinbarten oder durch den Spielleiter vorgegebenen Definitionen ausarbeiten,
- sie müssen den Mitspielern diese Definitionen während des Spiels durch ihr Spiel mitteilen, sie müssen die Definitionen der Mitspieler aus deren Mitteilungen im Spiel erschließen.

Dabei beziehen sich die Definitionen (Verabredungen, Interpretationen, Informationen) auf alle Bedingungen des Rollenspiels. Der Spieler interpretiert also unter anderem sich selbst, seine Rolle, sein Bild vom Partner, seine Vorstellung von dessen Rolle, die Situation, in der sie stehen (ihre Beziehungen), die Situation, die sie spielen.

Jeder Spieler agiert diese Interpretationen aus: mehr oder weniger deutlich, mehr oder weniger erkennbar. Auf jeden Fall beschreibt er sie nicht knapp mit wenigen Worten (wie in einem Gespräch, einem Aufsatz), sondern er gibt sie vollkörperlich mit einer Fülle von Informationen gestischer, mimischer, bewegungs- und haltungsmäßiger, auch sprachlicher Art.

In einem idealen Rollenspiel würden sich alle Spieler voll und ohne Missverständnisse ausdrücken können, würden alle Impulse voll aufgenommen, würde jeder den Spielraum seiner Rolle voll erproben, würden alle Spieler die Situation einheitlich und zugleich realitätskonform beurteilen. Über die reale, wirkliche Begebenheit hinaus aber würden im Rollenspiel nicht nur die Missverständnisse und Spannungen der Wirklichkeit exakt reproduziert, sie würden also nicht einfach unbewusst ertragen, flössen nicht als Kopie mit ein, sondern würden bewusst gestaltet: sie würden auf ihre Ursachen zurückgeführt, Möglichkeiten ihrer Beseitigung würden mitgespielt.

Ein ideales Rollenspiel enthält also über die Wirklichkeit hinaus auch die Erklärung der Wirklichkeit samt dem Aufweis von Möglichkeiten der Realitätsverbesserung; es zeigt, wenn man mit Brecht formulieren will, die Welt als eine veränderbare. Rollenspiel findet also zugleich als Kommunikation und als Metakommunikation, als Kommunikation über Kommunikation statt. Wie diese zweite Ebene zu realisieren ist, gehört zur Ästhetik des Rollenspiels, zum künstlerischen Handwerk des Spielleiters und der Spielgruppe. Das normale Rollenspiel wird sich in allen aufgeführten Punkten mehr oder weniger von dem idealen Rollenspiel unterscheiden. Aufgabe des Spielleiters, später auch die der Spielgruppe ist es, die Diskrepanzen zu bemerken, die Ursachen der Diskrepanzen zu analysieren, weitere Rollenspiele (oder andere Verfahrensweisen) zu entwerfen, um die Diskrepanzen aufzuarbeiten. Die Art der Diskrepanz bestimmt also die Verfahrensweise des Spielleiters; von der Art der Diskrepanz her lässt sich auch der Typ des Rollenspiels bestimmen.

8.8 Schichten (Typen) des Rollenspiels (Formenlehre II)

Bei der Bestimmung der einzelnen Typen des Rollenspiels lässt sich noch einmal zeigen, wie unsere Einteilung der Spielformen nur je verschiedene Akzentuierungen vornimmt. Sicherlich lassen sich besondere Schichten des Rollenspiels unterscheiden, die zu besonderen Typen ausgearbeitet werden können, wenn die Aufmerksamkeit von Spielgruppe und Spielleiter sowie die zusätzlichen Verfahren auf eine besondere Schicht gerichtet, die anderen vernachlässigt werden; genau so sicher aber bleibt der umfassende Handlungszusammenhang des Spiels und das psychophysische Gesamt der Spieler auch in jedem besonderen Typ erhalten. Niemals wird also eine der unterscheidbaren Schichten völlig verschwinden, auch wenn das Bewusstsein der Spieler nicht kontinuierlich oder gar nicht auf sie gerichtet ist.

Positiv gewendet, ergibt das die Möglichkeit, das Bewusstsein von einer Ebene abzuziehen, um gerade hier Wirkungen zu erzielen. Sichtbar werden die Schichten vor allem dann, wenn sich unerwartete Ergebnisse zeigen, wenn Brüche, Diskrepanzen auftreten, wenn Spieler und Spielleiter sich wundern, weil ihre Vorerwartungen enttäuscht werden.

Ich charakterisiere kurz die einzelnen Schichten (Typen, Diskrepanzen) und erläutere sie mit Beispielen vor allem aus dem Kaufladenspiel (Beispiel 8, siehe Kap. 6.1):

- **Rollenspiel als Körperspiel** (Diskrepanzen zwischen den körperlichen Anforderungen des Spiels und den Fähigkeiten des Spielers, etwa in der Rolle Bergsteiger oder der Situation Wilde Flucht, Prügelei. Die Sportdidaktik macht sich diese Schicht des Rollenspiels zunutze, wenn sie kleine Kinder wie Frösche hüpfen lässt oder alle zu Fässern und Kisten macht, die im Kaufladen gestapelt und gerollt werden.)
- **Rollenspiel als Plan- und Umweltspiel** (Diskrepanzen zwischen der Spielsituation und der Situationserfahrung. Gerade beim Kaufladenspiel muss eine Fülle von Sachinformationen vorhanden sein, wenn es realitätsgerecht durchgeführt werden soll. Im Planspiel wird die Situation noch weiter abstrahiert, sie wird reduziert auf Zahlen, Struktur, einen besonderen Fall, eine Gerichtsverhandlung. Das emotionale Planspiel gehört allerdings eher zu den gruppendynamischen Rollenspielen.)
- **Rollenspiel als Interaktionsspiel** (Diskrepanzen zwischen den Interaktionsmöglichkeiten der Situation und dem Interaktionsverhalten der Spieler. Kaufen und Verkaufen mit oder ohne Blickkontakt, mit besonderen Gesten, auf sehr engem Raum beim überfüllten Sommerschlussverkauf, mit übergroßer räumlicher Trennung in einer Ausstellungshalle – solche Aufgaben könnten einer Gruppe neuartige Interaktionserfahrungen erschließen.)
- **Rollenspiel als Sprachspiel** (Diskrepanzen zwischen den Spracherfordernissen der Situation und dem Sprachvermögen des Spielers. Überreden, überzeugen, informieren, widersprechen, befragen: eine Fülle von Sprechhandlungen findet im Kaufladen statt. Ausführlicher hierzu: „Rollenspiel als Methode des sprachlichen und sozialen Lernens“, hg. von B. Kochan, Kronberg 1974.)
- **Gruppendynamisches Rollenspiel** (Diskrepanzen in der Gruppenwahrnehmung. Wer darf den Besitzer des Ladens spielen? Wer den Kunden mit viel Geld? Wer bedient wen besonders gut oder schlecht? Allgemeiner: In welchen Rollen sehe ich mich, ihr mich, ich euch? Was bedeutet das für unsere Beziehungen?)

- **Rollenspiel als Normenspiel** (Diskrepanzen zwischen Normenanwendung im Spiel und Normenkontrolle, zwischen Normerfordernissen und Normwünschen. Beim Kaufladen ist sehr vieles festgelegt und geregelt: über Gesetze und Gewohnheiten. Diese Gesetze ließen sich im Spiel verändern und könnten dann zu einem Lernstück „Kaufen-Verkaufen" führen. Gerade bei Normenspielen ist deutlich zu unterscheiden zwischen dem spielerischen Einüben und dem zwanghaften Eindrillen, zwischen dem unbewussten Eingewöhnen und der erprobenden Untersuchung von Normen.)
- **Rollenspiel als Interessenspiel** (Diskrepanzen zwischen objektiven und subjektiven Interessen, zwischen gesellschaftlich geforderten und individuell vorhandenen Interessen, zwischen den Interessen verschiedener Spielpartner, zwischen offenen und verdeckten Interessen. Beim Kaufladen könnte man z. B. die Wünsche und Interessen, evtl. durch einen inneren Monolog, offen mitspielen. Man könnte untersuchen, welche Wünsche normalerweise geäußert, welche unterdrückt werden. Auch hier ist wichtig nicht die Einübung, sondern die spielerische Untersuchung von Interessen.)
- **Antizipierendes Rollenspiel** (Diskrepanzen zwischen der Situationsgestaltung bzw. Situationserfahrung und dem Auswirkungsbewusstsein. Ein antizipierendes Rollenspiel steht in engem Zusammenhang mit dem untersuchenden Normen- oder Interessenspiel. In einem solchen Rollenspiel ließe sich etwa erkunden, was aus einem Kaufmann wird, der seine Waren verschenkt; in welcher Wirtschaftsordnung ein solches Verhalten vielleicht möglich wäre. Neben dieser offen untersuchenden Vorwegnahme von Zukunft hat natürlich jedes Rollenspiel antizipierende Züge: Kinder, die heute Kaufladen spielen, werden in ihrem späteren Kaufverhalten von ihrem Spiel beeinflusst.)
- **Rekapitulierendes Rollenspiel** (Diskrepanzen zwischen der Situationsgestaltung bzw. Situationserfahrung und dem Herkunftsbewusstsein. Auch hier muss unterschieden werden zwischen den in jedem Rollenspiel auftretenden Erinnerungen und der bewussten untersuchenden Wiederholung von Vergangenheit: Warum eigentlich wurde ich von dem Käufer betrogen? Wie hat er das geschafft? Wo lag mein Fehler? Eine genaue Rekonstruktion des Vorgangs soll diese Fragen beantworten.)
- **Rollenspiel als Psychodrama** (Diskrepanzen in der Situationserkenntnis durch innerpsychische Konflikte. Welche Erfahrungen seiner Vergangenheit mischt ein Spieler unnötig und störend in das Kaufladenspiel ein? Von welchen Erfahrungen muss er sich also erst spielend befreien? Vergl. Kap. 2)
- **Rollenspiel als Soziodrama** (Diskrepanzen in der Situationsbewertung durch Intragruppenkonflikte. Sind alle der Meinung, dass Frauen die Verkäuferinnen spielen sollen, die Männer die Chefs?)
- **Rollenspiel als Politodrama** (Diskrepanzen in der Situationsbewertung durch Intergruppenkonflikte. Ein solcher Spieltyp würde sich etwa einstellen, wenn

Türken untereinander das Einkaufen in deutschen Geschäften üben würden; wenn Verkäufer untereinander trainieren, möglichst viel an ihre Kunden zu verkaufen. Auch Konflikte zwischen Eltern und Jugendlichen sind z.B. in der Jugendgruppe meist nur politodramatisch zu behandeln; die Gegengruppe ist nicht vertreten; die Jugendlichen stellen im Spiel also auch ihre Eltern dar; der Gruppenleiter müsste dafür sorgen, dass das nicht zu rechthaberisch geschieht. Besser wäre es sicherlich, wenn man die Eltern zu gemeinsamen, soziodramatischen Spielen zusammen mit ihren Kinndern gewinnen könnte.)

- **Rollenspiel als Spieltraining** (Diskrepanzen zwischen der Spielaufgabe und dem Spielvermögen der Spieler. Hier wird Rollenspiel auf die Spielgestaltung hin entworfen. Ein sehr zarter, schüchterner Junge könnte z.B. die Aufgabe bekommen, einen schwerhörigen Kunden zu bedienen.)
- **Mediales Rollenspiel** (Diskrepanzen in der Interaktion Spieler-Zuschauer. Besondere Aufmerksamkeit der Spieler wird auf Zuschauer gerichtet; das mediale Rollenspiel bildet den Übergang zum Theater.)
- Aus einer Zusammenstellung von mehreren Rollenspielen entstehen die **Großformen**:
  - **Lehrstück/ Lernstück** (vergl. 8.9),
  - **Stationenstück** (die Darstellung einer Geschichte in mehreren Stationen),
  - **Haus- oder Wandeltheater** (eine Reihung von mehreren raumspezifischen Rollenspielen an verschiedenen Spielorten. Die einzelnen Teilgruppen sollen ihr Spiel aus den Raumgegebenheiten entwickeln).

Um es noch einmal zu sagen: alle die hier aufgeführten Schichten sind in jedem Rollenspiel „Kaufladen“ zumindest andeutungsweise vorhanden. Bei Störungen wird die Gruppe automatisch, bei besonderen Interessen kann die Gruppe bewusst ihre Aufmerksamkeit auf eine bestimmte Schicht lenken; in gemeinsamer Arbeit kann sie aus dem breiten Strom Rollenspiel einen besonderen Typ herausheben. Insbesondere ausgearbeitet wurden bisher von Praxis und Wissenschaft die Typen Psychodrama, Planspiel, Sprachspiel. Der Spielpädagoge darf sich nicht auf einen Typ beschränken; er muss immer wieder kontrollieren, wo die Interessen und Schwierigkeiten seiner Spielgruppe liegen, um genau in dieser Schicht mit ihnen spielen zu können.

Abschließend vergegenwärtigen wir uns noch einmal, welche Verhaltensweisen des Spielers nötig sind, damit ein Rollenspiel gelingt. Er muss

- sich seiner Erfahrungen erinnern;
- mögliche Verhaltensweisen entwerfen (erinnern und/oder erfinden) und bewerten;
- aus erinnerten und erfundenen Verhaltensweisen auswählen;
- zum Mitspieler und zu den Zuschauern hin die ausgewählte Verhaltensweise durch Sprache, Gestik, Mimik, Haltung, Bewegung darstellen (für andere vergegenwärtigen);

- die Erinnerung und Erfindung der Mitspieler aus deren Darstellung (Mimik, Gestik usw.) erschließen.

Er muss im Fortlauf des Spiels diesen sich gegenseitig bedingenden Interaktionsprozess von Erinnerung, Entwurf, Äußerung und Wahrnehmung fortsetzen; dabei:

- aus möglichen Alternativen auswählen;
- mit der vereinbarten Grunddefinition des Rollenspiels vergleichen, sie beibehaltend oder bewusst verändernd, d.h. den Interaktionsprozess bewerten;

dabei zugleich:

- festhalten, dass es sich um Spiel handelt, das zum Spaß oder zur Untersuchung veranstaltet wird, bei dem es also auf den Prozess und nicht auf das Ergebnis ankommt;
- die Beziehung des Spiels zu den Zuschauern kontrollieren; zugleich:
- den Gesamtverlauf des Spiels im Gedächtnis speichern, damit der Verlauf des Spielprozesses im Nachhinein noch einmal untersucht werden kann.

In der Tat sind diese Verhaltensweisen und die für sie nötigen, stark auch kognitiv bestimmten Qualifikationen nahe verwandt mit den Qualifikationen, die die revidierte Rollentheorie als Grundlage gesellschaftlichen Handelns benennt: Rollendistanz, Ambiguitätstoleranz, Empathie, kommunikative Kompetenz.

Es ist also wohl so, dass die Handlungsfähigkeit in der sozialen Wirklichkeit keine grundsätzlich anderen Qualifikationen erfordern als das Rollenspiel; dass der Spieler im Rollenspiel aber eine größere Freiheit besitzt: er kann unterbrechen, abbrechen, von neuem beginnen; er kann die Intensität der Handlung verstärken und abschwächen, er kann auf Wichtiges reduzieren; er kann die Spielhandlung in Phasen zerlegen und nacheinander das tun, was unter dem Druck der Realsituation simultan erfolgen muss. Er kann sein Spiel z.B. mit ausführlichen Gesprächs- und Reflexionsphasen verbinden und durch Erkundungs- und Lernphasen abstützen.

Siehe auch: Hoffmanns Comic Teater: Will dein Chef von dir mal Feuer, Rotbuch: Berlin 1974.

8.9 Lehrstück/Lernstück

Lernstück nenne ich die von der Spielgruppe ausgehende, aus Rollenspielen entstehende, sekundär auch Texte von Autoren hinzuziehende komplexe Rollenspielform, die in der Vermittlung an ein (bekanntes) Publikum überprüft wird. **Lehrstück** heißt die von einem Autorentext ausgehende, sekundär auch spielerische Stellungnahmen der Spielgruppe einarbeitende komplexe Rollenspielform, die durch Darstellung vor einem (bekannten) Publikum überprüft wird.

- **Im Lehrstück/Lernstück** untersucht eine Gruppe unter starker, aber nicht ausschließlicher Verwendung von spielerischen und theatralischen Mitteln einen Problemzusammenhang und überprüft das Problem im Hinblick auf eine Problemlösung in der Wirklichkeit. Sie überprüft dabei ihre Vorstellungen durch eine Vorstellung vor einem (bekannten) Publikum, das ebenfalls mit dem Problem konfrontiert ist.

Lehrstück/Lernstück sind also Sonderformen des Rollenspiels und Übergangsformen zum Theater. Propagiert wurde der Begriff Lehrstück von B. Brecht für eine Gruppe seiner kleineren Dramen aus den Jahren 1929/30; von Brecht ausgehend, hat sich in der jüngsten Zeit (d.h. in den 1970er Jahren) eine intensive neue Diskussion und neue Praxis des Lehrstücks entwickelt; dabei wurde insbesondere auch das Lehrlings- und Jugendtheater aktiviert.

Der Zusammenhang des Lehrstücks mit Brecht, Marxismus, Dialektik, V-Effekt scheint mir jedoch keineswegs zwingend. Das Lehrstück „kann aufgefasst werden als Modell für eine Projektuntersuchung zu bestimmten Aspekten und Problemen der Gesellschaft mit den Mitteln des Theaters und des Spiels ... Es (handelt) sich um eine kollektive Aufarbeitung und Erörterung einer gesellschaftlichen Erfahrung, eines Falles, mit den Mitteln der Darstellung (Demonstration) von Handlungen, Haltungen und Abläufen. Als ein solcher Fall, der Anlass für eine gesellschaftliche Erfahrung war bzw. seine Erörterung ist, kann ein ganz persönlicher Fall, ein alltäglicher, ein mitgeteilter (auch etwa über ein Medium, z.B. Zeitung/Fernsehen), ein historischer, ein literarischer, ein Theaterereignis, auch die Gruppensituation, ein Gruppenkonflikt gelten. Innerhalb dieser theatralischen Erörterung kann diesem Fall der Gegenentwurf, seine Karikatur, eine Utopie entgegengehalten werden. Prinzipiell ist in ihm angelegt die Konfrontation gegebener und geforderter oder gewünschter sozialer Wirklichkeit, die Konfrontation unmittelbarer sozialer Erfahrung und gegebener möglicherweise konträrer auch in sich widersprüchlicher gesellschaftlicher Fakten. In dieser doppelten Dialektik erst kann sich ein gesellschaftlicher Standpunkt entfalten, der mit der Erkenntnis der allgemeinen Bedingungen von Handeln zugleich Vorschläge zu ihrer Veränderung einbringt.“[50]

---

50 Hans Martin Ritter:, Interaktionspädagogik – Darstellendes Spiel – Dramenerziehung, unv. Ms.; vergl. auch:
Reiner Steinweg: Das Lehrstück, Brechts Theorie einer politisch-ästhetischen Erziehung. Stuttgart 1972.
Reiner Steinweg (Hg.): Brechts Modell der Lehrstücke. Zeugnisse, Diskussion, Erfahrungen. Edition Suhrkamp 751, Frankfurt 1976.
R. Steinweg (Hg.): Auf Anregung Bertolt Brechts: Lehrstücke mit Schülern, Arbeiten, Theaterleuten. Edition Suhrkamp 929; Frankfurt 1978.
Hans-Martin Ritter: Ausgangspunkt: Brecht. Versuche zum Lehrstück (Hilfen für Spielleiter 19) 1980.

8.10 Theater

Der Denkende: Was wollt ihr darstellen?
Die Schauspieler: Wir wollen heute das Leben des Menschen unter den Menschen darstellen" (Brecht: Aus Nichts wird Nichts).

Theater im engeren Sinne meint den Moment der Aufführung: Die Darbietung eines Schaustücks durch eine Spielergruppe für ein Publikum in direkter Kommunikation. Der Moment umschließt umfassende Interaktionen (sprachlich, mimisch, gestisch, durch Körperausdruck und Bewegung vermittelt; Klang, Licht, Farbe, Sprache, Gegenstände, Raum; Interaktionen zwischen den Spielern auf der Bühne, vor allem Interaktionen zwischen Spielgruppe und Zuschauern). Theater in diesem Sinne ist jedoch nicht ohne Vorstufen denkbar.

Theater im weiteren Sinne umfasst deshalb zusätzlich den Prozess der Herstellung und Organisation einer Aufführung. Die einzelnen Phasen haben ihre je unterschiedlichen Lernerfahrungen (z.B. Garderobe, Bilanz, Werbung, Erkundung des Publikumsgeschmacks, Aussuchen eines Themas, eines Textes, Entschluss zu einer Aufführung usw.). Diese Lernerfahrungen können sich dann jedoch nicht frei entfalten bzw. werden überlagert, wenn die Produktion unter Terminzwang und anderen äußeren Forderungen steht. Wenn dies nicht der Fall ist, ließe sich Theater beschreiben als Zusammenfassung der spiel-, theater-, interaktionspädagogischen Verfahren: Körper, Gruppe, Thema, Problem, Darstellungs-, Spiel- und Kommunikationsfähigkeiten aus Körper-, Interaktions- und Rollenspielen sind angesprochen, Problem- und Inhaltsbewusstsein aus Rollenspielen und dem Lehr/Lernstück, Gegenstandserfahrungen aus den Materialspielen – all dies wird zusammengefasst in der Interaktion mit dem Publikum über ein alle betreffendes Thema.

- **Theater** ist ein Verfahren der öffentlichen Diskussion.
  In Interaktionen mit einem Publikum erprobt eine Gruppe ihre Darstellung eines Themas, einer Geschichte, eines Problems und überprüft sie an den Reaktionen des Publikums. Die Reaktionen gehen in die weiteren Gestaltungen ein.

Die Frage nach dem Zielpublikum ist deshalb eine wichtige Frage des Theaters. Besonders intensiv wird die Einbeziehung des Publikums im **Mitspiel**.

Während beim **Rollenspiel** die Aufmerksamkeit des Spielers innerhalb weniger Verabredungen primär auf den Mitspieler und den Spielraum gerichtet ist, Konzept und tatsächlichen Verlauf des Rollenspiels vergleichend, ist die Aufmerksamkeit des Schauspielers im **Theater** innerhalb ausführlicher, genauer Verabredungen primär auf den Zuschauer gerichtet und den Schauraum, sie vergleicht Konzept und Aufnahme beim Publikum. Das spielerische Element der Freiheit findet also im Moment der Aufführung in der Begegnung mit dem Publikum statt. Dazu kommt, dass im Gegensatz zum Rollenspiel der theatralische Ausdruck in seiner Wirkung schon beim Probenprozess auf viele berechnet wird; das fließt zumindest in den letzten Proben mit ein.

In den Hilfen für Spielleiter widmen sich mehrere Hefte Einzelfragen des Theatermachens: „Der Spiel- und Bühnenraum" (Neuauflage 1968, Heft 2, Karl Walter), „Fest- und Feierräume der Jugend" (1960 Wolfgang Eisele), „Das Spielkostüm" (1960, Heft 3, Karl Walter, R. Pietsch), „Die grüne Szene. Kleines Organon für das Freilichttheater" (1961, Heft 4, Hermann Schultze), „Versuch über Spielraumgestaltung" (1961, Heft 5, Karl Walter), „Dramaturgische Werkstatt" (1968, Heft 3, Jürgen Flimm, Manfred Niehaus), „Das darstellende Spiel im Strafvollzug" (1972, Heft 10, Michael Walter).

8.11 Ergänzende Formbestimmungen (Formenlehre III)

Im Kapitel 8 habe ich bisher die Spielformen nach den Interaktionsverhältnissen geordnet (Interaktionen mit dem eigenen Körper, mit anderen, in Rollen, vor anderen).
Spiele sind jedoch hochkomplexe, multidimensionale Gebilde; es sind andere Ordnungen möglich. Ich deute einige kurz an, um damit bisher unterbelichtete Eigentümlichkeiten schärfer hervorzuheben.

8.11.1 Die Dimension Planung

Schon das einfachste Spiel lässt den Dreischritt Planung, Ausführung, Besinnung erkennen. Sobald die Spielregel genannt wird, bildet sich im Spieler eine innere Vorstellung des Spiels, die den Verlauf bzw. die eigene Aktion des Spielers andeutungsweise vorausnimmt. Darauf wird das Spiel gespielt, es nimmt Gestalt an, wird lebendig; die Vorstellung wird an der Wirklichkeit überprüft. Nach Spielende wird zumindest ein kurzer, innerer Rückblick auf das Spiel geworfen, es wird kritisiert, auch besprochen. Dann schließt sich meist ein neues Spiel an, das von dem vorhergehenden beeinflusst ist.
Spiel ist also eingebettet in Pro- und Reflexionsphasen; bei komplizierten Spielen werden sie, wie auch die Spielphase selbst, umfangreicher. Häufig sind die Reflexionsphasen Verbalphasen; es sind jedoch auch andere Widerspiegelungen, andere reflektierende Umsetzungen möglich. So lässt sich z.B. ein Rollenspiel durchaus als Reflexion einer Alltagserfahrung beschreiben.

- Spiele sind also notwendig eingebettet in Vorklärungen und Nachuntersuchungen, in Erkundungen und Überprüfungen. Diese mit dem Spiel verbundenen und durch Spiel motivierten Phasen sind von der Spielpädagogik zu berücksichtigen (vergl. Kap. 8.1 Training, S. 144).

Beim Rollenspiel gehört zu der Vorphase die Festlegung und Ausarbeitung der Spielaufgabe, Verteilung der Rollen, eventuelles Durchspielen oder Anspielen; zur Nachphase nach dem eigentlichen Rollenspiel gehört der Vergleich mit anderen Ausarbeitungen, Besprechung und Wertung des Spiels, dem sich häufig veränderte Spiele anschließen.

Beim Theater wird die Vorphase noch umfangreicher (Probe und Organisation der Aufführung, Erstellung der Ausstattung usw.).

Dabei erweist Spiel immer wieder seine weit reichende Motivationskraft; es entspricht dem, was in der pädagogischen Diskussion als **Projektunterricht** bezeichnet wird (schülerzentrierte Kommunikationsstrukturen, intrinsische Motivation; Fähigkeit zur Mitbestimmung, zu verantwortlichem sozialen Handeln, zur Einschätzung von Situationen, zum Austragen von Konflikten, zur Rollenflexibilität, zu sinnvoller Planung, zur Selbstbeurteilung, zu permanentem Lernen. Handlungsziele werden wichtig, die Lernsituationen nähern sich Ernstsituationen an, das Curriculum wird offen, das Projekt lässt sich nicht auf ein Fach festlegen).

Spielformen ließen sich also nach der Deutlichkeit ihres Projektcharakters unterscheiden.

8.11.2 Die Dimension Nachahmung-Erfindung

Eine andere Einteilung ließe sich vornehmen nach improvisierten und geprobten Formen.

- Spiele ordnen sich ein zwischen den Polen **Nachahmung einer gegebenen Form** (Melodie, Bewegung, Text usw.) und **Erfindung einer neuen Form**. Die beiden Extrempunkte (völlig freie Erfindung, totale Reproduktion) sind nicht existent.

Im Tanz etwa finden wir die Folge von der freien Improvisation über die Improvisation auf festgelegten Grundbewegungen (etwa im Gesellschafts- oder Volkstanz) bis zum einstudierten Ballett; vom improvisierten Rollenspiel geht es über das Rollenspiel mit genaueren Verabredungen zum geprobten Theater; in der Rhetorik finden wir Stegreifrede, vorbereitete Rede, Rezitation. Dabei ist zu unterscheiden: die Nachahmung einer fremden Form (z.B. der Text eines Autors) und die Nachahmung einer eigenen Form (ein selbst geschriebenes Stück wird geprobt und mehrfach aufgeführt). In der Wirkung sind beide Formen nicht unterschieden: ein eigener Text kann die szenische Kreativität abtöten wie ein fremder sie befreien kann. Auch eine eigene Erfindung kann in Gefahr geraten, bei der Wiederholung stumpfsinnig abgezogen zu werden, ebenso wie sich ein fremder Vorschlag mit eigenem Erleben füllen kann.

8.11.3 Die Dimension Spielraum

Waren wir bisher unausgesprochen von der Vorstellung ausgegangen, dass die charakterisierten Spielformen im Klassenzimmer und Probenraum, eventuell im Musiksaal oder der Turnhalle, bei Theater auf der Bühne stattfinden, äußerstenfalls noch die Spielwiese oder das Fußballfeld einbeziehen, dass sie jedenfalls in einem präzise umschriebenen Raum spielen, so zeigt eine genauere Besinnung, dass Spiele durchaus auch größere und weniger scharf umrissene Räume besetzen können. Bei dieser Ausweitung wird zugleich die strenge Scheidung zwischen Spielern und Zuschauern fraglich.

Für die hier gemeinten Spiele sind eine Reihe von Bezeichnungen mit unterschiedlichen Akzentuierungen gebräuchlich: Spielaktion, Aktionsspiel, Geländespiel, Stadtspiel, Straßenaktion, Straßentheater, schließlich die Großform **Fest** (Schulfest, Gemeindefest bis hin zu Volksfest, Kirmes, Jahrmarkt, Rummel).

- Im ausgedehnten oder nicht genau definierten Spielraum sind alle bisher genannten Spielformen möglich; meist treten sie gemischt auf. Durch die Nähe zu vielen realen Gegenständen und zu nicht zur Spielgruppe gehörenden „Zuschauern", die in das Spiel einbezogen werden können, bzw. sich in das Spiel einmischen, ergeben sich gute Transfermöglichkeiten.

8.11.4 Die Dimension Zuschauer

Wiederum eine andere Einteilung ergibt sich in der Spanne zwischen Aktionen innerhalb der Gruppe für die Gruppe und Darbietungen für ein Publikum. Auch hier sind vielerlei Abstufungen denkbar: zuschauende Mitglieder der eigenen Gruppe (z. B. beim medialen Rollenspiel), zufällig zuschauende Nachbarn (Nachbargruppen, Nachbarklassen), Aufführungen im engeren Familien-, Freundes- oder Bekanntenkreis, Aufführungen für ein weiteres Publikum, professionelle Aufführungen. Diese Abstufung ist nicht auf Theater beschränkt; auch Interaktionsspiele vor Zuschauern lassen sich denken. Bei Körperspielen geschieht es häufig: der Sport hat ein ganzes Schaugewerbe entwickelt.

Wie weit sich damit der Spielcharakter verschiebt oder verliert, müsste in vielen Einzelfällen sorglich geklärt werden.

8.11.5 Die Dimension Stil

Im Laufe der Spiel- und Theatergeschichte wurde eine Fülle von Formen ausgearbeitet und erkundet; besondere Stile wurden entwickelt, die sich zu eigenen Künsten reich entfalteten. Nennen wir nur Oper, Musik, Raumgestaltungen, Schauspiel, Kabarett, Architektur, Fest, Puppe (Figur), Pantomime, Tanz, Musical usw.

Das Schauspiel (Theater) haben wir als eigene Form bestimmt (vergl. S. 161); das Figurenspiel haben wir unter den Materialspielen eingeordnet (vergl. S. 146). Wir sollten jedoch bedenken, dass sich das Figurenspiel (Puppentheater!) quer durch verschiedene Spielformen zieht, so wie es auch pantomimische (tänzerische) Körperübungen gibt, pantomimische (tänzerische) Interaktionsspiele, pantomimische (tänzerische) Gruppendynamik-Übungen, pantomimisches (tänzerisches) Rollenspiel, Pantomimentheater und Tanztheater.

Die Pantomime hat bereits eine besondere Bedeutung für die Spielpädagogik erlangt; der Tanz sollte es, nach seiner Befreiung aus den Fesseln des klassischen Balletts (aus einem historisch gebundenen Stil also!), noch!

8.11.6 Spielformen und Wissenschaft

Allen Spielformen gemeinsam ist das Prinzip des Erfahrungslernens (living learning). Im doppelten Bezug verweisen sie auf spezifische Erfahrungswissenschaften und Theorien: zum einen tritt die Bezugswissenschaft als Kontrollinstanz auf, zum anderen bildet Spiel gleichsam die pragmatische Dimension von Wissenschaft, den praktischen Erfahrungsraum, von dem aus wiederum Wissenschaft durch sinnliche Erfahrung, durch handelnden Vollzug überprüft wird.

Wir führen nur kurz auf: Theater verweist auf Medienkunde, Theaterwissenschaft, Kommunikationsforschung (Übergang zur kommunikativen und kreativen Erfahrung der Massenkommunikationsmittel); Rollenspiel auf Soziologie, Psychologie, Politologie, Geschichte; Interaktionsspiel auf Kommunikationswissenschaften, Soziologie, Psychologie; Rhetorik auf Sprachwissenschaften, Linguistik und wiederum Kommunikationswissenschaft; Gruppendynamisches Spiel auf Psychologie; Körperspiel auf Humanbiologie (vergl. „Interaktionspädagogik und Bezugswissenschaften“, Kap. 4, S. 169).

Es gibt also keine einfachen, eindeutigen Entsprechungen. Darin zeigt sich vielleicht ein Ungenügen unserer Spielsystematik, sicherlich aber auch die Zersplitterung der Wissenschaften, die das Studium des menschlichen Verhaltens auf eine Reihe von Disziplinen aufgeteilt: neben den schon aufgeführten Sozialwissenschaften sind da noch Anthropologie, Ethnologie, Ethologie zu nennen, dazu die einzelnen Sprach- und Literaturwissenschaften, ganz sicherlich die Geographie (weil die Umgestaltung der Erde weithin das Werk des menschlichen Verhaltens ist), nicht zuletzt die Geschichte, die uns historische Verhaltensweisen bewahrt.

Wahrscheinlich deutet die Zersplitterung darauf hin, dass vom menschlichen Verhalten her (und in ihm muss Spiel als Experimentierraum eine zentrale Stellung einnehmen) ein neuer Ansatz zu einer praktischen Erforschung des Menschen zu gewinnen ist. „Nach 2.500 Jahren menschlicher Wissenschaft und Wissenschaft vom Menschen haben sich die Verhaltensweisen nicht geadelt. Sind wir duldsamer geworden? Achten wir die Lebensformen anderer Völker? Genügsamer? Beuten wir den technologisch Unterlegenen weniger aus? Sprechen wir nunmehr Dialekte? Lernen wir von den Erkenntnissen der Indianer, der Afrikaner, der Araber? Von ihren Ernährungsweisen? Ihrer Architektur? Ihrem Städtebau? Ihrem Gesundheitswesen? Verachtung, Sklaverei, Hunger, Hässlichkeit, Zerstörungslust sind seit den Vorsokratikern nicht weniger geworden – nur dass unsere Zivilisation jeden in die Vernichtung mit hineinzieht und nicht nur die Menschen, sondern die Welt auch, Tiere, Pflanzen, Wasser und Luft“ (Hubert Fichte in: Die Zeit, 21.01.77).

Nachwort: Ziele

Das Nachwort bietet nicht mehr den Raum, die Ziele der Spiel-, Theater-, Interaktionspädagogik zu begründen, im einzelnen zu entfalten, ihre Verknüpfung miteinander aufzuzeigen (vergl. S. 68). Dreierlei soll jedoch wenigstens noch, andeutungsweise, gesagt werden.

1. In seiner Anlage ist dieses Buch pädagogisch gedacht; es will Möglichkeiten und Bedingungen erzieherischen Handelns klären. Deshalb spreche ich von der Einführung an über Ziele, sind Ziele durchweg gemeint. Häufig werden sie ausdrücklich genannt: Überleben, menschliches Leben (5.2), Interaktionslernen (5.3); ebenso häufig wird darauf hingewiesen, „dass die Ziele des Interaktionslernens nicht vorbestimmt sind, sondern in gemeinsamen Versuchen (nicht nur Absprachen!!) erprobt werden" (5.4). Ziele sind also Ergebnisse von Kommunikations- und Interaktionsprozessen; sie beruhen auf den Regeln, dem Grundgerüst unserer Möglichkeiten; sie erfüllen den Zufall, die freie Wahl innerhalb der Regeln. Sie gehen kommunikativ ins Offene hinein, werden im Spiel erprobt, die Ergebnisse führen zum nächsten Spiel. „Die quantitative Untersuchung und umfassende Diskussion des von außen herkommenden Erforderlichen in Abstimmung mit dem von der Technik her Möglichen lässt dann Zug um Zug, das heißt iterativ, das endgültige Ziel entstehen. Ziele wachsen also im vorhin bezeichneten Felde der Möglichkeiten durch einen fortgesetzten Kommunikationsprozess aller zu einem Ganzen gehörenden Gruppen … (Die) vorläufigen Ziele müssen vor allem auf die Einübung von Kommunikation ausgerichtet sein und dabei selbst ein nützliches, vielleicht nur partiell nützliches Ziel im engeren Sinne des Wortes darstellen". So der Naturwissenschaftler Wolf Häfele (Politik für Nichtpolitiker, dtv Band 868, 1972, S. 699f.).

2. Trotzdem möchte ich, im Anschluss an Flechtheim, einige Grundziele konkret benennen; er hat sie als die fünf Herausforderungen bezeichnet, denen die Menschheit gegenübersteht: wir müssen vom Krieg zum Frieden kommen, vom Hunger zum Wohlstand und zur Stabilisierung der Bevölkerungszahl, von der Unterdrückung zur Demokratisierung in Staat und Gesellschaft, vom Raubbau zu Schutz und Pflege der Natur, von Entleerung und Entfremdung zu einem „neuen kreativen homo humanus". Damit Spiel helfen kann, darf es keinem Dogma unterworfen werden; es muss der Zuwendung zur vollen Realität verpflichtet sein als Erkundungsmittel der Wirklichkeit; es muss zumindest wissen, wann es zur Erholung in eine Welt schönen Scheins entflieht. Das soll keine Bemerkung gegen die Phantasie sein: auch sie ist, als Phantasie, Teil der menschlichen Wirklichkeit. „Es sind nicht die nackten Resultate, die wir so sehr bedürfen, als vielmehr das Studium; die Resultate sind nichts ohne die Entwicklung, die zu ihnen geführt hat, und die Resultate sind schlimmer als nutzlos, wenn sie für

sich fixiert, wenn sie nicht wieder zu Prämissen für fernere Entwicklung gemacht werden" (Friedrich Engels in MEW I, S. 538).

3. Mehr sagen Bilder und Geschichten in wenigen Zeilen. Deshalb möchte ich mit zwei alten Texten schließen:
„Als Zeus die Welt geordnet hatte, betrachteten die Götter mit stummem Staunen die Herrlichkeit, die sich ihren Augen darbot. Endlich fragte sie der Göttervater, ob sie noch etwas vermissten. Da antworteten sie, es fehle noch eins: eine göttliche Stimme, die großen Werke und seine Schöpfung in Worten und Tönen zu preisen. Dazu bedurfte es einer neuen göttlichen Wesenheit, und so baten die Götter den Zeus, die Musen zu erzeugen."[51]
Zeus, der Handelnde, ist der Vater der Musen; Mnemosyne (Gedächtnis) ist ihre Mutter; sie selber heißen Mneme (wiederum Gedächtnis), Melete (Üben, Nachdenken), Aiode (Gesang), Damit aber ist das musische Tun (und Spiel und Theater werden ja, heute häufig verächtlich, musisch genannt!) eine wichtige Station in einem sich fördernden Kreisprozess: handeln (agieren, Erfahrungen machen), Erfahrungen bewahren, Erfahrungen ordnen, Erfahrungen aussprechen (diskutieren), neue, begründetere Erfahrungen machen (Transfer).
Der andere Text wird Konfuzius zugeschrieben: „Wenn du deine Provinz in Ordnung bringen willst, bringe zuerst deine Stadt in Ordnung; wenn du deine Stadt in Ordnung bringen willst, bringe zuerst deine Sippe in Ordnung; wenn du deine Sippe in Ordnung bringen willst, bringe zuerst deine Familie in Ordnung; wenn du deine Familie in Ordnung bringen willst, bringe zuerst dich in Ordnung; dann …

51 Walter F. Otto: Die Musen und der göttliche Ursprung des Singens und Sagens. Eugen Diederichs: Düsseldorf, Köln 1955, S. 28.
Vergl. H. W. Nickel: Spiel und Erinnerung, in: Ernst Meyer (Hg.): Freiräume in der Erziehung, Österreichischer Bundesverlag: Wien 1977, S. 146 f.

IV.

INTERAKTIONSPÄDAGOGIK UND BEZUGSWISSENSCHAFTEN

EINE ZUSAMMENFASSUNG

In dieser Zusammenfassung will ich vom Spieler her denken und von seiner Realität, von der Wirklichkeit also außerhalb von Schule und außerhalb von Spiel; ich gehe in meinen Überlegungen also aus von einem realen Vorgang. Dazu benenne ich die wichtigsten Bezugswissenschaften; Spielformen und didaktische Entscheidungen werden nur ansatzweise berührt. Als Beispiel soll uns eine einfache Situation dienen; sie ist beliebig; ich wähle:

Susann möchte ein Eis

Sie steht zwischen einer inneren Welt (sie selbst und ihre Vorstellungen) und der äußeren Welt der Menschen und Dinge. Zwischen diesen beiden Welten muss sie durch ihr Handeln vermitteln *(Handlungstheorie).*

Der Blick nach innen ist das Fühlen des eigenen Körpers, das Erspüren der eigenen Wünsche, der Ausgleich zwischen dringenden, vorläufigen, wichtigen, notwendigen, beiläufigen Wünschen und Abneigungen *(Biologie, Anthropologie).* Er ist Selbsterkenntnis, Selbstvergewisserung *(Psychologie).* In der Schule wird dieser Blick kaum zugelassen, noch seltener zum Thema gemacht. Zwar tauchen alle seine Bestandteile irgendwann einmal auf im Gewand einer Wissenschaft, eines Wissenszusammenhangs; dann ist die Rede von Blut, Blutkreislauf, Blutzucker, von Ernährung und Hygiene, von Motivation und Lernen am Modell.

Bei der genauen Überprüfung ihres eigenen Wunsches kann Susann erkennen, dass sie nicht festgelegt ist in ihrer Strebung, dass keine absolute Notwendigkeit sie zwingt, dass sie kalkulieren kann zwischen Aufwand und Ergebnis; sie steht zwischen völliger Normoffenheit und totalem Programm.

Der Weg zur Realisierung ihres Wunsches führt hinaus zu den Gegenständen und zu den anderen; es ist der Weg der Kommunikation *(Kommunikationswissenschaft);* sie benutzt dabei Ausdrucksmittel ihres Körpers und zugleich Normen, die ihr von der Gesellschaft vorgegeben sind: geschichtlich gewordene Zeichen (Worte, Gesten, Gegenstände und deren Bedeutung) *(Semiotik, Geschichte).* Sie muss sich bemühen, die anderen und deren Zeichengebung zu verstehen, sie aus deren Einstellungen und Situationsdeutungen zu erkennen, sich in die Welt der anderen einzubringen.

Was an dieser Art des Einbringens für sie selbst kennzeichnend, was ihr „Eigen" ist, erfährt sie erst in der Rückmeldung der anderen. Von außen wird sie definiert („Du bist aufdringlich", „Du bist bescheiden"); aus dem Umgang mit solchen verbal und nonverbal mitgeteilten Fremdeinschätzungen muss sie zu einem Selbstbild kommen.

Auch bei diesem alltäglichen Umgang bringen die verwendeten Zeichen ihre ästhetische (wahrnehmbare) Form mit sich; sie erweisen sich als „Gestalten" und verweisen damit auf Gestaltungen der Kunst (Rede als Keimzelle von Musik und

Dichtung; Bewegung als Ursprung des Tanzes; Erscheinung als Quelle bildender Kunst) *(Musik, Dichtung, Bildende Kunst).*

In der Auseinandersetzung mit diesen Zeichen und ihren Urhebern stößt Susann auf ein, wiederum historisch gewachsenes, soziales Gefüge, auf Kellner, Kassierer, Geschäftsführer, Lieferanten, Kunden *(Soziologie).* Sie muss sich an dieses Gefüge anpassen; sie kann damit umgehen, wenn sie es versteht; sie kann versuchen, es in politischer Aktivität zu verändern, wenn es ihren Erwartungen zu wenig entspricht *(Politik, Gesellschaftswissenschaft).*

Es mag sein, dass dieses Gefüge für sie so attraktiv ist, dass sie es für sich im Spiel wiederholt, sich dabei zu „eigen" macht; oder dass sie es umdeutet: weil es ihr gefährlich erschien, sie verletzte – sie also Selbstheilung sucht im Spiel, in dem sie die Freiheit eigener Setzungen gegen die Gesellschaft verteidigen kann, eine Freiheit des Spielraums freilich, die sich nicht ohne weiteres wieder übertragen lässt auf die soziale Wirklichkeit, die aber immerhin das Spiel ausweist als Erprobungsraum des Neuen, als Laboratorium gesellschaftlicher Veränderungen *(Kreativität, Futurologie).*

In ihrer realen Aktion aber ist Susann, ob sie es weiß oder nicht, eingespannt in einen umfassenden Austausch ökonomisch-ökologischer Art (von der Herstellung bis zur Abfallbeseitigung) und zugleich Teil einer geschichtlichen Entwicklung *(Ökonomie, Ökologie).*

Mag sein, dass eine Veränderung ihr bewusst wird *(Geschichte):* wenn eine neue Eissorte aus einer neu gezüchteten Obstart, eine neue Firma auf dem Markt auftaucht, eine Preiserhöhung sie ärgert; wenn sie mit anderen Normen und Erfahrungen konfrontiert wird: „Wir früher durften höchstens an Festtagen …" oder „Du solltest lieber arbeiten, statt dich zu amüsieren".

Damit wird ihre Tätigkeit als ein Teil von „Freizeit" *(Freizeitpädagogik)* deklariert und in Gegensatz gebracht zum Umgang mit Lebensnotwendigkeiten in der Arbeit, wiederum sozial und historisch gelernte Bestimmungen, die veränderbar sind.

Alle Bestandteile ihres Handelns sind auch in der Schule im Lehrplan verankert (versenkt, einbalsamiert); sie heißen dann *Musik* oder *Mathematik* („Fünf Eis kosten …"), *Sprachlehre* („der, die, das Eis"), *Geschichte* (Maria Theresia), *Literaturkunde* („Vom Eise befreit …"). Selten aber sind diese Bestandteile an eine echte Handlungssituation gebunden; sie erlauben so gut wie nie wirkliche Wahl- und Handlungsmöglichkeiten, von daher auch immer nur vermitteltes Engagement.

Mag sogar sein, dass ein Lehrer spielen lässt im Mathematikunterricht; die Schüler sollen das Herausgeben von Wechselgeld lernen; Teile der Situation werden im Spiel simuliert. Wie gern die Schüler auch auf solche reduzierten Planspiele eingehen, zeigt, wie begierig sie nach Handeln aus Ganzheiten heraus sind, wie nahe ihnen das Mittel Spiel ist, auch wenn es hier nur in einer zweckhaft reduzierten Form genutzt (vernutzt, zernutzt) wird.

Ich will nichts einwenden gegen Spiel als Transportmittel von Sachunterricht; ein solcher Gebrauch muss kein Missbrauch sein; von vollem Spiel aber ließe sich erst dann sprechen, wenn auch die Emotionen erlaubt sind (Eis schmeckt gut) und, vor allem!, wenn der Spieler bestimmen (zumindest mitbestimmen) darf, auf welcher Ebene der komplexen Gesamtheit Spiel er spielen will. – Zurück zu Susann.

In der realen Situation mag sie, aus eigenem Antrieb, Elemente des Theaters aufnehmen *(Ästhetik, Theater):* wenn sie sich beobachtet fühlt und für einen anderen besonders „in Szene" setzt, wenn sie für einen Jüngeren Eiskaufen „demonstriert" (Brechts Straßenszene), wenn sie als „Königin Elisabeth" Eis kauft. Diese Form von Darstellung jedenfalls erfährt oder erfindet jedes Kind, auch wenn es niemals ins Theater gegangen ist oder geht.

Mag sein auch, dass die Wunscherfüllung insgesamt in die Fiktion verlegt wird (verlegt werden muss) – in ein *Rollenspiel* (als Trost, als besonders schöne Erinnerung, die wiederholt wird – als Nachahmung also; oder als Vorahmung im Vorgriff auf Kommendes: sie selbst als Eisverkäuferin mit unbeschränktem Zugriff).

Mag sein schließlich, dass Susanns von ihr als real erlebte Aktion nicht mehr mit der äußeren Realität in Einklang steht; dass sie in Bezug auf die Wirklichkeit der anderen „verrückt" ist und Eis kaufen will, wo es kein Eis zu kaufen gibt, dass ein Teil ihres Lebens übermächtig wird und sich mit Bedeutungen auflädt, die nicht mehr zu ertragen sind *(Psychologie, Psychiatrie).*

Auch dieser Prozess kann im Spiel seine Entsprechung haben, wenn „Spielen" zur Zwangshandlung wird, nicht mehr Selbstheilung bewirkt, sondern bei der Selbstzerstörung hilft; wenn es nicht mehr in Beziehung steht zu der äußeren Wirklichkeit, sondern den Weg in die Wirklichkeit mehr und mehr verstellt.

Ehe wir jedoch zu den Möglichkeiten der Spielpädagogik und des Schulspiels kommen, verändern wir Susann.

Susann wird abstrakt

Wir verallgemeinern Susann und ihre Eisgeschichte: Jeder Lebensvorgang hat Momente der vorlaufenden Vergewisserung (Bestandsaufnahme, Zielvorstellung, Einsicht), Momente der Aktivität (Wendung nach außen, Handeln), Momente der Reizaufnahme (Wahrnehmung, Reaktion der anderen oder des anderen, Feedback), Momente der nachträglichen Reflexion (Erfolgskontrolle, Abschlussgefühl).

Selten wird dieser Ablauf im Sinne von erkennbaren Phasen klar strukturiert; noch seltener erfolgt die Strukturierung gemeinsam von allen Beteiligten; meist sind Vergleiche mit den nachträglichen Reflexionen der Interaktionspartner nicht möglich.

Im angeleiteten Spiel aber wird genau dies versucht. Strukturell ähnlich lässt sich Theater verstehen als ein Forum öffentlicher Diskussion, das aus der Teilhabe mündiger Bürger lebt; hier ist der entscheidende Grund, weshalb Theatererziehung ein Teil der öffentlichen Erziehung sein muss.

Was jeder von uns immer wieder tut während eines Gesprächs, während der Handlungen in der Wirklichkeit; was Spielgruppen in ihren Feedback-Phasen machen – das wird im Theater als gesellschaftlicher Einrichtung kollektiv durchgeführt: Momente des öffentlichen Nachdenkens. In dieser Funktion ist Theater verwandt mit Literatur und Philosophie, mit Problematisierungen der Sozialwissenschaften und den neuen Massenmedien; es ist ihnen überlegen, weil im Theater die Momente der Besinnung öffentlich-gemeinsam (kollektiv) erfolgen und tätig-handelnd in konkreter Emotionalität. Ich hebe also ab auf die strukturelle Verwandtschaft von Spiel und Theater und Leben. Immer handelt es sich um (physikalisch bestimmte, biologische und historisch sich wandelnde) Kommunikationsvorgänge, die mit den gleichen (anthropologischen) Mitteln auskommen müssen.

In dieser Strukturverwandtschaft liegt auch die Berechtigung, soziologische Theorien (z.B. die soziologische Rollentheorie) und psychologische Theorien, die zur Analyse der psychosozialen Realität entwickelt wurden, auf Spielvorgänge zu übertragen (wenngleich eine solche Übertragung NICHT, wie vielfach, als eine simple Gleichsetzung erfolgen darf).

Wichtig ist überdies, dass es sich immer um komplexe Kommunikationsformen handelt, die gesamtkörperlich sind: nicht nur schriftlich-verbal oder gar in Computerzahlen und Berechnungen verschlüsselt, nicht nur zeichnerisch-grafisch abgelöst vom Sender, nicht nur auf Band gespeicherte Töne oder Geräusche oder deren grafische Entsprechungen, sondern umfassende Botschaften, die unablösbar nicht nur mit dem Sender verbunden sind, sondern Sender und Empfänger in einer gemeinsamen Situation (einer Interaktion) umschließen.

Schule neigt dazu, alle diese echten Lebenssituationen auszutrocknen und in den neuen, „abstrakten“ Interaktionszusammenhang Unterricht (Schule, Klassenzimmer, Lehrer, Zensur) zu stellen, damit Erfahrungen in sachlogische Zusammenstellung überzuführen, Leben zu Lehrstoff zu machen (und Spiel zu benutzen, um dem Lehrstoff wenigstens den Anschein von Leben zu geben).

Schule versucht also, die Abstraktion der Wissenschaften und der Fächer durchzusetzen; Susann aber bleibt auch in der Schule konkret, möchte gern konkret bleiben, möchte von sich her leben und sich als eine ganze Person mit dem Leben um sie herum auseinandersetzen. Dabei kann ihr der Spielpädagoge helfen.

Der Spielpädagoge hilft Susann

Ich gebe zu: Susann wird auch ohne einen Spielpädagogen zu ihrem Eis kommen. Eine solche Aktion gehört, auch wenn sie vielschichtig und umfassend ist, zu den immer wieder „gelingenden“, alltäglichen Kommunikationsvorgängen.

Trotzdem ist Schulspiel als praktisch-handelndes Kommunikationslernen, ist die Spiel-, Theater-, Interaktionspädagogik in unterschiedlichen Zusammenhängen und Institutionen nötig,

- weil die komplex-umfassenden Interaktionsvorgänge uns und unsere Welt zutiefst formen und bestimmen;
- weil unsere Interaktionspartner so unterschiedlich sind, von so unterschiedlichen Voraussetzungen ausgehen, dass wir mit festen, gelernten Interaktionsmustern nicht mehr auskommen;
- weil entscheidende persönliche und gesellschaftliche Probleme der Gegenwart Interaktionsprobleme sind (Interessenausgleich, Frieden, Freizeit).

Susann werden also in unserer Gegenwart so viele unterschiedliche Interaktionspartner begegnen, die aus so unterschiedlichen Erfahrungen (Kulturkreisen, Lebensumständen) stammen, dass beide dabei nicht auf vorgegebene und gelernte Interaktionsformen zurückgreifen können, sondern immer wieder in der Begegnung die Bestimmung ihres Umgehens miteinander aushandeln und „erfinden“ müssen. Das aber verlangt eine so umfassende Interaktionskompetenz (die wiederum die Belastbarkeit des eigenen Selbst und der Beziehung zu sich selbst voraussetzt), dass reflektierende Hilfe bei ihrem Aufbau nötig geworden ist.

Vom Sozialisations- und Bildungsprozess her formuliert: Susann wird bei ihrem Aufwachsen und Älterwerden mit so viel verschiedenen Erfahrungen konfrontiert, dass es ihr schwer wird, sie immer wieder zu integrieren, mit den schon vorhandenen Erfahrungen zu verschmelzen. Sie braucht also Hilfe bei der Verarbeitung ihrer Erfahrungen.

Echte Verarbeitung aber kann nicht nur theoretisch denkend geschehen, sie braucht tätige Auseinandersetzung; sie kann nicht nur im Vollzug der Erfahrung selbst erfolgen, sondern braucht Distanz und Sicherheit.

Hier nun hat **Spiel** eine ideale Zwischenposition: es ist als Schon- und Spielraum von der Wirklichkeit getrennt; es hat Distanz zur Wirklichkeit, ist von daher nicht den vollen Belastungen der Wirklichkeit und ihren Sanktionen ausgesetzt; es ist wiederholbar und ermöglicht Korrekturen, Eingriffe in einen laufenden Prozess; es ist aber zugleich eine volle, ganzheitliche, tätig handelnde Wirklichkeit, die überdies so formbar ist, dass jeweils besondere Schichten des Vorgangs besonders akzentuiert und herausgearbeitet werden können; es kann nach Wunsch des Spielers stärker konkretisiert oder stärker abstrahiert werden.

Was für das Beispiel Susann gilt, können wir auch gesamtgesellschaftlich formulieren: Wir brauchen gesellschaftlich eine intensivere Reflexion, Verarbeitung und Entwicklung unserer Interaktionsformen; wir können überkommene und übliche Sitten, Verhaltensweisen nicht unüberprüft, unkontrolliert, gleichsam im Wildwuchs weiter wuchern lassen, sondern müssen sie einer reflektierenden Untersuchung unterwerfen. Theater war als Ort öffentlicher Diskussion immer ein solcher Untersuchungsort; Spielpädagogik ist für kleinere Gruppen das geeignete Erprobungs- und Reflexionsinstrument. Als Ziel des Schulspiels bzw. der Spiel- und Theaterpädagogik können wir geradezu das Interaktionslernen bezeichnen, das Erproben menschlichen Umgehens mit Menschen.

Gesellschaftspolitisch formuliert heißt das: Die „armen" Spiele der Kommunikation können ohne materiellen Aufwand den Konsum verringern; sie sind ökonomisch-ökologisch kostengünstig.

Im Bereich der Freizeit haben Spiel und Theater eine wichtige gesellschaftspolitische und wirtschaftspolitische Funktion; sie sind im Rahmen der Freizeitpädagogik unersetzlich; sie können über die Beseitigung eines quälenden Überschusses (des Überschusses an „freier" Zeit) hinaus wichtige Aufgaben der Selbstreflexion, der Normüberprüfung und Normerfindung, damit auch der zukünftigen Lebensgestaltung übernehmen.
Diese Aussage zielt also auf den Versuch, gesellschaftlich zum friedlichen Interessenausgleich zu kommen, also Kommunikationsstrukturen aufzubauen, die auf dem Erkennen und Akzeptieren des anderen basieren, die das eigene Ich zur Geltung bringen, ohne zu große Selbstaufgabe und ohne den anderen zur Selbstaufgabe zu zwingen.

Spiel ist freilich nicht völlig bedürfnislos; es ist eine politisch-materielle Tatsache; es braucht RAUM innerhalb der Gesellschaft; die Spieler müssen sich um diesen Raum kümmern, wenn sie die notwendigen öffentlichen Aufgaben wahrnehmen wollen.

Methodisch kann die Spielpädagogik nicht umhin, immer wieder auch Teile des umfassenden Interaktionsgefüges herauszugreifen, Aspekte zu untersuchen, Details zu analysieren, Einzelheiten zu erproben und zu überprüfen.

Sie setzt aber immer wieder auch zu komplexen Zusammenhängen zusammen: im Rollenspiel, im Theater, im Transfer. Sie muss sich immer wieder daran erinnern, dass nur dieser Wechsel gut ist: zwischen Abstraktion und Konkretion, zwischen Zergliedern und Zusammensetzen. Die Spiel- und Theaterpädagogik lebt also nicht aus EINER Form; keine der Formen darf dominieren oder sich gar als absolut setzen. Sie alle dienen: der Gruppe und ihrer Entwicklung; von der Gruppe her ist zu bestimmen, welche Form wichtig wird. Der Spielpädagoge sollte, über persönliche Vorlieben und Fähigkeiten hinaus, über alle verfügen.

So lebt die Spielpädagogik immer wieder aus dem subjektiven Bezug auf einen einzelnen und denkt von ihm her; sie nutzt aber auch das Gegengewicht, von den anderen, von der Gruppe her denkend; sie ist nicht bloßer Subjektivismus, sondern Subjektbezogenheit, die das Subjekt nicht absolut setzt, sondern gerade in seiner

Verwobenheit in das soziale Gefüge zum Thema macht. Dabei ist auch die Gruppe nicht letzte Instanz, sondern muss sich in ihrem Bezug auf die Gesellschaft insgesamt relativieren – so wie auch die Gesellschaft den Anspruch der Gruppe erfahren muss.

Dabei ist die Dynamik Leiter-Regel-Gruppe der eigentliche Inhalt der Schulspiel-Didaktik; die Kunst der Spielleitung besteht darin, aus dem umfassenden Repertoire von Spielen (möglichst zusammen mit der Gruppe!) das Spiel oder die Sequenz von Spielen auszuwählen, die am ehesten der Dynamik der Gruppe und ihren Zielen entspricht bzw. Dynamik und Ziele der Gruppe fördern kann.

Schulspiel (Spielpädagogik) zeigt sich also als Balance, als Ausgleich, als Spiel zwischen Kräften: Vergessenes, Übersehenes, Abgedrängtes zurückholend in die volle Realität.

Spielformen	Zürcher Kongressbeitrag	Wissenschaftsbereiche
Spiel/Theater allgemein	Die Wichtigkeit des Spielraums	Politik (Kulturpolitik/ Gesellschaftspolitik
Spiel/Theater allgemein	Die Ausgliederung des «ICH» aus einer Welt von Beziehungen; die Entwicklung von Einsicht als Aufbau einer geistigen Welt	Entwicklungspsychologie/ Sozialisationsforschung/ Hirnforschung
Körperspiele/ Körperübungen	Umgang mit dem eigenen Körper	Biologie/Anthropologie, Psychologie/Soziologie
Materialspiele/ Materialübungen	Umgang mit Material	Naturwissenschaft/Technik, Bildende Kunst/Musik
Interaktionsspiele/ Interaktionsübungen	Beziehungen zu Menschen	Psychologie/Soziologie/ Kommunikationswissenschaft
rhetorische Spiele und Übungen	Sprache und Norm	Sprache/Literatur/Dichtung (Literaturwissenschaft)
gruppendynamische Spiele und Übungen	Subjektiver Bezug (Emotionen) Normdiskussion im Spiel	Psychologie/Gruppendynamik/Kommunikationswissenschaft Entwicklungspsychologie/ Tierpsychologie
	Freizeit und Spiel Spiel als Flucht	Kulturanthropologie/ Freizeitpädagogik Psychiatrie, Spieltheorie
Rollenspiele/ Rollenübungen (Lehrstück)	Spiel mit Fiktionen: äußere Fiktionen innere Fiktionen	Soziologie/Geschichte/ Politik/Futurologie Psychologie
Theater	Theater als Spiel Momente der Besinnung	Theaterkunde/Medienkunde Politik, Psychologie
	Geschichtlichkeit von Spiel und Spielpädagogik	Geschichte
Fest	Spiel als bewusst gesetzte Zäsur	Geschichte/Kulturgeschichte